はじめに　―人口減少時代への視座

この本は、「拡大・成長時代」を知らない、「人口減少・低成長時代」に生きている皆さんが、これからの家族形態、生活・暮らし、経済、就労環境や地域社会はどんなふうになるのだろうか。そのために今、何を準備し、どのような行動を起こすべきか。生きていく上での指針を考えるために、「人口減少時代の論点」を視座したものです。

日本が「人口減少時代」に突入したと言われて久しい。

１９９１年にバブル経済が崩壊し、安定成長の時代が終わりました。この時を契機に低成長時代に入り、「失われた20年」と呼ばれる長い不況の時代が続きます。その後、リーマンショック、東日本大震災によって、日本の社会・経済が大きなダメージを負いました。

経済のグローバル化の進展により、製造業を中心に、安価な労働力を求めて、中国・東南アジアに工場が転出し、日本各地で産業空洞化が起こりました。

気が付くと隣国の中国が高度経済成長を遂げ、日本を追い抜いてアメリカに次ぐＧＤＰ世界第２位の座に就きます。このころから、「日本の経済低迷」がはじまります。

経済不況により企業はリスクを減らすために、正社員の割合を増やすよりも、非正規として採用できる職種は、積極的に非正規で埋めることがおこなわれ、所得格差やセーフティネット問題が惹起されています。

２００５年には、厚生労働省が人口動態統計を取りはじめ、初めて「人口の自然減」を体験し、この時から日本は「人口減少時代」に突入しました。人口減少とは、日本全体の人口が減ることで、出生数が死亡数を下回ることで生じます。同時に、出生者数の減少と高齢者の絶対数が増加する「少子高齢化」が急激に進展しています。

この前の時代は「拡大・成長時代」（１９５４～90年）と呼ばれ人口が増加し、飛躍的に経済規模が継続して拡大する時代でした。その根底にあったのが、成長こそが社会問題を解決するという思想です。生活の豊かさは、成長の結果として、必然的に後からついてくるものと考えられていました。

おそらくこの時代を体験した人は、現在40代後半から50歳にかけての皆さんです。

例えば、社会保障制度、終身雇用と年功序列、大量生産・大量消費、持ち家制度、社会インフラなど、経済成長（ＧＤＰ上昇）と人口増加を前提に、「制度・仕組み」がつくられています。この前提が崩れれば当然、「制度・仕組み」に、綻びが生じてきます。

今、皆さんの生活や暮らしに直結する社会・経済の様々な制度や仕組みに疲弊・疲労が起き、知らないうちに様々な格差が拡大しています。

一方で、多様化する家族形態の変化、婚姻に関する変化により、家族のあり方は、伝統的な家族規範から抜け出し、個人の主体的な選択にゆだねられつつあります。その反面、家族が持つとされてきた、出産や養育の機能、親の扶養や介護の面の機能低下を招いています。

人口減少、少子高齢化が急速に進む日本は、先進諸国の中でも特に様々な社会問題に直面するスピードが早く、社会不安が起きやすい「課題先進国」ともいえる状況です。

このような状況下において、若者や壮年者、高齢者が世代間の違い、置かれている立場をこえて、現状を直視し、将来を見据えた共通認識を持つことが、人々が安心して幸せに暮すことができる社会を築くことにつながります。その手がかりとして、本書を参考にしてもらえると嬉しいです。

本書の構成は、人口減少時代において、社会・経済の変化により現れてきた事象、これから起こりうる事象を、共通認識として捉え、論点を導く「22指標」を設定します。

その指標は、「人口変動」「人口移動」「子ども」「結婚」「高齢者」「貧困」「孤立化」「介護」「教育」「共同体」「社会インフラ」「財政破綻」「空き家問題」「マンション問題」「土地問題」「限界集落」「制度・政策」「人手不足」「ビジネス」「ボランティア」「メディア」「文化」です。

「22指標」ごとに具体的な事象を設定。オープンデータを用いて分析を行い、「現状・将来」「問題・課題」「対策・方向性」について検討し、人口減少時代の「90論点」と、論点を読み解く「ポイント」「キーワード」を明らかにします。

この本の活用の仕方として、高校生や学生の皆さんが、将来の進路や進学、勉学、就職に当たり、AO入試や推薦入試で出題される「小論文」、就職試験における「小論文」、勉学・研究活動に不可避である「レポート作成」に役立ちます。

本書を世に出すにあたり、研究の機会と会議の場を提供いただいた、公人の友社には特別の謝意を表したい。また、武内英晴編集長、萬代伸哉さんには、人口減少時代の論点を整理するにあたり、貴重な意見や筆者らと真剣な議論をしていただき、特別の感謝を申し上げたい。

２０１９年　早春

筆者を代表して　　長瀬光市

目次

6 貧困

7 孤立化

8 介護

9 教育

19 ビジネス

1

人口変動

何がおこっているのか?

1　超高齢化社会はどんな社会か？

ポイント

A　総人口に対して65歳以上の高齢者人口が占める割合を高齢化率という。
B　高齢化率21％を超えた社会を「超高齢社会」。
C　高齢化の絶対数の増加は、地方も首都圏も同じ。

1　超高齢化社会とは

総人口に対して65歳以上の高齢者人口が占める割合を高齢化率といいます。世界保健機構や国際連合の定義によると、高齢化率が7％を超えた社会を「高齢化社会」、14％を超えた社会を「高齢社会」、21％を超えた社会を「超高齢社会」と定めています。

我が国が、「高齢化社会」への入り口とされる7％を超えたのが1970年、24年後の94年に「高齢社会」、2007年には高齢化率が21％を超え、「超高齢化社会」になりました。まさに、急速な高齢化は世界にも類がなく、そのスピードは、欧米諸国と比較して際立っています。そうした急速な高齢化は、70年前半まで続くと予測され、60年には、39・9％と予測されています。

大都市と地方では、高齢化の速度と発生時期が地域によってかなり異なります。地方では、2007年以前から超高齢化社会の仲間入りをした地域もあります。首都圏の自治体は20年から人口減少が始まり、高齢化が促進されます。

2　何が起こっているのか、起こるのか

高齢化とは「高齢者の絶対数の増加」であり、わが国の場合、少子化と高齢化の局面が同時平行的に進展することで様々な問題が生じます。少子化により、働く世代は年々減少し、現役世代が高齢者を支える相互扶助力が低下します。

経済成長と人口増加を前提に政策化された年金・医療・福祉・介護等の、社会保障費が増加傾向となります。一方、働く世代の減少は自治体の自主財源である住民税が減少し、自治体財政を直撃するなど、矛盾した課題に直面します。

65歳以上の単身世帯数が少なくとも2035年まで増加傾

図表1　総人口に対する高齢者率の推移

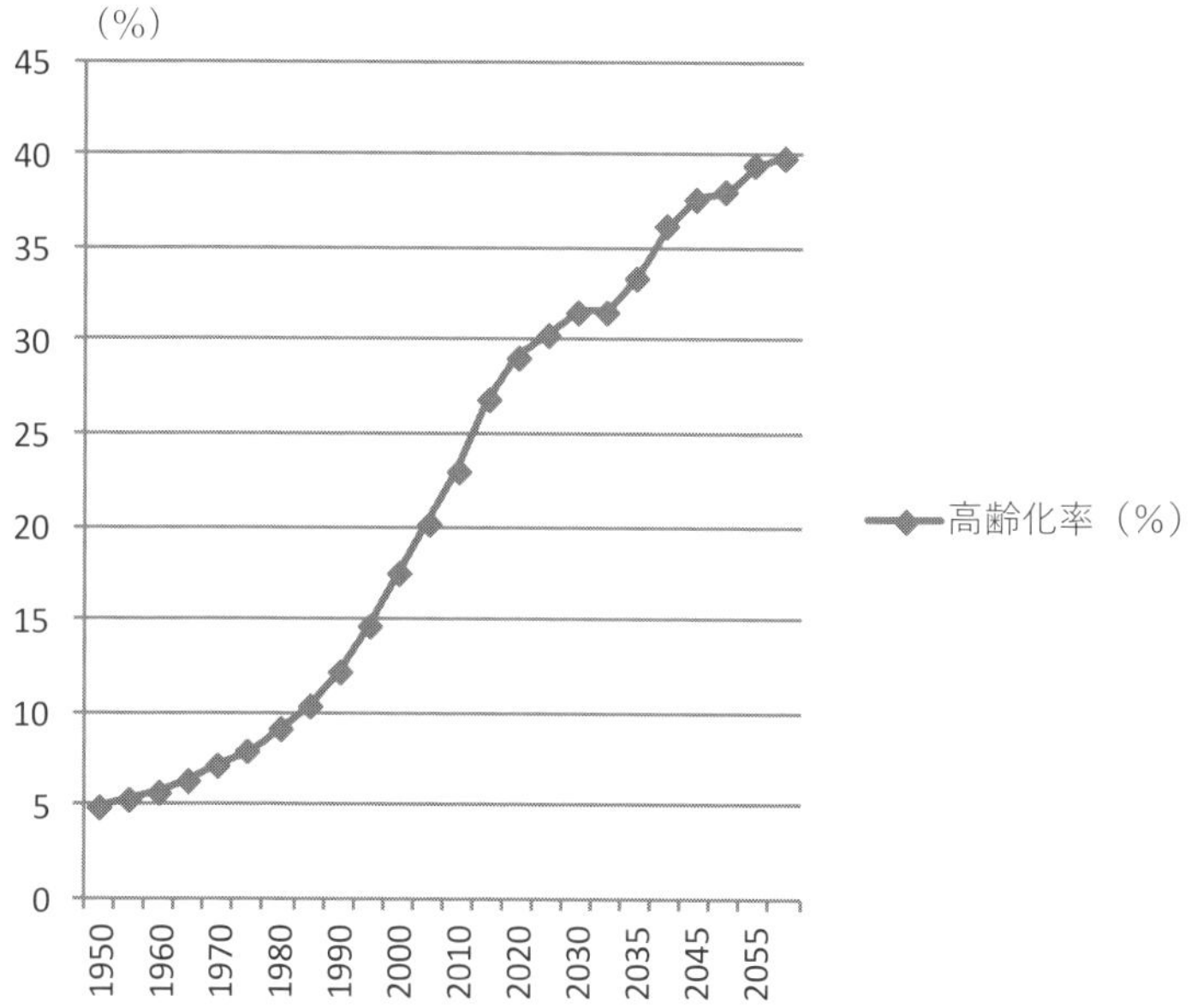

〈出典〉総務省情報通信白書・高齢化の進展

向が続き、約762万2千世帯（全世帯数の14・6%）と予測され、65歳以上の3割近くが単身世帯となります。

地域では、高齢者世帯の見守り、困りごとを互助・共助で支える住民の自発的な社会活動が減少します。地域の伝統芸能や祭りなど、長い時間かけて蓄積してきた地域の社会関係資本が次世代に引き継がれない恐れが生じてきます。

3　超高齢化社会に対する対策

対策の視点として、家族機能の変化により、家族が従来持つとされてきた親の扶養や介護などの機能が低下し、社会が支えざるを得ない時代になることです。

その上で、例えば、①地域での助け合いの仕組みを評価し、お互いが、支え合って生きていく、地域ぐるみで高齢者を支える仕組みの構築。②高齢者自らが不健康期間をなくす努力と寝たきり老人をつくらない医療・介護支援システム。③定年制を廃止して、働く意欲と健康・能力を見て雇用する仕組みに改善。④少子高齢化社会に適応する社会保障制度の抜本的見直しや世代間負担の在り方などの対策が求められます。

キーワード　2025年問題／超長寿社会といきがい

2 「人口減少時代」の何が問題か？

ポイント

A 日本の人口は60年には9千万人まで落ち込む。

B 医療・年金などの社会保障制度の維持が困難になる。

C 行政サービス水準が低下する。

1 人口動態の現状と将来予測

人口減少の要因は、出生率の低下と高齢化率の上昇によって、出生者数が継続的に死亡者数を下回ることです。日本の総人口は、2005年からら減少に転じました。その後、しばらく小幅な増減を繰り返し、ほぼ横ばいで推移していました。13年には、前年から約25万5千人も減るという、過去最大の減少率となりました。日本の総人口は、15年10月現在、1億2千711万47人で、10年と比較して94万7千305人（0・74％）の減少です。

今後の日本の人口動態がどうなるか、国立社会保障・人口問題研究所の推計によると、30年には1億1千900万人に、40年には1億1100万人へと減少し、60年には9千万人まで落ち込むと推察されます。

2 人口減少で生じる社会問題

日本の人口減少の特徴は、世界に類例がない速さで人口が激減し、日本の歴史上きわめて特異な時代に私たちがいる事です。地方では、1980年代に人口減少が始まっている県が16もあり、市町村もまた30年前から人口が減少し続け、限界集落や過疎化などが問題となっています。

例えば、人口減少が生活や暮らしに与える影響として、①地域コミュニティにおける自治会などの住民組織の担い手が不足し共助機能が低下。②生活関連サービスの立地に必要な人口規模を割り込むと、地域からサービス産業の撤退が進む。③自治体の税収減による行政サービス水準の低下。④公共交通の利用者の減少で、輸送サービスの提供が困難となり撤退や減便などの問題が生じます。

社会経済に与える影響として、①人口増加と経済成長を前提に作られた、医療・年金などの社会保障制度の維持が困難。②国内でモノやサービスが売れなくなり市場が縮小。③人手や労働力が不足して、生産力の低下による経済縮小の問題が生じてきます。

3 どのような「まち」になるのか、対策は

私たちが暮している今のまちは、人口増加と人口密度、需要量の増加を前提に、社会インフラや公共施設の配置、生活関連サービスが立地しています。その前提が崩れるのですから、様々な弊害が生じます。例えば、まちの公共交通機関の移動エネルギーの効率を悪化させる。社会インフラの維持管理費を割高なものにする。学校・図書館などの公共サービスを割高なものにするなど、まちの効率性は悪化します。一方、住民ニーズの多様化や財政制約の高まりの中で、防犯・防災、福祉、子育て・教育など、地域の課題を行政だけで解決するのは難しい時代になります。

図表２　日本の将来人口推計

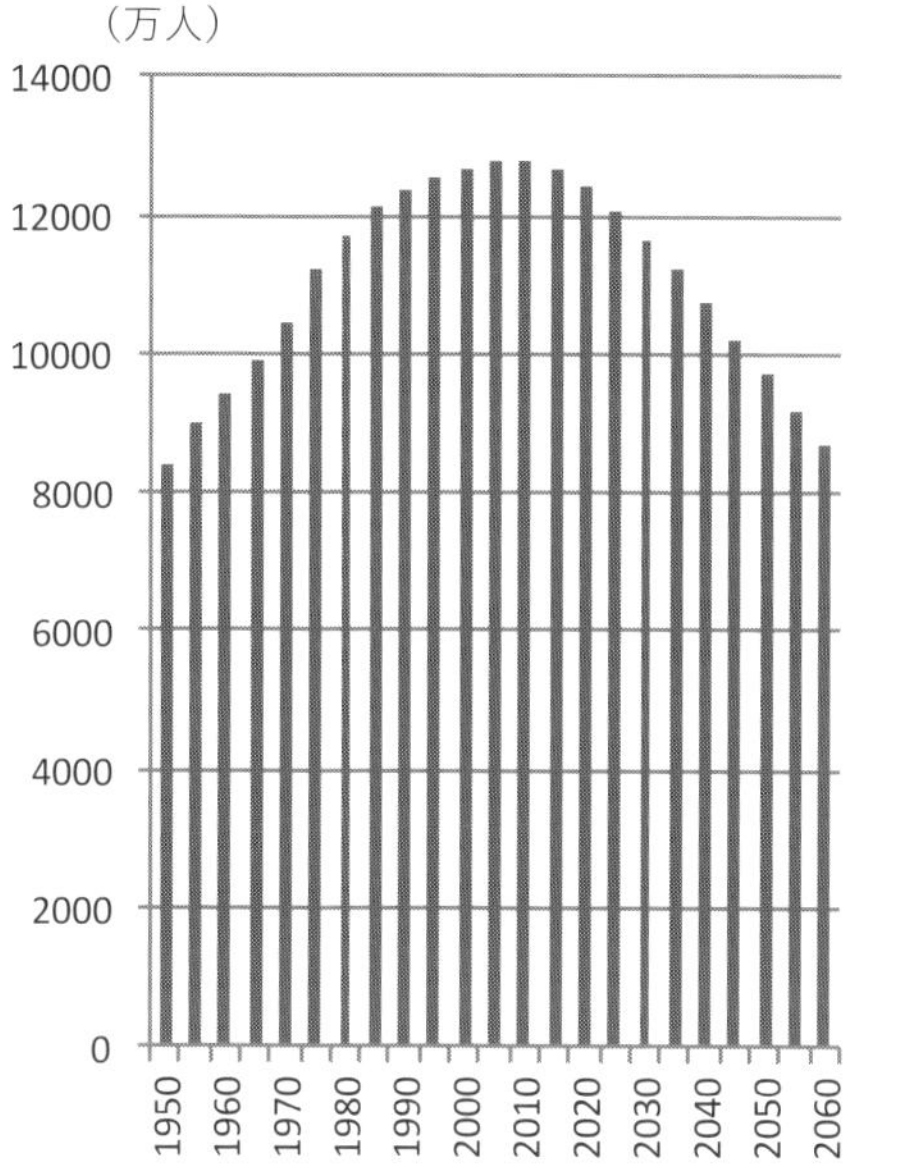

〈出典〉国立社会保障・人口問題研究所

現在の経済社会の仕組みは、人口が継続的に増加し、経済成長が続くことを前提につくられました。そのシステムが、人口減少、少子高齢化という新たな環境に適合しなくなることです。問題を有効に解決するには、対症療法ではなく、新たな経済社会システムの構築こそが必要となります。

安心して幸せに暮す社会を築く「鍵」は、住民自治の力量の高さにかかっています。自治体は住民や社会に対して価値を提供することを目指す組織であり、地域資源をもとに独自性や固有性などを駆使して、住民と行政との協働によるまちづくりの実現にかかっています。

キーワード　働き手の減少／消費の縮小／扶助力の低下

3 「合計特殊出生率」の低下と「少子化」の進展が著しいと言われているが？

ポイント

A 合計特殊出生率の低下と出生数の減少は、生産年齢人口の減少を意味する。
B 我が国の経済が縮小する可能性が極めて高い。
C 勤労世代に社会保障の負担を強いることになる。

1 合計特殊出生率の現状と予測

近年「少子化」の進展が著しいと言われています。少子化とは親世代よりも子世代の人数が減り、それが繰り返され長期的に人口が減少していくことです。ちなみに「出生数」とは、出生届が出された数の総数。「出生率」は、一定期間の出生数の人口に対する割合を言います。

２００５年、日本の合計特殊出生率（1人の女性が生涯に生むと見込まれる子どもの数。その年の15歳～49歳までの女性が生んだ子どもの数を元に算出）が、1・26となり、マスメディアによって「1・26ショック」なる言葉が駆け巡り「このままでは、１００年後の日本の人口は現在の約1／3になる」と警告を発しました。

合計特殊出生率は１９７３年の「２・14」をピークに低下傾向を示し２００５年には「1・26」となり、06年には「1・3」に回復し、その後、微増傾向を示し、15年には「1・44」となりました。厚生労働省の推計によると、50年に高位では1・63、中位では1・39、低位では1・1と予測しています。人口が維持できる水準は「２・07」と言われています。

2 少子化が招く問題

合計特殊出生率の低下と出生数の減少は、生産年齢人口の減少を意味します。将来の消費者であり、生産活動を支える労働者でもあります。社会経済活動の基礎となる労働力供給の減少は、投資や貯蓄を減らし、長期的には所得の向上を抑制する大きな要因となります。質の高い労働力の増加が我が国経済の成長を支える原動力となっていましたが、その条件が根本的に崩れ、我が国経済が縮小する極めて可能性高い未

図表3　合計特殊出生率の推移

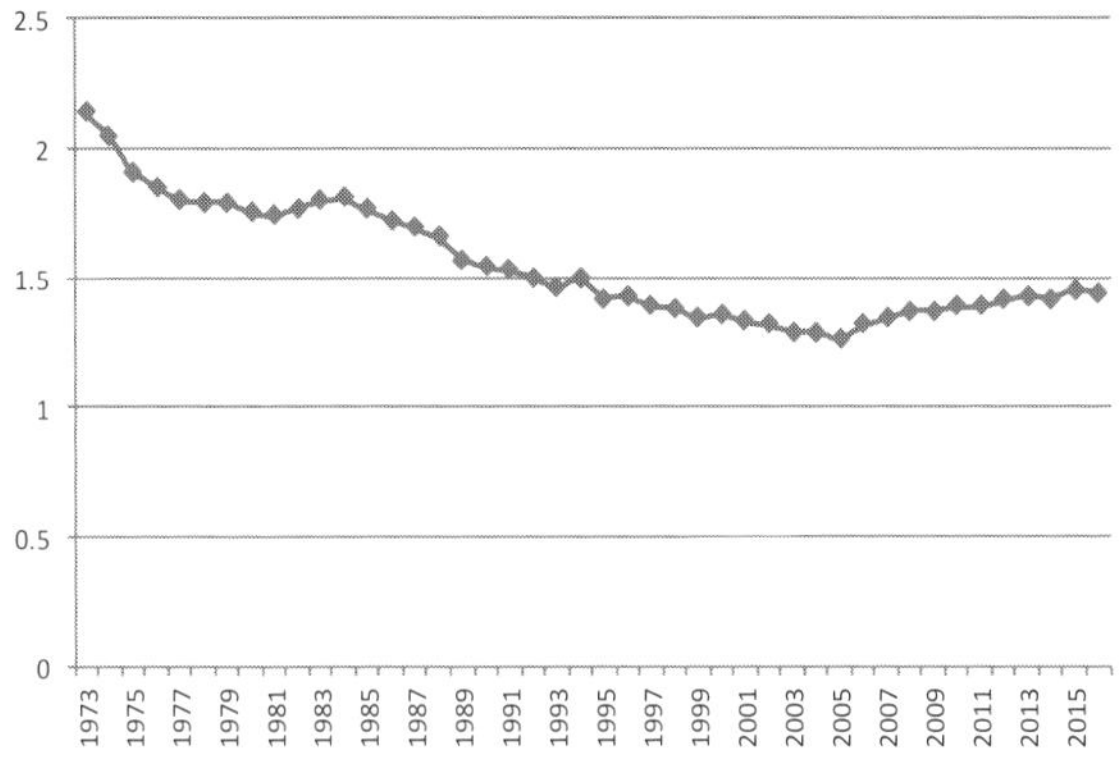

〈出典〉
厚生労働省「人口動態調査、人口動態統計確定数総覧」

来です。

少子化は、勤労世代人口の減少をもたらし、景気低迷による所得水準の低下や税収の減少をもたらします。一方、人口全体に占める高齢者比率の上昇が社会保障負担の増加という「二重の負担」を勤労世代に強いることになります。

3　少子化の要因と対策

近年、合計特殊出生率は、微増傾向にありますが、出産する女性の人口規模が減少しているため出生数は減少傾向です。出生数は、１９７５年には２００万人を割り込み、それ以降、毎年減少し続けて、84年には１５０万人、２０１３年には１０３万人となり穏やかな減少傾向となっています。

欧米諸国と比べて日本は、結婚と出産が密接な関係にあることが特徴です。これを前提に少子化の要因を整理すると、①男女とも結婚しない、出来ない者の割合が増加している。②結婚する時期が遅くなってきている。③夫婦が持つ子供の数が少なくなってきていることが、出生率が低くなる要因と考えられます。

少子化問題は、国・自治体・企業などにより様々な対策が試みられています。主だった事例を紹介すると、①男女共同参画社会の促進。②仕事と子育ての両立のための雇用環境の整備。③安心して子どもを産み、健やかに育てるための家庭や地域の環境づくり。④保育サービスの整備と待機児ゼロの実現。⑤教育に伴う経済的負担の軽減など、少子化対策が試みられています。

日本の国内総生産に占める子育て予算は約3・5%、経済開発協力機構（平均4・7%）の中で、最下位です。

キーワード　夫婦の子供数の減少／生涯未婚率の上昇／晩婚化

4 母子・父子世帯が増加しているが、何が問題か？

ポイント

A 母子世帯の増加が顕著となり、ひとり親世帯の約87％が母子世帯。
B 母子世帯の経済的困窮が問題となる。
C 父子世帯の子育て・精神的支援が課題となる。

1 母子・父子世帯の増加する要因

厚生労働省「２０１６年全国ひとり親世帯調査」によると、２００５年には、母子世帯は74万９千世帯から、16年には１２３万２千世帯と、05年と比べ48万５千世帯（16・5％）増です。父子世帯は05年９万２千世帯から、16年には18万７千世帯と、05年と比べ９・５万世帯（2・1％）増です。近年、母子世帯の増加が顕著となり、ひとり親世帯の約87％が母子世帯です。

ひとり親世帯になった理由は、死別または生別でありますが、母子世帯では離婚が79・８％、死別は８・０％。父子世帯では、離婚が75・６％、死別19・０％となっており、父子世帯は死別を理由とする割合が母子世帯より高くなっています。

人々の婚姻に対する意識や行動も近年変わりつつあります。若年層、中年層のいずれの場合も未婚率の上昇が見られ、生涯未婚率の上昇が、進展する可能性が高く、母子・父子世帯の増加が推察されます。離婚の動向を見ると、若年層の離婚率が上昇する一方、結婚して20年以上経過してから離婚におよぶ「熟年離婚」が増えています。

2 母子・父子世帯の抱える問題

母子・父子世帯の雇用形態を見ると、母子世帯の母親は、正規職員（44・2％）、パート・アルバイト等（43・8％）、自営業（3・4％）です。平均年間就労収入は２００万円で、その他の収入を含めた平均年収は２４３万です。一方、父子世帯の父親は、正規職員（68・2％）、パート・アルバイト等（6・4％）、自営業（18・2％）で、平均年間就労収入は３９８万円で、その他の収入を含めた平均年収は５７３万円です。一般的な家庭の平均収入は約５００万円台といわれ、母子世帯の経済的困窮が問題となっています。

子育ては家事や子どもの面倒だけではなくて、地域コミュニティという社会での役割も含まれている事が、母子・父子に認知されていないという問題や父子世帯の子育て・精神的支援の問題などが生じています。

図表4　母子世帯と父子世帯の状況

		母子世帯	父子世帯
1　世帯数〔推計値〕		123.2 万世帯（123.8 万世帯）	18.7 万世帯（22.3 万世帯）
2　ひとり親世帯になった理由		離婚 79.5%（80.0%）死別 8.0%（7.5%）	離婚 75.6%（74.3%）死別 19.0%（16.8%）
3　就業状況		81.8%（80.6%）	85.4%（91.3%）
	就業者のうち　正規の職員・従業員	44.2%（39.4%）	68.2%（67.2%）
	うち自営業	3.4%（2.6%）	18.2%（15.6%）
	うちパート・アルバイト等	43.8%（47.4%）	6.4%（8.0%）
4　平均年間収入（母または父自身の収入）"		243 万円（223 万円）	420 万円（380 万円）
5　平均年間就労収入（母または父自身の就労収入）"		200 万円（181 万円）	398 万円（360 万円）
6　平均年間収入（同居親族を含む世帯全員の収入）		248 万円（291 万円）	573 万円（455 万円）

〈出典〉厚生労働省「全国ひとり親世帯等調査」2016 年

3　母子・父子世帯の暮らしの現状と対策

母子・父子世帯の平均世帯人員は、母子世帯3・29人、父子世帯3・67人で、子ども以外の同居者がいる母子世帯は38・7％、父子世帯は55・6％です。そのうち、親と同居している母子世帯は27・7％、父子世帯は44・2％となっており、母子世帯の約4分の1、父子世帯は半数近くが親と同居しています。親世帯が子世帯との同居を通じて養育と経済支援をせざるを得ない状況になっています。

国は、離婚率の上昇する中で、2002年から「戦争未亡人対策や母子寡婦対策を根本的に見直し、新しい時代のひとり親世帯の動向に的確に対応できるよう、経済支援から、就業支援を中心とした総合的な自立支援」に政策を転換しています。それを受け、自治体が主体となって、①子育て・生活支援。②医療等に対する助成金などの支援。③総合的な就業サービス支援。④養育相談等の支援。⑤児童扶養手当などの経済的支援などが行われています。

特に父子家庭は母子家庭に比べて正規職員の雇用率が高く、年間収入も一般的家庭と変わらないため、経済的支援を受けにくく、子育て環境の改善や精神的な支援が求められています。

キーワード　婚姻意識の変化／生活困窮／子供の貧困

5　「世帯構成」が変化しているが、何が問題なのか？

ポイント

A　夫婦と子の世帯は減少しつつあること。
B　単身世帯は増加傾向にあること。
C　社会保障制度をはじめ、様々な社会の制度や仕組みが、家族の変化への対応という視点から見直しが求められている。

1　世帯構成の現状と予測

日本の総人口が減少を始めた一方で、一般世帯総数は、１９６０年の２２１６万世帯から２０１０年には５１８４万世帯まで継続的に増加しています。国立社会保障・人口問題研究所の推計によると、一般世帯総数は今後19年まで増加が続き、５３０７万世帯でピークを迎え、その後は減少に転じ、35年には５０５６万世帯まで減少すると見込まれています。

世帯数の増加は、単身世帯、夫婦のみの世帯、ひとり親と子の世帯の増加が要因です。

人口減少下、世帯構成の変化と世帯数の増加が継続する中で、世帯規模は縮小してきました。１９６０年の平均世帯人員は、4・13人をピークに減少傾向となり、２０１０年には2・43人、35年には2・2人と減少し、平均世帯人員は長期的に減少傾向が続くと推察されます。

2　生活を支える基層の変化が及ぼす問題

１９８５年頃までは、夫婦と子による世帯が全体の40％を占めていました。90年代以降は、急速に多様化し、２００５年には、夫婦と子による世帯が29・9％に対し、単独世帯約29・5％、夫婦のみ世帯19・6％となり、30年には夫婦と子による世帯は24・1％にまで減少。一方、単身世帯36・5％、夫婦のみ世帯が21％まで増加が見込まれています。これまで標準的な家族像と言われてきたことが、標準となりえない社会になります。

世帯の多様化は、伝統的な家族規範から抜け出し、個人の主体的な選択にゆだねられつつあります。その反面、家族が従来持つとされてきた子育てや養育の機能、親の扶養や介護などの機能低下を招きます。

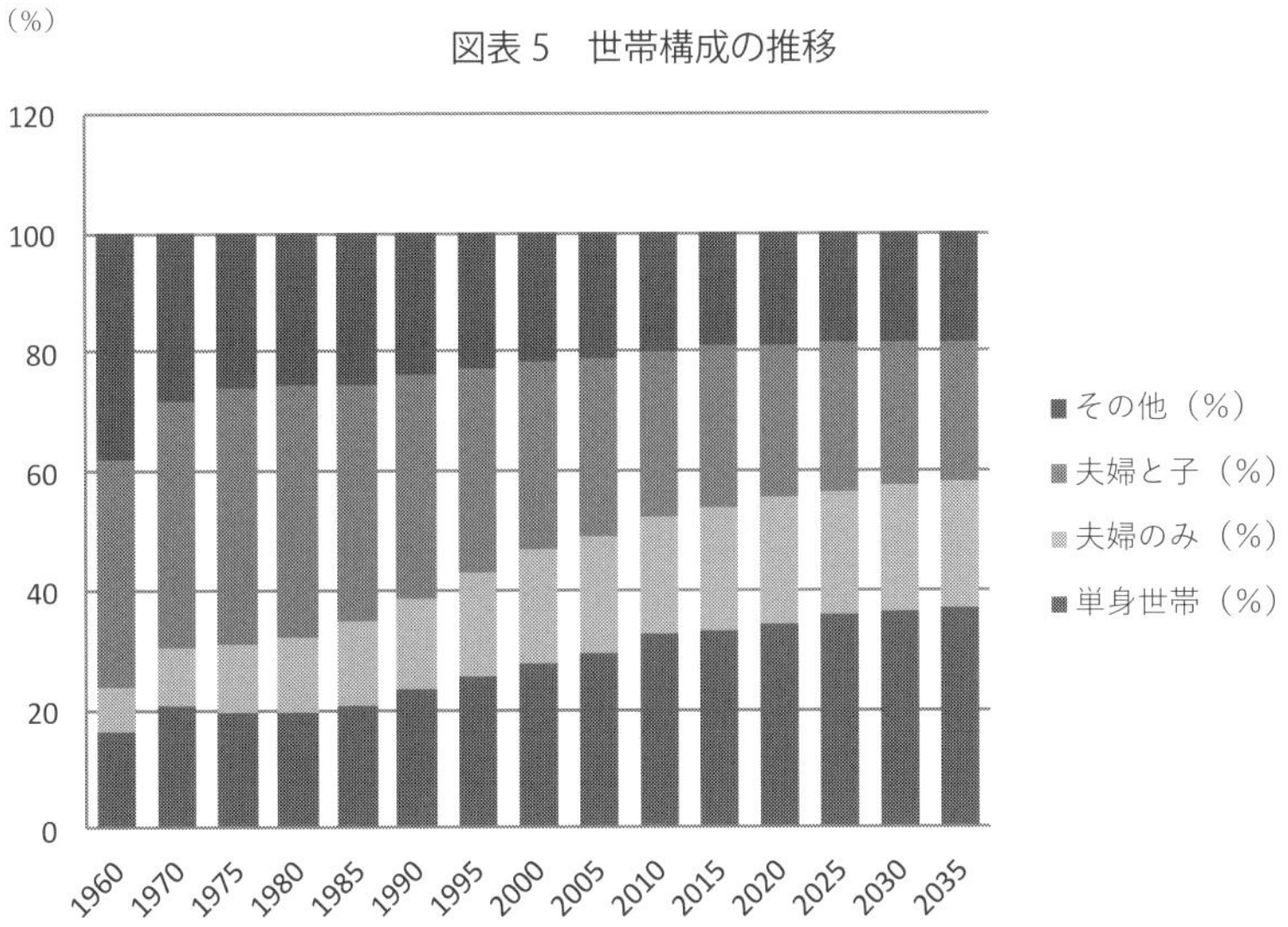

図表5　世帯構成の推移

〈出典〉国立社会保障・人口問題研究所「日本の世帯構成の将来推計」

社会保障制度をはじめ、様々な社会の制度や仕組みが、家族の変化への対応という視点から見直しが求められます。「人間は一人では生きていけない」ので、家族に変わり社会でのつながりや絆のあり方が問題となります。

3　今後、どのようにしていくのか

世帯規模は縮小し、多様化することより、家族機能に変化が生じ、様々な影響が社会に生まれてきます。女性の社会進出や家族形態の多様化により、家族が育児・介護などのすべてを担うことは、すでに難しい状態になっています。また、それを支援するサービス、システムを構築するのには、膨大な予算が必要となります。

今後は、福祉・介護・子育てのための予算を社会的投資につなげるという発想の転換、どの世代が負担すべきなのかなどの検討が必要です。つまり、福祉などが充実し、介護や育児に当たっていた家族が労働力となれば、その労働から税収が得られるという発想です。そのためには、国や自治体、企業がそれぞれの観点から、社会的制度として育児や介護の支援システムを構築していく必要があります。

キーワード　家族形態の多様化／家族規範の崩壊／世代分離

6　全世帯に占める「単身世帯」の割合は？

ポイント

A　全世帯数に占める単身世帯の割合は30年には36・5%まで増加が見込まれる。
B　一人暮らし高齢者の増加は、貧困、要介護、孤立といった生活上のリスクを招く恐れがある。
C　家族のあり方は、伝統的な家族規範から抜け出し、個人の主体的選択に委ねられる社会になりつつある。

1　単身世帯の現状と将来予測

人口減少、少子高齢化が進展する中、世帯構成も変化しています。特に、単身世帯は1960年の358万世帯（16・2%）から、一貫して増加傾向となり、2015年には1764万世帯（33・3%）となりました。この増加傾向は一般世帯が減少に転じる20年以降も継続し、30年には1872万世帯（36・5%）まで増加が見込まれます。全世帯に占める単身世帯の割合が四割近いことは、我が国において「一人暮らし社会」が本格化することを意味しています。

2　「一人暮らし社会」の問題

一人暮らし高齢者は、男女ともに増加傾向です。現状において、高齢者の一人暮らしには、認知症の進行によって引き起こされるトラブルや自立できない問題。買い物・家事手伝いなどの生活支援の問題。また孤独死も避けられない大きな問題のひとつとなっています。

今後、日本では50代・60代の単身男性と80歳以上の単身女性が急増すると見込まれています。2030年以降は、未婚の一人暮らし高齢者も急増します。一人暮らし高齢者の増加は、病気や介護が必要になった時に介護をしてくれる家族がいないなど、社会的孤立に陥る可能性が高まるといった影響があります。

3　単身世帯の増加と対策

一人暮らしが増える要因の一つは、未婚者の増加です。男

図表16　高齢者による犯罪者率

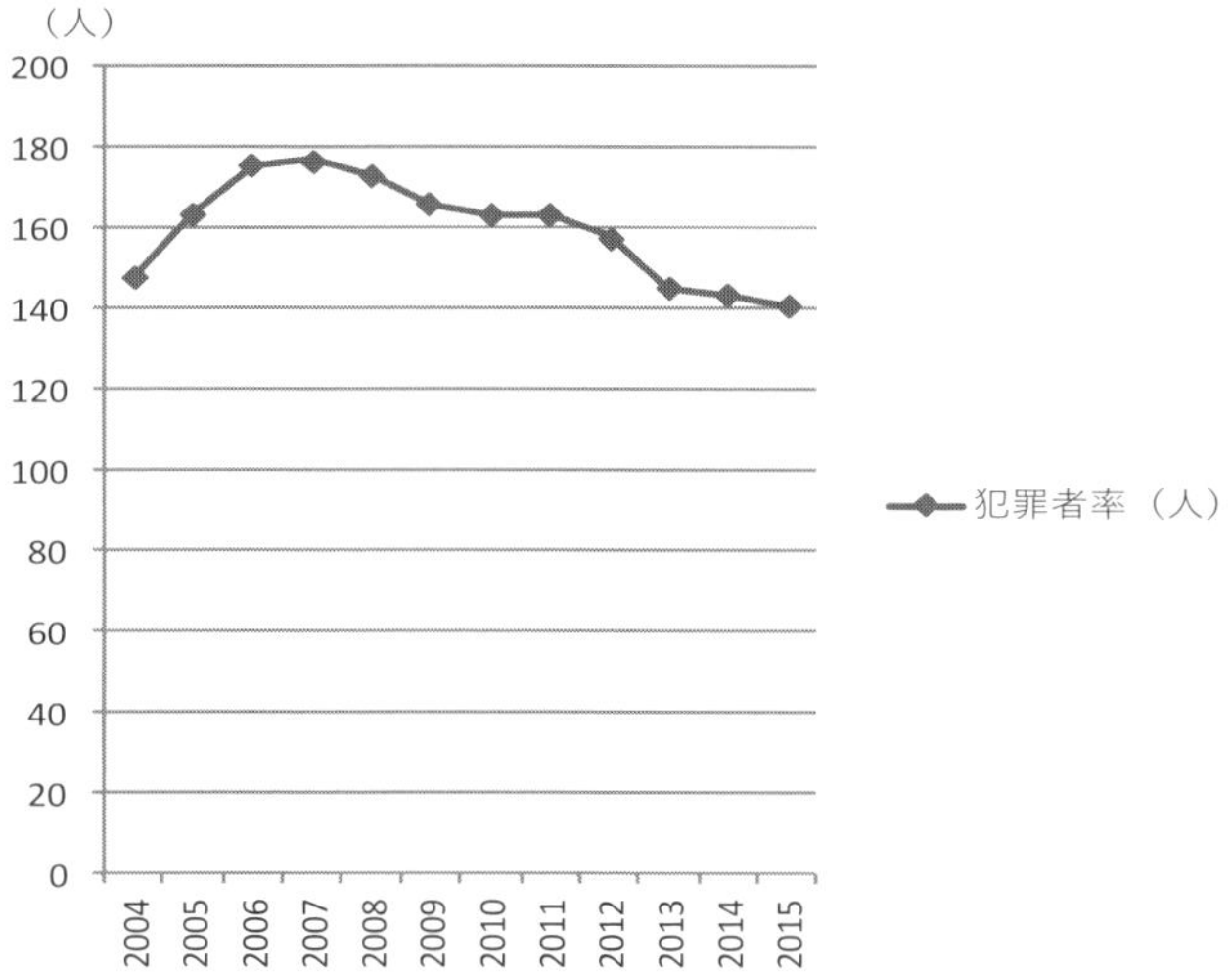

〈出典〉平成28年度版「高齢社会白書」内閣府

地域コミュニティのつながり、絆により高齢者を支えてきましたが、支え手が減少し、地縁組織の弱体化、コミュニティの崩壊が進んでいることも要因の一つと考えられます。

一方、近年高齢者の振り込み詐欺の被害者が多発しています。振り込み詐欺のうち70歳以上の女性は、オレオレ詐欺被害者の71・7%を占めています。還付金等詐欺は２０１６年に３６８２件と前年比で55%増加し、被害総額は約３７５億円に及んでいます。高齢犯罪者と振込詐欺の高齢被害者の問題は「高齢者の貧富格差」の現状がうきぼりとなった問題といえます。

3　高齢者の犯罪を防ぐにはどうしたらよいか

高齢者の犯罪の背景には経済的困窮による「生活苦」があります。また、孤独による「精神的不安定や家族との疎遠」により、楽しみや生き甲斐がないという理由で万引きをする高齢者が増えています。どちらのケースも「身近に相談できる人がいない」ということが関係していると推測されます。

行政や地域が連携して地域全体で高齢犯罪の問題に向き合う必要があります。その対策として、①地域の中で相談窓口を充実し、高齢者に話しかける存在がいる。②地域で、高齢者たちが気軽に集まる「場」の充実。③高齢者の見守り活動を活発化させ、周りの人との交流を深める。④行政に生活苦に関して相談できる窓口の充実などが必要となります。

キーワード　地域の見守り／生活困窮と犯罪／孤独と疎外感

17 「8050《ハチマルゴーマル》問題」とはどういうことか？

ポイント

A　8050は「80代の親と50代の子」を意味する。
B　生活が困窮し、親と子が同居したまま社会から孤立する状態をいう。
C　8050問題には、貧困問題がかかわっている。

1　全国で表面化する「8050問題」とは

1980年代「ひきこもり」が社会問題として取りざたされ、当時の10代や20代の若者のひきこもりが長期化しました。30年以上たった現在、両親も高齢者となり、収入源の多くが年金のみとなり、生活が困窮し、親と子が同居したまま社会から孤立する傾向が増えています。このような問題のことを「80代の親と50代の子」を意味する「8050問題」と呼ばれています。

8050問題が、世帯の中で長期化し、親と子で高齢になる背景には、親たちが、「子どもがひきこもるなんて恥ずかしい」と世間に隠してきたことが原因の一つとみられています。

2　「ひきこもり」の背景と問題

内閣府による全国の16～39歳を対象とした「若者の生活に関する調査」（2015年度）によれば、引きこもりの原因を尋ねたところ、最も多かった回答は、「仕事になじめなかった」18・4％、「不登校（小中高）」18・4％、次に「就職活動がうまくいかなかった」16・3、「人間関係がうまくいかなかった」16・3％となっています。

我が国では制度上、専業主婦・主夫ではない限り中高年世代は働くことが前提となっており、8050問題が直面している世帯への支援は、「子どもの就労支援」以外、選択肢が想定されていない。

8050問題には、人間関係と貧困が大きくかかわっています。例えば、社会に出て働けない、親も高齢化が進み今後の収入のめどがたたない。在宅で仕事をしようと思うが会話をするのが怖いなど、高齢化する親と子の悩みを解消していくために家族や支援団体から、国に対して早期に実態を

性の生涯未婚率は１９８５年まで12％台で推移した後、90年以降、急激に上昇を始め、２０１０年には20・１％になりました。30年には男性の生涯未婚率は27・６％になると推察されます。一方、女性の生涯未婚率も上昇しています。男性ほど高い水準ではありませんが、女性の生涯未婚率は10年の10・６％が、30年には18・８％になると推察されます。

図表６　単身世帯数の割合の推移

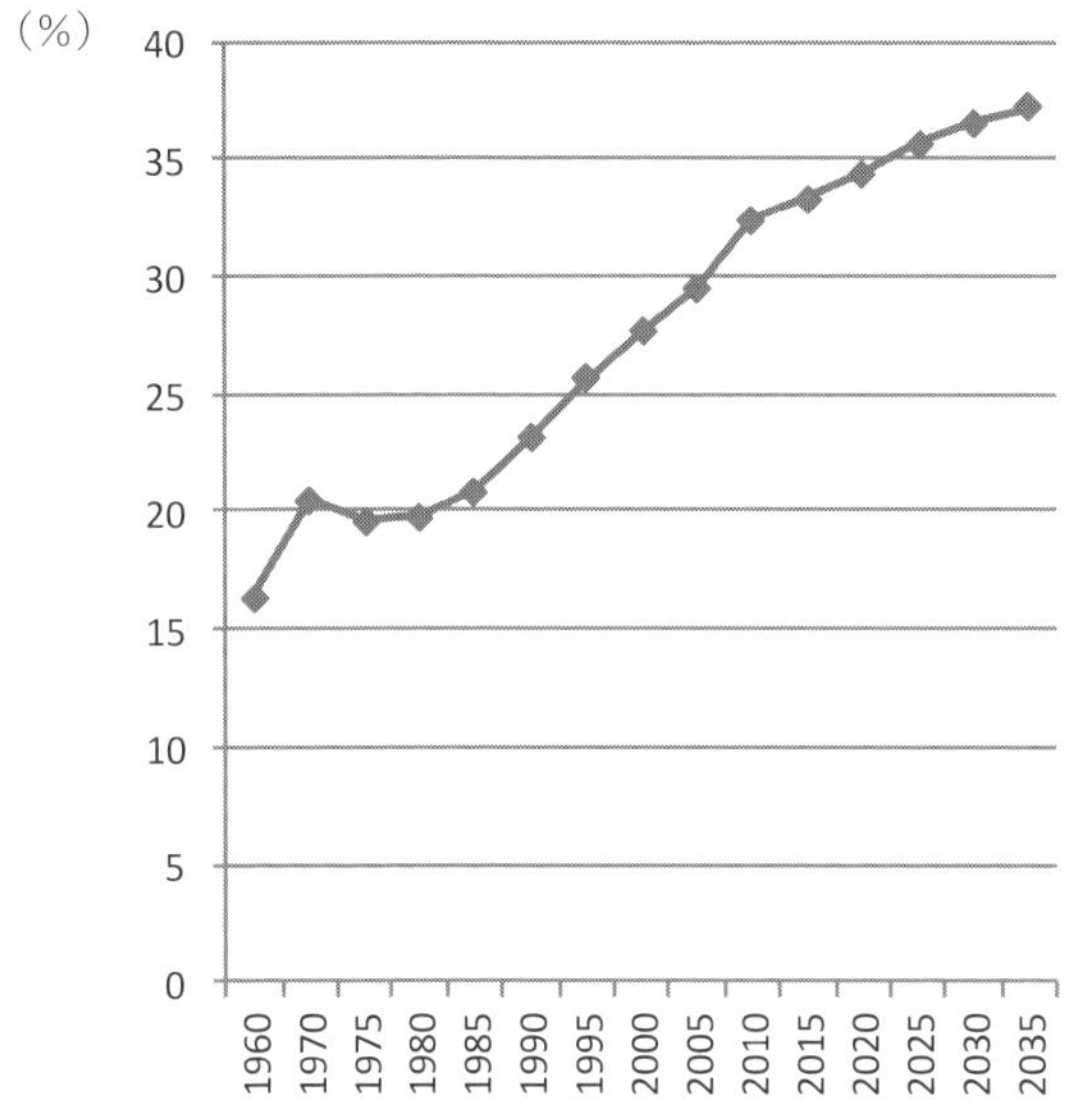

〈出典〉国立社会保障・人口問題研究所「日本の世帯構成の将来推計」

　次に、同居しない高齢者の増加です。２０１５年の単身世帯１７６４万世帯（単身世帯数33・３％）のうち、高齢単身世帯の占める割合は16・４％（４７９万世帯）から、35年には単身世帯１８４６万世帯（37・２％）のうち、高齢単身世帯の占める割合は41・３％（７６３万世帯）と増加し、65歳以上の二割以上が単身世帯になります。

　一人暮らし高齢者の増加は、伝統的に家族共助により支えてきた医療・介護・子育てなどが支えられなくなり、社会がその機能を担うことになります。高齢者の増加は、貧困、要介護、孤立といった生活上のリスクを招く恐れがあります。

　高齢単身世帯の貧困、要介護、孤立などの対策として、例えば、①働き続けられる環境整備、②パートタイム労働者への厚生年金の適用拡大、③生活安定機能の社会化、④高齢世帯家賃負担、⑤地域で支え合うコミュニティ再生などの検討が必要です。

　世代分離、晩婚化、非婚化、離婚率の上昇など、家族のあり方は、伝統的な家族規範から抜け出し、個人の主体的選択に委ねられる社会になりつつあります。

キーワード　一人暮らし社会／貧困と孤独死／緩やかな関係

7 「平均寿命」は世界トップクラスと言われているが、何が問題なのか？

ポイント

A 「健康寿命」とは「平均寿命」から介護期間を差し引いた「差」。
B 「差」が小さいと幸せな老後といえる。
C 国民医療費の抑制は重要な課題。

1 男女の平均寿命の現状と将来予測

日本は、2007年には高齢化率が21%を超え、「超高齢化社会」になりました。国勢調査によると日本の総人口は、15年10月現在、1億2711万人、その内、65歳以上の高齢者人口は3392万人（26・7%）で、日本の高齢化率は世界一です。

高齢化とは「高齢者の絶対数の増加」です。その要因として、ベビーブーム世代（団塊世代・団塊ジュニア）が高齢化し、医療技術の進展も寄与し、長寿化により、高齢層の増加は必然的な結果であり、「避けられない高齢化」と言われています。

日本人の平均寿命（15年）は、男性が80・11年、女性が86・61年となっています。今後も平均寿命は延伸すると見込まれます。20年には男性が80・93年、女性が87・65年となり、60年には男性が84・19年。女性が90・93年となり、女性の平均寿命が90年を超えることが見込まれます。

2 不健康期間が延びる問題と健康寿命の延びが小さい問題

「健康寿命」とは、健康で活動的に暮らせる期間で、平均寿命から、衰弱・病気・痴呆などによる介護期間を差し引いた「差」です。日本の「平均寿命と健康寿命の差」を2001年と10年で比べると、男性が8・67年から9・13年に、女性が12・28年から12・68年と、日常生活に制限のある期間が男女とも広がっています。

不健康期間の増加が痴呆症や病気による自立の困難化を意味します。幸せな老後と持続可能な社会にするには、平均寿命と健康寿命の差を短縮することが、個人の生活の質の低下を防ぎ、社会保障負担の軽減に寄与します。健康寿命を延ばすだけでなく、自立した生活ができる期間を延ばすことが重

図表７　平均寿命の推移と将来推計

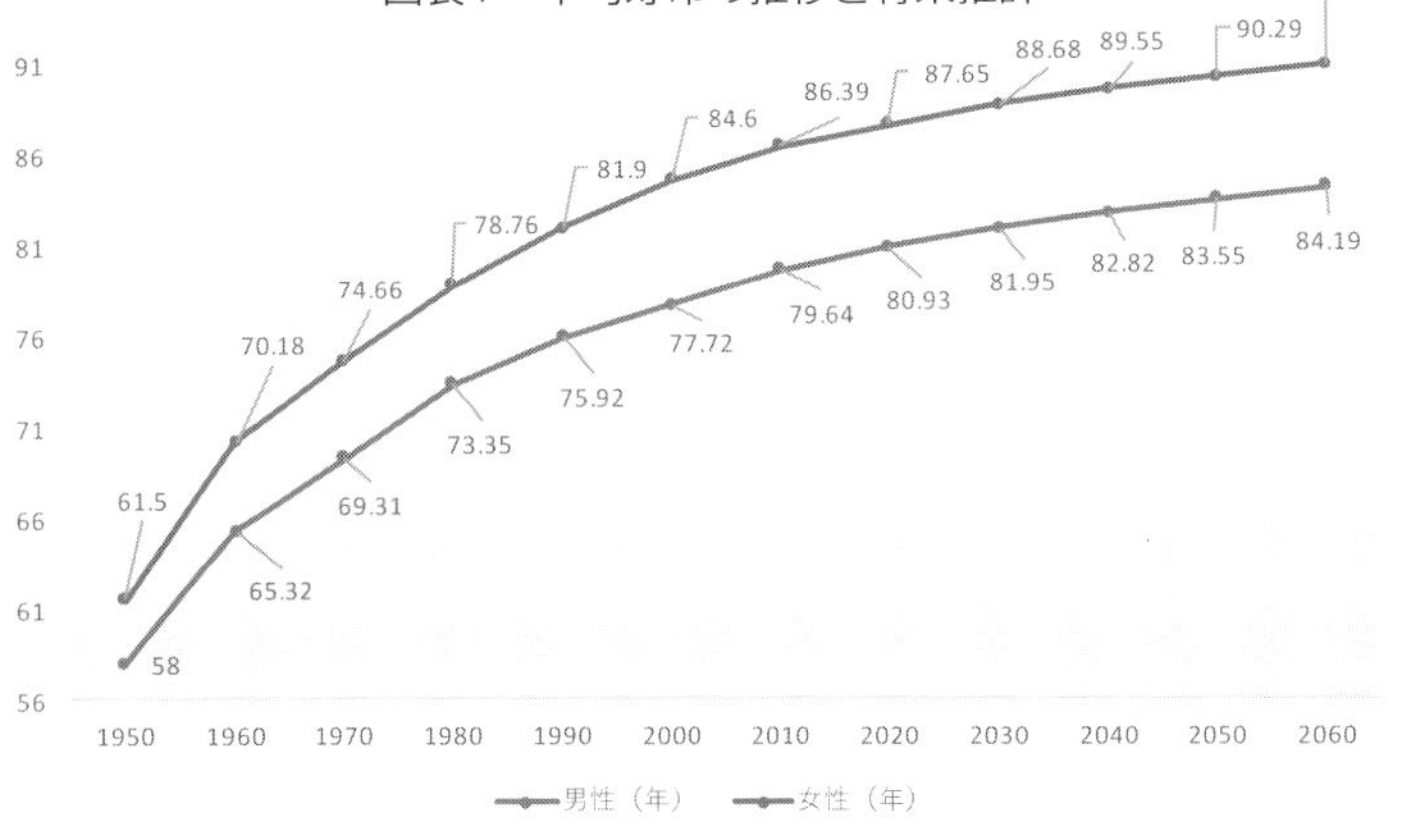

〈出典〉厚生労働省「健康日本21(第二次)推進に関する資料」

要となります。

健康寿命は01年と10年を比べると、男性は69・3年から70・42年へと、1・02年、女性は72・65年から79・62年と、0・9年延びています。一方、平均寿命をみると同年期で、男性は78・07年から79・55年へと、1・48年、女性は84・93年から86・3年へと、1・37年延びています。健康寿命は延びていますが、平均寿命に比べて延びが小さくなっています。

3　幸せな老後を持続可能な社会にするには

今後、平寿命が延びるにつれて「平均寿命と健康寿命」の差が拡大すれば、高齢者の健康問題だけでなく、高齢者を抱える家庭でも医療費、介護費の増加による家計への影響が懸念されます。

人口減少、少子高齢化の進展により、国や自治体の年金・医療・介護・福祉などの社会保障費は右肩上がりで上昇し、国民一人当たり社会保障給付費は、２０００年には78万1千円から、14年には１１５万1千円と、1・47倍に急増し、財政逼迫の要因となっています。

予防医療の推進により、病気の発生・進行を抑え、個人の生活の質の低下を防ぐことで、医療費の抑制につなげることが必要となります。つまり、予防医療による健康増進と医療費の増加というパラドクスの同時解消が求められています。

予防医療により健康寿命が長くなることは、幸せな老後と持続可能な社会を実現することにつながります。

キーワード　高齢者の自立と健康問題／認知症患者の増大

2 人口移動

何がおこっているのか？

8 「東京一極集中」で何が起こるのか？

ポイント

Ａ　政治・経済・文化・人口など日本社会における資本、資源、活動が東京圏、特に東京に集中する状態。
Ｂ　地価や物価が上昇し、それに伴い生活コストが増大。
Ｃ　地方には「仕事がない」のではなく、「就きたいと若者が考える仕事がない」。

1　東京一極集中現象とは

東京一極集中とは、政治・経済・文化・人口など日本社会における資本、資源、活動が東京圏（東京・神奈川・埼玉・千葉）、特に東京に集中する状態を言います。東京圏への人口集中が経済成長を牽引する潜在的メカニズムとして、企業立地や大学集積、人間の知識の交流を通じたイノベーションの促進が集積を高めました。

東京圏の人口は、経済成長とともに人口増加が続きました。これは、地方の団塊世代の多くが、進学・就職を機に三大都市圏に移り住んだ時期と符合します。東京圏の人口シェアの拡大テンポは、１９７０年代前半のオイルショックで鈍化したあと、80年代後半のバブル期に加速し、90年代のバブルの崩壊とともに再び鈍化し、２０００年代に入り勢いを取り戻し、２０００年後半のリーマンショックで再び鈍化という過程を辿っています。一方、13年度に東京の名目県内総生産（国内総生産に相当）は93兆１２８０億円、同年度の日本全体のＧＤＰは、４８２兆４０００億円であり、ＧＤＰの約5分の１に相当します。人口が10分の1で、ＧＤＰは5分の1ですから、東京の生産性は非常に高いことになります。

2　東京一極集中の何が問題なのか

東京一極集中が進展する中で、地方の人口減少が著しく、仕事を求める人が東京圏に移動するという構造的な問題があります。特に経済格差が広がると、長期的にも高い所得を求めて東京圏への人口流入が上昇します。

人口が過度に集中すると「東京の過密」問題が生じます。

①自然災害やテロなど、不測の事態が生じた時、被害が甚大

図表8 総人口に占める東京圏の割合

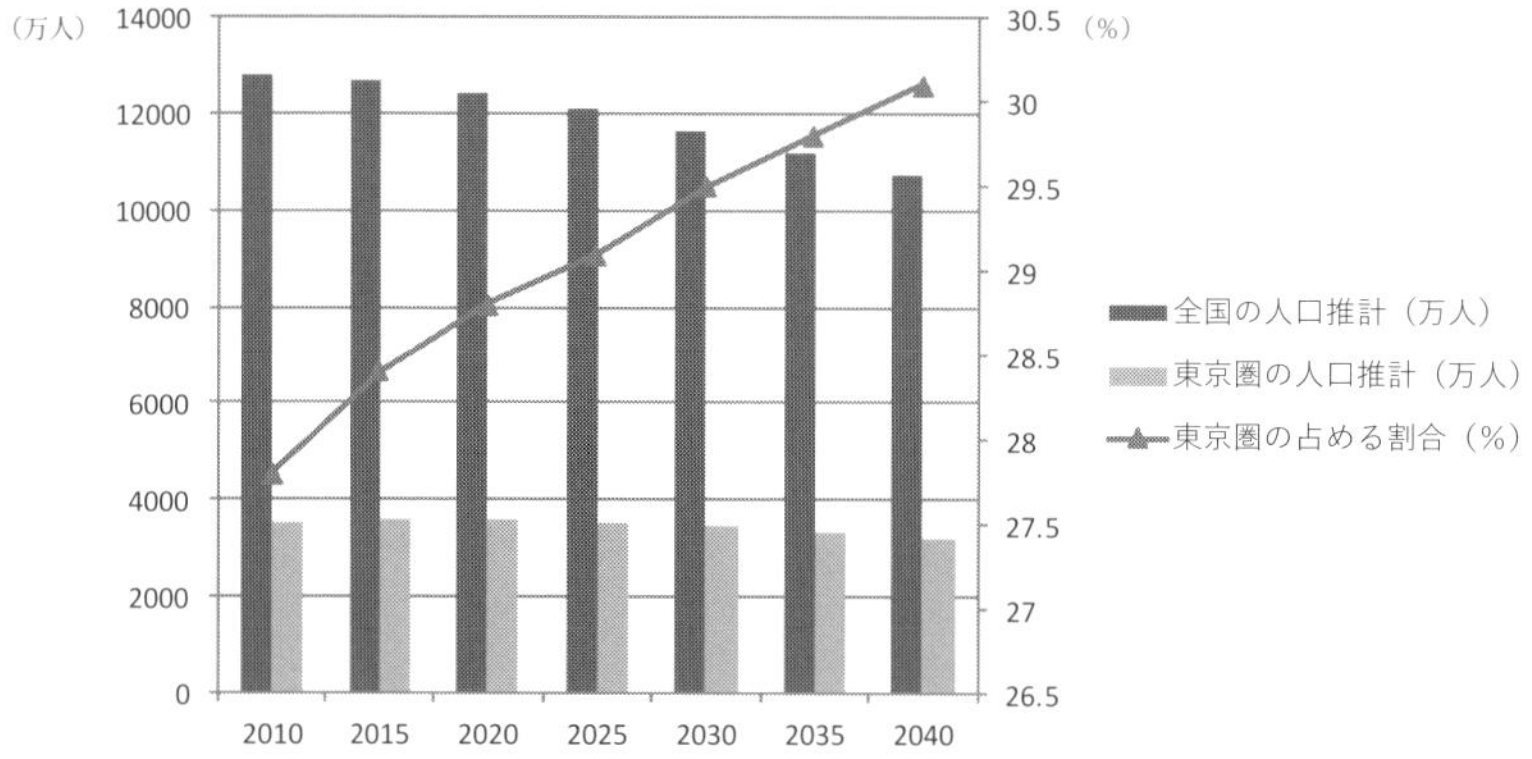

〈出典〉国立社会保障・人口問題研究所　日本の地域別推計人口

となり、あらゆるリスクに対して脆弱な状態となる。②全国から若者を集めておきながら、人口の再生産は大変低く、過度な若者の集中は少子化を加速する。③東京一極集中が進行すると、地価や物価が上昇し、それに伴い生活コストが増大し、居住環境や生活水準の悪化を招くなど、問題が生じます。

東京一極集中は都市間の力の問題で、東京に、ヒトやモノ、カネ、情報など、社会における資源・資本を吸い寄せる力があり、相対的に地方の影響力が弱まります。その結果、地方の魅力と個性がなくなり、ますます東京一極集中が加速します。

3　東京一極集中の是正は可能か

東京一極集中の要因は、首都圏の人口シェアと経済成長との相関がきわめて高く、首都圏の経済が人口集積のメリットを活かしながら、日本経済をリードしてきたことの証です。

東京圏の人口シェアの上昇は今後も続くことが推察されます。２０５０年には我が国全体の人口の32・5％が東京圏に集中し、東京一極集中が今後も続くと推察されます。

経済成長時代は、企業などの利益が東京圏に集中し、その富を国が税金として集め、地方に「地方交付金や補助金」として再配分する構図が、地方との格差を是正してきました。東京一極集中の要因は、雇用環境の違いです。地方には「仕事がない」のではなく、「就きたいと若者が考える仕事がない」のです。地域にある仕事と若者の就業意向とのミスマッチが起きています。東京一極集中の是正は永遠の課題であり、古くて新しい政策テーマです。

キーワード　東京圏は出生率が最も低い／東京圏は高齢者激増

9 「地方定住」のために求められる条件は?

ポイント

A　医療機関(施設)の存在。
B　居住に必要な家屋、土地を安価に購入できること。
C　生活していく上で必要な交通手段の確保。

1　UJIターンの現状

「UJIターン」とは、都市部の居住者が地方へ移住する行動パターンの総称です。ライフスタイルやワークスタイルの変化と価値観の多様化が進み、大都市に居住しなくとも、豊かな自然環境の中で暮し、働くことが可能な社会となりました。地方でも人材の都市部への集中を緩和する取組としてUJIターンが注目されています。

「農山村に関する意識調査(2014年、内閣府)」、によると、現在、「都市地域」、「どちらかというと都市地域」に住んでいる人の約3割が、農山漁村地域に定住してみたいという願望があることが明らかになました。05年と比較してみると20・6%から31・6%へと上昇しています。年齢別では、20代が38・7%と最も高く、次いで40代の35%、60代の33・7%で、20代の約4割近くが農山漁村地域へ定住願望があります。

NPO法人「ふるさと回帰支援センター」の相談件数の推移を見てみると、2008年の「面談・セミナー参加者」、「電話などの問い合わせ」件数の合計が、2008年には2475件から14年は1万2430と5倍に急増しています。特に20歳から40歳代までの若い世代の利用件数が増加しています。経済一辺倒の豊かさでなく、田園回帰とよばれように、地方を志向する若者が増加しています。

2　定住を促進する際の問題は何か

定住する際の問題点は何か、「農山村に関する意識調査」結果を見ると、「医療機関(施設)」の存在が68%、「生活が維持できる仕事があること」が61・6%、「居住に必要な家屋、土地を安価に購入できること」が47・2%、「生活していく上で必要な交通手段の確保」が39・2%、「買い物、娯楽施設等の存在」が37・8%などの順です。特に、生活や暮らしに係わる医

図表9　移住相談件数の推移

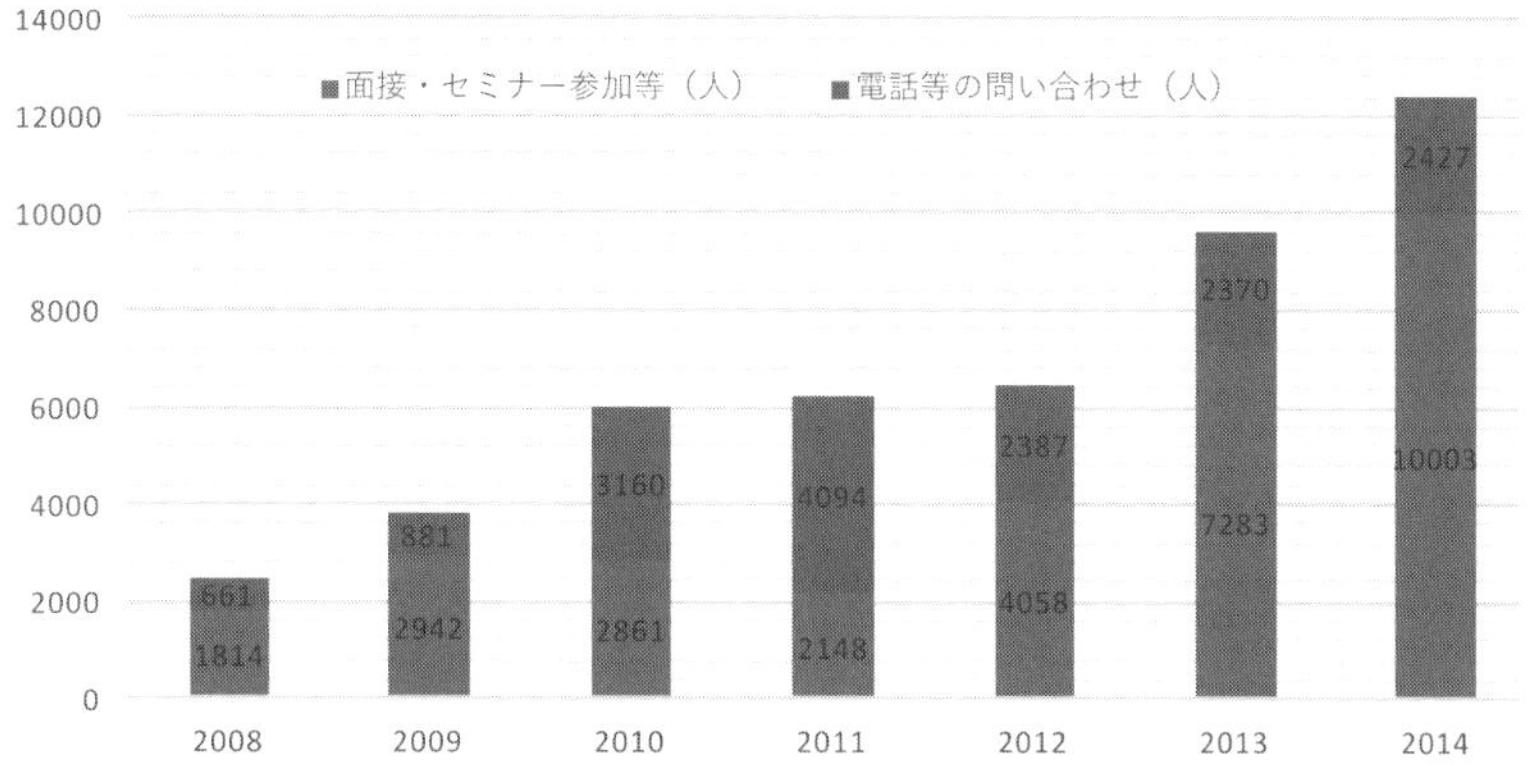

〈出典〉NPO法人ふるさと回帰支援センター「面接セミナー参加者電話問い合わせ資料」

療環境と仕事が突出して問題点として挙げています。

一方、国土交通省の「国民意識調査」から、移住希望者は、収入額を重視する者が、突出して多くなっています。両調査から、地方へ移住することにより現在の職を離れ、収入が低下することを懸念しています。

3　UJIターンの今後の動向と定住促進のための対応

移住時期について、いつ頃移住を実現したいかについて聞いたところ、「すぐにでもしたい」8・3％、「5年以内にしたい」が16・9％、「10年以内したい」が24・9％、「20年以内にしたい」18％、「20年以上先にしたい」19・6％となっています。移住希望者が地方に住むことの最大の魅力は、自然環境の豊かさ、生活費が安くゆとりを持って生活できる。田園回帰によるスローライフの生活ができることを挙げ、地方への「あこがれ」を抱いており、移住願望は今後も続くと推察されます。

UJIターンを促進する上で、移住先における衣食住の環境整備や交通インフラの充実により都市的な利便性を一定程度提供することに加えて、地域において就業先を確保することで、地方回帰に流れが加速されます。UJIターンを促進することは、都市部の人材を地方の中小企業・小規模事業者が確保し人材不足を補うことにつながります。多くの移住希望者が地方の魅力を感じつつ、自然の豊かさにも魅力を感じていることから、地方都市と農山漁村の間のネットワークを構築することにより、地方の都市部との接近性を高めることで、一定の効果が期待されます。

キーワード　地方志向／田園回帰／仕事と暮らしの充実感

10 地方から都市への人口移動はなぜ起きるのか？

ポイント

A　人口の約5割が3大都市圏に集中する。
B　優良企業が東京圏に集中している。
C　若者の教育・文化・雇用の場としての都市への集中。

1　地方から都市部への人口移動の状況

戦後の高度経済成長期、東京・大阪・名古屋圏の３大都市圏への人口移動は激しいものでした。半面、地方圏では人口流出が続き、人口の約5割が3大都市圏に集中するという現状になっています。また、70年代後半から、大阪圏、名古屋圏では転入超過が鈍化、あるいは転出超過に転じる一方で、東京圏では、バブル崩壊後の一時期を除いて転入超過が今も続いています。

また全国では、7割以上の市町村が転出超過で小規模市町村ほどその傾向がみられます。さらに、東京都特別区部（以下「区部」）と20政令指定都市の状況（２０１７年）をみると、全体で転入超過ですが、内訳では区部と13都市のみが転入超過で、順位別に、区部（61,158人）、大阪市（10,691人）、札幌市（8,779人）、福岡市（8,678人）、さいたま市（8,234人）、川崎市（7,502人）、名古屋市（4,874人）、千葉市（2,108人）仙台市（1,724人）、その他相模原・横浜・広島・熊本市となっています。

こうした人口の動きは、特に、大都市並びに大都市圏に集積している産業経済や教育文化機能等への多様な接点（就労や就学、先端的文化活動等へのアクセス性）を求めてのことで、高度経済成長を背景としてその動きは際立っています。中でも、70年以降は、東京圏への集中が著しく、国内の銀行貸出残高の約50％、国内の外国法人数の約91％、資本金10億円以上の企業の本社の約57％が東京圏に集中という状況からもそうした動きが理解できます。

2　そのためにどのようなことが行われてきたのか

結果、大都市、大都市圏では通勤ラッシュや交通渋滞、ヒートアイランド現象などが進み、地方部では人口減少や過疎化、そして労働力不足や高齢化などにより地域経済が停滞してきました。

図表10　三大都市圏の転入超過の推移

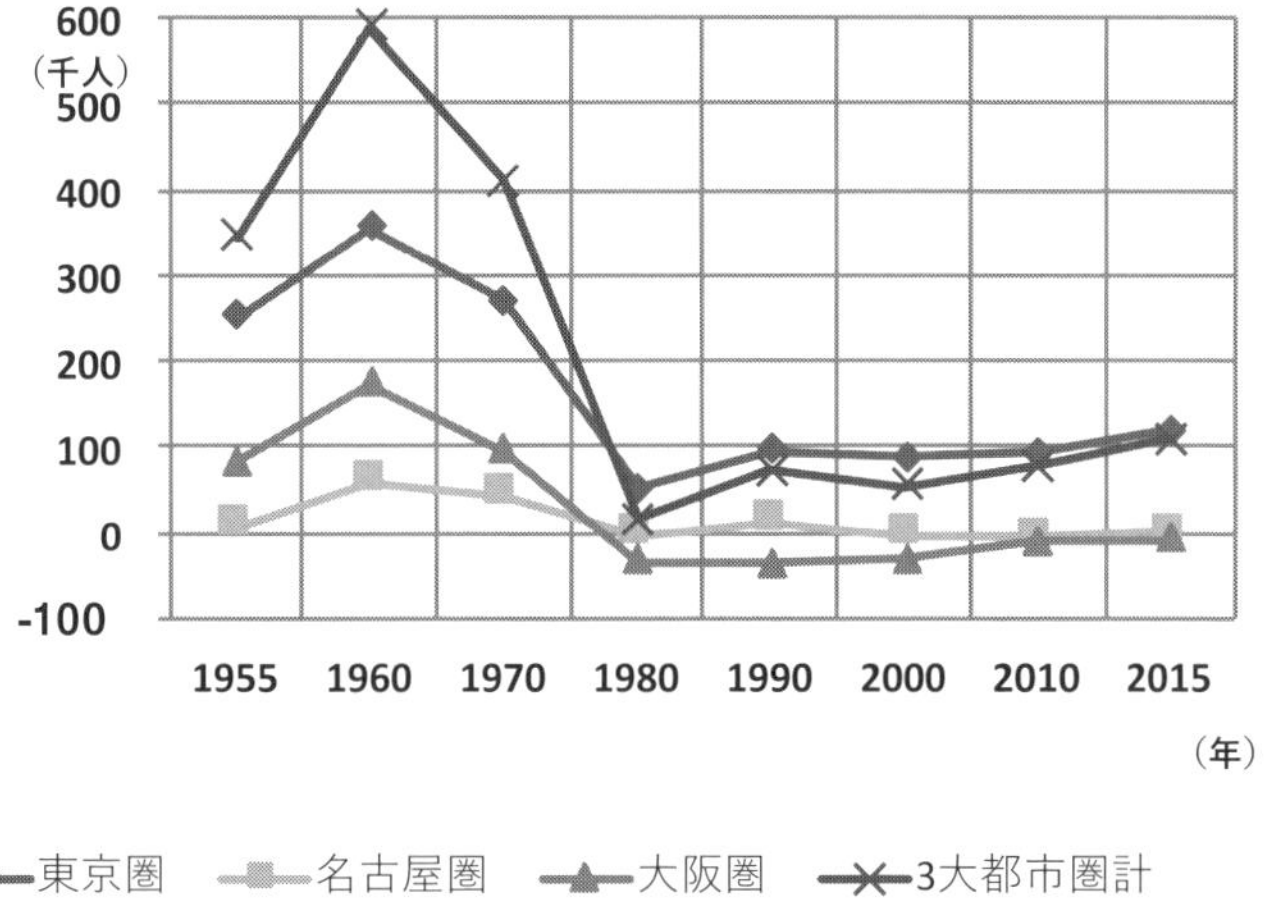

〈出典〉総務省統計局住民基本台帳人口移動報告

こうした中、国では5次にわたる全国総合開発計画を策定し、主に大都市圏への人口集中の是正、さらには東京一極集中の是正、地方への定住を目指した計画・制度、事業などを立案・実施してきました。高速道路や新幹線、大規模工業団地開発などです。また地方でも、市町村等が企業や大学誘致による雇用、教育の場の確保に努めてきましたが、結果は現状が示す通りです。近年は、急激な人口減少と少子化・高齢化の動きを踏まえ、これまでの量的拡大、開発基調ではない視点から「コンパクト」にまとまり「ネットワーク」で繋がる地域づくり、国土づくりを進めるとしています。

3　今後、どうして行くべきでしょうか

人口減少、高齢化等の厳しい状況は、東京圏、大都市にも周回遅れで巡ってきます。そして地方都市では、定住人口が限りなく減少する地域も出てくるでしょう。しかし、東京圏への一極集中が進む一方で、地方からの流出人口が一定の比率で地方の中枢都市にとどまることもわかっています。

まずは、住んでいる地域やまちに留まる、あるいは戻ってくるという流れをどう創るかです。広域・全国にも繋がる情報・交通等のネットワークづくりや地域での生活の利便性に資する環境づくり、そして新しい生業づくりなどを、地域住民や行政、企業、団体等が協働でき細かく進めていく必要があります。自らが住む地域やまちに何があり、何ができるかを学び、多様な働き方や暮らし方にチャレンジすることから始めてみる必要があります。

キーワード　集中と過疎／コンパクト・ネットワーク

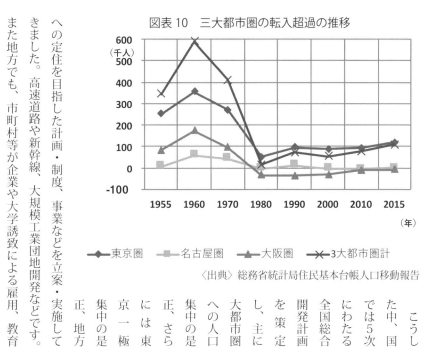

3

子ども

何がおこっているのか？

11　保育所待機児童が増えているのはなぜか？

ポイント

A　出産後の世帯が共働き。
B　離婚率の上昇による母子・父子世帯の増加。
C　保育士不足の原因は、安い給与や過酷な職場環境問題などで、資格を持っている人の内、実際に保育士として働く人が3～4割しかいないこと。

1　保育所待機児童の推移

厚生労働省「保育所等利用児童数等の状況資料」によると、2017年の待機児増数は2万6081人で、14年の2万1371人から待機児童が増加傾向となっています。都道府県別に見てみると東京都の待機児童が33％（8586人）と突出しています、上位は、沖縄県（2247人）、千葉県（1787人）、兵庫県（1572人）、福岡県（1297人）の順となっています。

保育所の数自体は2008年、2万2090箇所から15年、2万8783箇所と1・25倍増加し、定員も212万人から253万人と約1・2倍増加しましたが、待機児童解消には至っておりません。

2　待機児童問題とは

保育所が求められる要因は、多様化する家族の中で、出産後の世帯が共働きなどの理由により、保育所に預けざるを得ない。離婚率の上昇による母子・父子世帯の増加。核家族化により育児をお願いする祖父母が世帯内に居ないことです。

待機児童問題とは、保育所の入所を希望して申請しているにも関わらず、希望する保育所が満員などの理由で入所できない、待機をやむなくされる「保育所待機児童」のことです。

一方で、保育所と保育士の不足問題があります。保育所を増やすために、どれだけ規制を緩和しても、どれだけ補助金を出しても、保育園で働いてくれる保育士がいないと保育所を増設することはできません。保育士不足の根本的な原因は、保育士資格を持っている人の内、実際に保育士として働く人が3～4割しかいないことです。その要因として、安い給与や過酷な職場環境問題などが挙げられています。

3　待機児童問題の対応

国は地域ごとの状況（需要と供給）に応じて保育所を更に増やす施策として規制緩和（企業が保育園を運営）や資金援助（保育園建設への補助金）を試みています。

最大の障害は、やはり保育士不足問題です。２０１７年度末には、保育士が約７万４千人も不足することが見こまれます。資格があるのに保育の仕事を希望しない理由として、「賃金が合わない」が半数近く存在することがわかりました。他に過酷な「労働環境」問題。更に、地域別に見ると、東京圏を含む一定の地域の需要が高く、供給とのバランスがとれていない問題が生じています。

国は、２０１３年に「待機児童解消加速度プラン（5カ年）」、緊急対策として「子育て安心プラン」策定し、2年間で待機児童解消の受け皿を整備する事業化予算を確保しました。主な内容は、①保育の受け皿の拡大（既存施設の活用、多様な保育の推進など）。②保育の受け皿を支える保育人材の確保（保育資格者の活用、保護者への出張相談など）。③保育の質の確保（認可外保育園の質の確保など）。④持続可能な保育制度の確立（安定財源の確保）。⑤保育と連携した働き方改革（育児休業制度の改善など）などです。

国は17年衆議院選挙公約を受け、19年度から、段階的に幼児教育無償化を行う予定です。

図表 11　待機児童数と保育所定員推移（各４月１日時点）

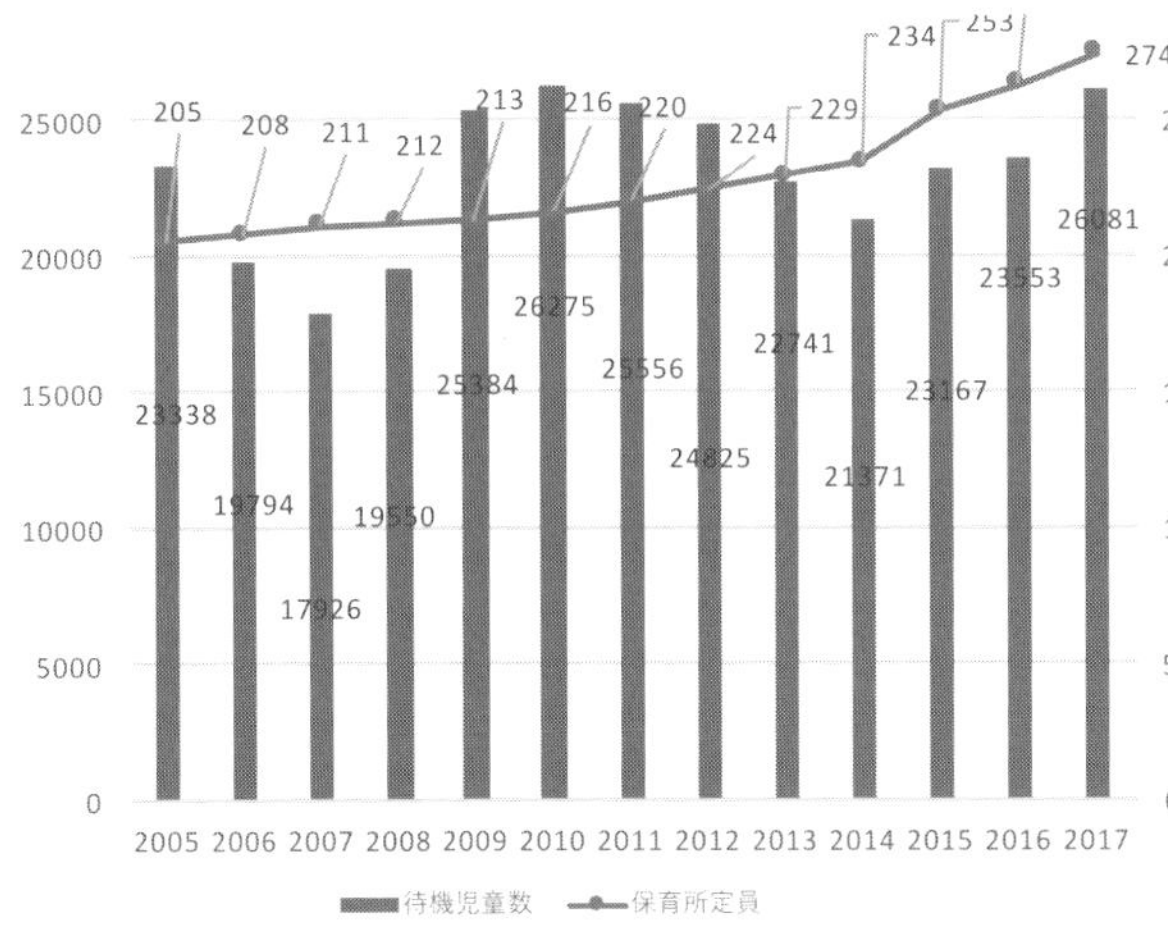

〈出典〉厚生労働省「保育所等利用児童数等の状況資料」

キーワード　幼児教育無償化／潜在的待機児童／保育士不足

4

結婚

何がおこっているのか？

12 結婚しない若者が増えているというが、その現状は？

ポイント

A　男性では4人に1人が50歳の時点で未婚。
B　女性では7人に1人が50歳の時点で未婚。
C　生涯未婚率は上昇している。

1 生涯未婚率の現状と今後の予測

生涯未婚率の現状は、男性は1980年（2・6％）以降、上昇が続き、2015年に13・4％となり、4人に一人が50歳の時点で未婚、結婚しない人生を歩んでいます。一方、女性は1980年に4・4％から、95年までは男性と比較して穏やかに上昇傾向となりましたが、2015年に14・1％まで上昇し、7人に一人が50歳の時点で未婚ということになります。

生涯未婚率は、2035年まで上昇傾向が続くと推察され、男性の生涯未婚率は、20年には26・6％と上昇し、35年には29％になります。女性の生涯未婚率は、20年には17・8％に上昇し、35年には19・2％と推察されます。

2 生涯未婚率の上昇による問題

1980年から90年前後、男性の上昇率が高くなったのは、おそらく、バブル時代、好調であった景気が不況の影響を受け、給料の減少、安定した職場の損失などが原因と思われます。90年代終身雇用が崩れ、非正規雇用の増大による低賃金、長時間労働に身を置く人は多く、自分の収入で家族を養えるのか、という不安を抱いた人が多いと推察されます。

近年、人々の婚姻に対する意識や行動も変わりつつあります。「男女共同参画に関する調査（内閣府）」によると、「どちらかといえば賛成」を含めると70％が「結婚は個人の自由である」と考えています。1992年（62・7％）時点と比較すると、7ポイント上昇しました。特に、20から30歳代では9割近くが結婚は自由であるという考え方に賛成しています。このことから、結婚するか、しないかについての自由度は高まり、趣味を楽しむ、自由を謳歌するなど、婚姻意識の変化が伺えます。

少子化による若者の減少と未婚率の上昇などを背景に、婚姻件数は減少傾向にあります。２０１２年の婚姻件数は年間約67万組で、最も多かった１９７２年の約１１０万組と比べると、約43万組少ない6割程度となっています。

図表 12　生涯未婚率の推移

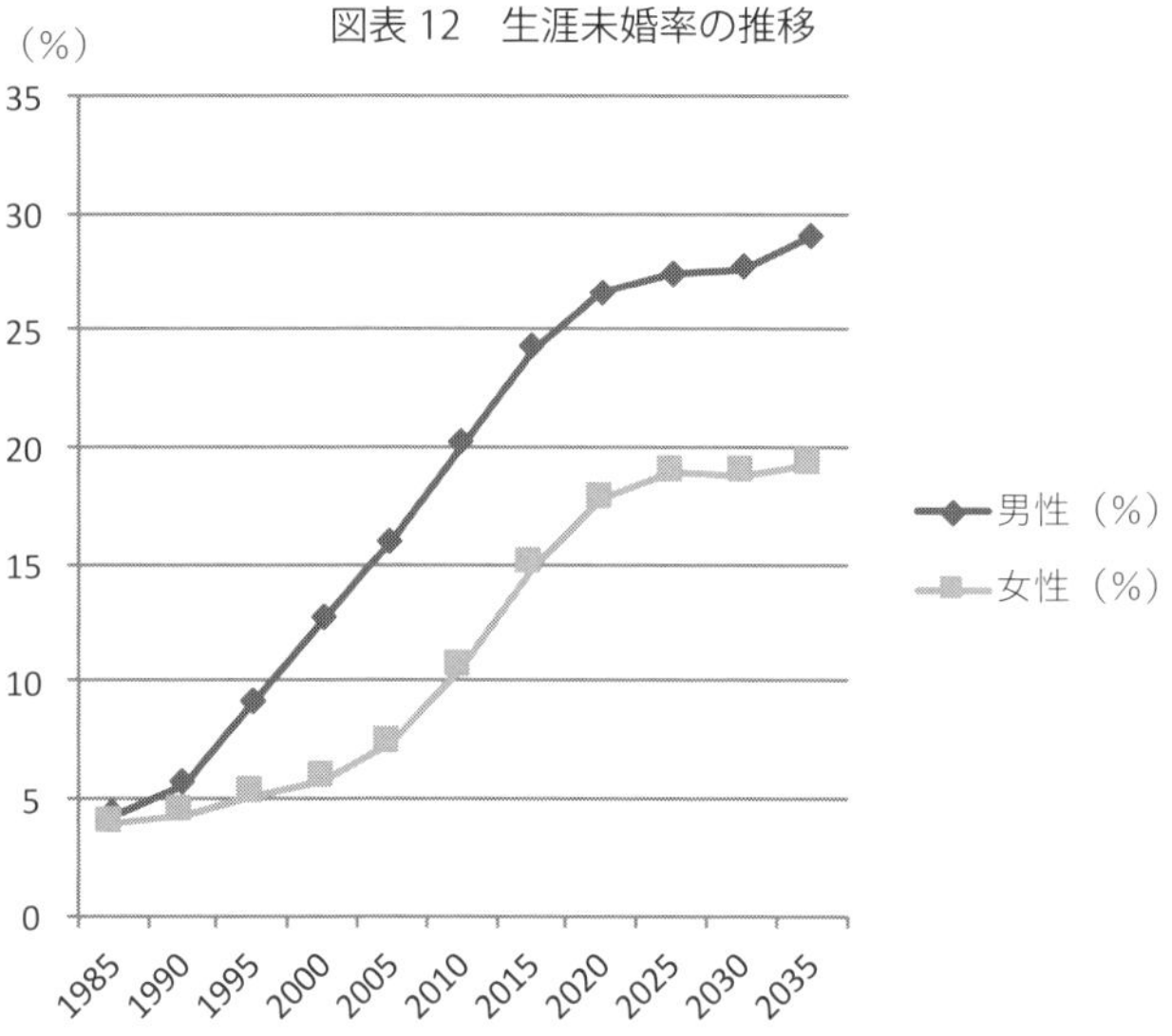

〈出典〉2014 年版厚生労働省白書

生涯未婚率の上昇による問題は、①生涯未婚率の出生率に影響をおよぼす少子化要因。②共に暮らす人がいないことは、健康への自己管理能力が低下し、未婚者と既婚者を比較すると、未婚者の死亡率リスクが高い。③自立が困難になり介護や福祉、医療需要が増加し、社会がその役割を担うことになるなど、様々問題が生じます。

3　家族機能が変化する社会

婚姻に関する変化には女性の経済的な自立と非正規雇用の拡大による就労環境の悪化が挙げられます。都市部において独身生活を快適にする条件が整い、自分の多様な可能性を発揮できる柔軟性を保つため、結婚を避ける「結婚のモラトリアム化」の心理も晩婚化の要因といえます。

世代分離、非婚化、晩婚化、離婚率の上昇など、家族のあり方は、伝統的な家族規範から抜け出し、個人の主体的な選択にゆだねられつつあります。まさに家族機能は大きく変化し、その影響が懸念されます。

キーワード　結婚意欲の喪失／結婚の自由／経済的な自立

13　晩婚化が進んでいるが、何が問題なのか？

ポイント

A　少子化に拍車をかける。
B　年金、医療、介護などの社会保障制度の破綻リスク。
C　少子化による労働力人口の減少、経済規模の縮小。

1　晩婚化の進展

大学進学率の上昇、独身者の意識変化、多様な価値観が広がり晩婚化が進展しています。日本人の平均初婚年齢は1970年には夫が26・9歳、妻が24・2歳から、2012年は夫が30・8歳、妻が29・2歳と晩婚率が40年間で、夫は3・9歳、妻は5歳、平均初婚年齢が上昇しました。

一方、1920年と2010年の男女の世代別未婚率を比較すると、男性の20代では25・7％から71・8％、30代は8・2％から47・3％、50代は2・2％から20・1％に未婚率が上昇しています。女性は20代では9・2％から60・3％、30代は4・1％から34・5％、50代は1・8％から10・5％に未婚率が上昇し、男女共20歳代から30歳代の未婚率の上昇により晩婚化の進展が伺えます。

2　晩婚化問題の影響

晩婚化の要因として、非正規雇用の増加と所得格差の問題。男性に結婚する余裕がないこと。社会的に自立した女性が増えたことや価値観の多様化が進んだことが挙げられます。

メディアやSNSを通して、多様な価値観が広がり、結婚が全てでない、結婚よりやりたいことがある若者の増加により、個々人が生きたいように、自由に生きることができるような意識変化が、晩婚化の要因と考えられます。

晩婚化問題は、どのような影響を社会にもらすのでしょうか。①少子化に拍車をかけます。合計特殊出生率（一人の女性が出産可能とされる15歳から49歳までに産む子供の数の平均）は、1947年には4・54人から、2016年には1・44人に減少。②介護・福祉・年金などの社会保障制度の破綻リスクです。晩婚化により少子化の進展と、同時に急激な高齢化の進行により、年金、医療、介護などの社会保障制度の持続性の確保や世代間・世代

図表 13　平均初婚年齢

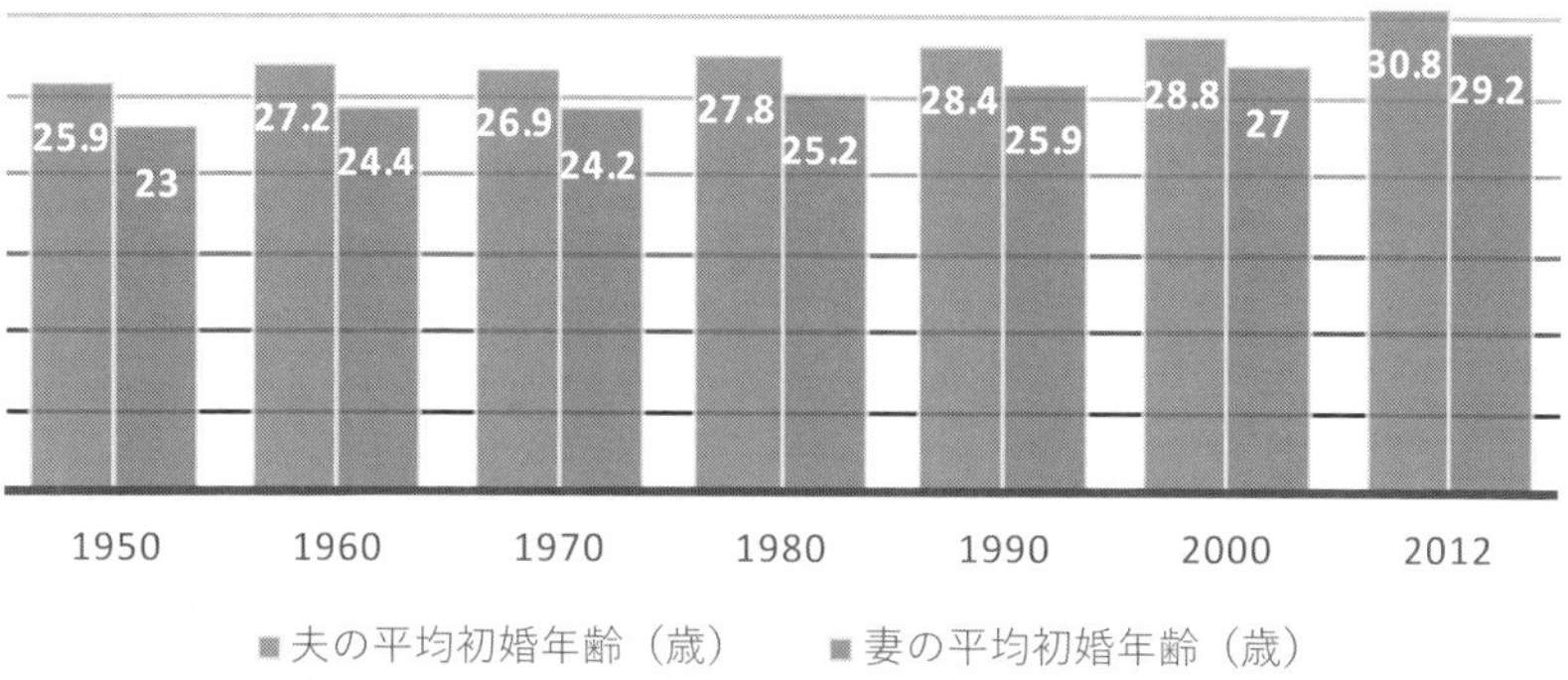

〈出典〉厚生労働省大臣官房統計情報部「人口動態統計」より政策評価官室作成

内の格差の問題。③少子化による労働力人口の減少、経済規模の縮小です。30歳未満の若年労働者が減ることは、消費者も減少し、消費市場の縮小など、そこから派生する様々な問題が日本社会を襲うことになります。

3　晩婚化の現状を改善する方法はあるのでしょうか

「少子化に関する調査（内閣府）」によると、結婚意向のある未婚者に結婚を「決心する状況を聞いたところ」男女とも、「経済的余裕」に次いで、「希望の条件を満たす相手に巡り会うこと」を挙げています。晩婚化によって生まれてくる影響を回避するためには、社会的サポートが必要となります。例えば、晩婚化による育児と介護の「ダブルケア」問題。女性の就業率の上昇は仕事と家事の両立の条件が整備されないと、出産、育児機能を低下させることになります。

具体的には、①産休や育児休業に関わる法制度の更なる充実。②産休中の「出産手当金」「育児休業給付金」の改善。③国や自治体による出産から養育まで様々な支援制度の拡充。④晩婚化による育児と介護の同時進行、いわゆる「ダブルケア」の問題への行政と企業の対応。⑤多様な形態の保育所や企業内保育所の整備。⑥在宅勤務やテレワークなどの導入による仕事をしながら、育児と介護も可能になる環境整備など、制度や仕組みの改善が求められています。

キーワード　所得が低い／女性の社会進出／多様な価値観

5

高齢者

何がおこっているのか？

14 「認知症」は増えているのか？

ポイント

A　65歳の高齢者のうち5人に1人が認知症になる。
B　64歳以下の認知症の発病率が増えてきている。
C　国は団塊世代が75歳以上の後期高齢者となる２０２５年に向けて「新オレンジプラン」を策定。

1　認知症と年齢の関係について

認知症は、何らかの原因で脳の神経が壊れることにより起こります。進行すると、生まれてから正常に発達した知的能力（記憶・思考・計算・言語・判断等）機能が脳の障害によって低下し、日常生活や社会生活を営めなくなる状態をいいます。

認知症と年齢の関係については、高齢になればなるほど、認知症の有病率は上がります。65～69歳の認知症有病率を1・5％とすると、85歳以上の認知症有病率は、その約18倍の27％になります。一方、64歳以下の認知症の発病率が増えてきています。厚生労働省では、64歳以下で発病した認知症を「若年認知症」と定めており、認知症発病率の平均年齢は約51歳となっています。

2　認知症の増加と社会問題

認知症高齢者は、２０１２年では約４６２万人、25年には７００万人を突破する推計値が、厚生労働省から発表されました。このことは、65歳の高齢者のうち５人に１人が認知症になることです。

認知症患者の介護は、24時間の見守りが必要であり、現在でも多くの家族が認知症患者を介護しています。その負担の大きさから、家庭崩壊や心中問題に発展することもあります。介護問題は、地域ぐるみでないと対策は難しいと考えられています。介護保険においては原則、65歳以上で、要介護認定を受けた者が、支援や介護サービスが受けられます。

一方、65歳未満の初老期の認知症患者（若年性認知症）の対策が遅れているため、その患者の家族負担は65歳以上の患者より重いといわれています。その他に、判断力が低下した認知症患者による自動車運転問題や認知症患者が鉄道事故に巻

図表14　65歳以上の認知症患者の推定者と推定有病率

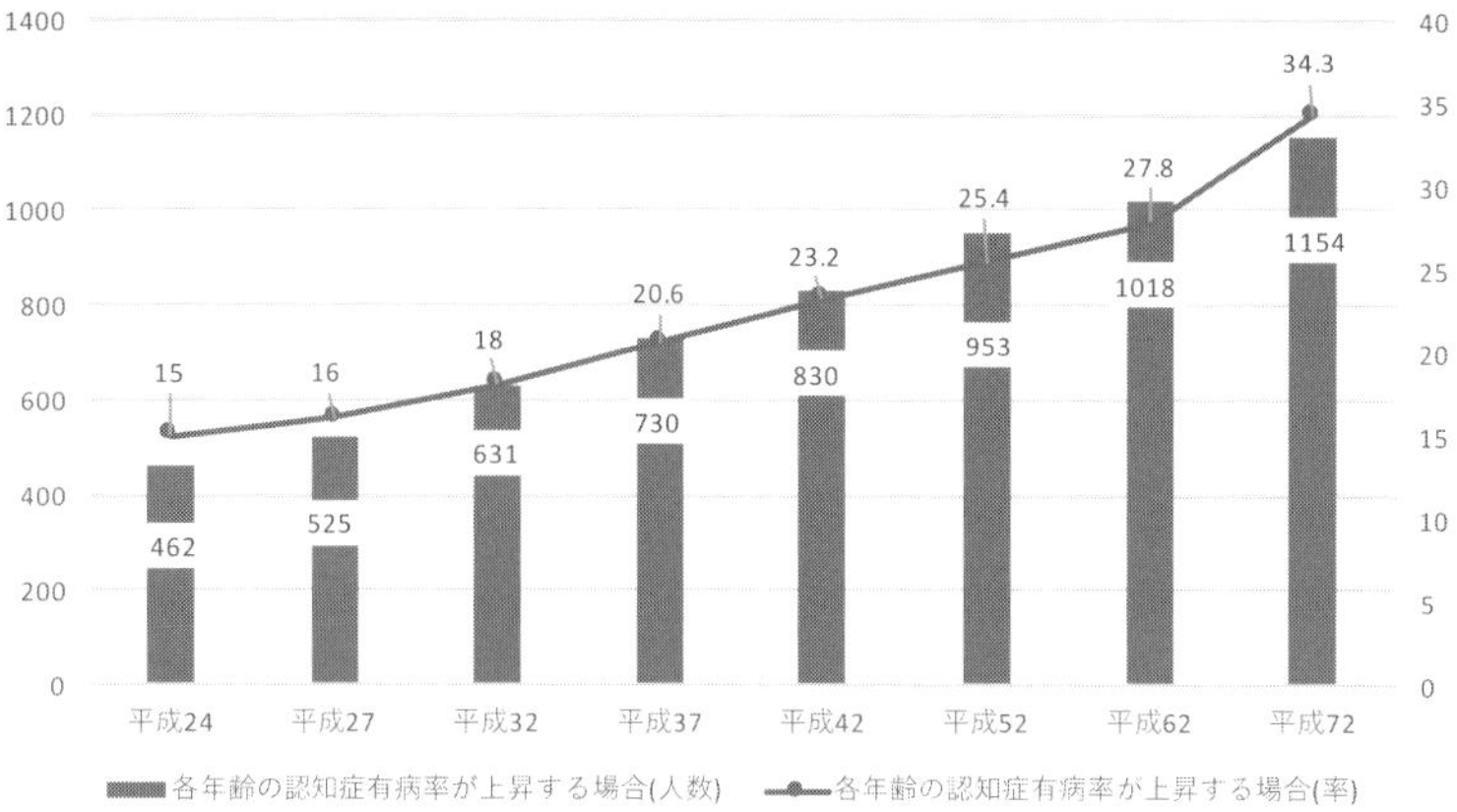

〈出典〉平成28年版高齢社会白書・内閣府

き込まれるケースが、05年～12年までの8年間で149件発生するなど様々な社会問題が生じています。認知症問題は、老年期認知症だけの問題でなく、「認知症介護」における社会制度の改善が必要になるとともに、家庭内での認知症に対する意識の向上が不可欠となってきます。

3　認知症の人が自分らしく暮らすことができる社会

高齢者の増加に伴い、認知症への対策が急務となっています。国は「認知症の人の意思が尊重され、出来る限り住み慣れた地域の良い環境で自分らしく暮らし続けることができる社会を実現する」ことを目的に、団塊世代（約800万人）が75歳以上の後期高齢者となる2025年に向けて「新オレンジプラン」を策定しました。

認知症高齢者にやさしい地域づくりに向けて、医療・介護・介護予防・住まい・生活支援を包括的にケアするための戦略です。その概要は、①認知症への理解を深めるための普及・啓発の推進。②認知症の容態に応じた適時・適正な医療・介護等の提供。③若年性認知症施策の強化。④認知症の介護者の支援。⑤認知症の人を含む高齢者にやさしい地域づくりの推進。⑥認知症の予防法・治療法などの研究開発と成果の普及。⑦認知症の人や家族の視点の重視などです。このプランでは、医療従事者、地域、個人など様々な対象者が各々の立場で役割を果たすことが求められています。

キーワード　若年認知症の増加／自分らしく暮らせる社会

15 高齢者の運転事故は増えているのか？

ポイント

A　後期高齢者の運転免許の保有者は同年比較で1・9倍増加。
B　75歳以上の運転者が全体に占める死亡事故が、増加傾向にある。
C　高齢者の運転免許返納率は徐々に上昇している。

1　高齢ドライバーの運転免許保有者の推移と運転事故

国内の総人口は1億2649万人（2018年4月現在）で、そのうち75歳以上の後期高齢者は1779万人で全体の14・1％を占めています。2017年の運転免許の保有者は8225万5千人で、そのうち5395千人が75歳以上の後期高齢者で、全体の6・6％を占めています。後期高齢者の07年と17年を比較すると、10年間で1・9倍に増加。後期高齢者の運転免許の保有者は同年比較で1・9倍増加し、後期高齢者の増加率と運転免許の保有率は変わりません。

警察庁の75歳以上の高齢運転者による死亡事故件数の推移（警察庁「交通事故統計」17年度）によると、07年と17年を比較すると30％（3247件）減少。75歳以上の運転者による死亡事故は同年比較で横這い（418件）状況です。しかし、75歳以上の運転者が全体に占める死亡事故の割合は07年（8・2％）から16年（13・5％）まで増加し、17年（12・9％）に若干減少しています。

2　高齢者が引きおこす運転事故の問題

死亡事故全体は減少傾向を示していますが、75歳以上の運転者が全体に占める死亡事故が、増加傾向を示しています。このような状況を改善するため、1998年から「運転免許証自主返納制度」が始まりました。高齢者の運転免許返納率は徐々に上昇していますが、2017年の返納率は4・7％と低い状況でした。

免許を返納したくない高齢者の理由として、①地方では、公共交通機関が余りなく、生活を維持する移動手段として車が欠かせない。②仕事や地域の会合など、車は外出に欠かせ

図表15　75歳以上の高齢運転者による死亡事故件数の推移

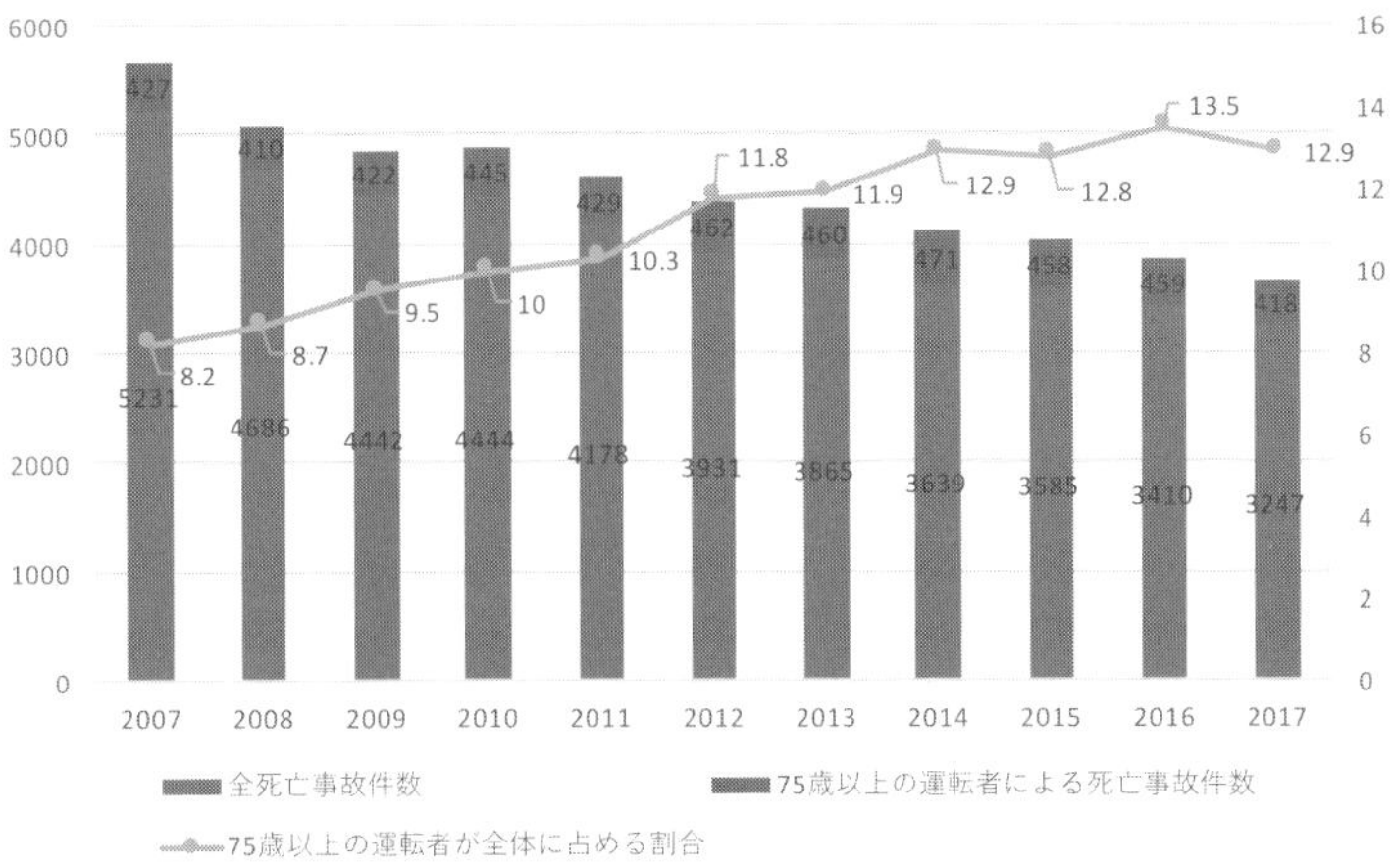

〈出典〉警視庁「運転免許統計」2018年

ない生活の一部。③高齢者にとって「運転＝趣味」となっている。④運転免許の返納により、高齢者のひきこもりの原因の一となる。⑤免許返納により身分証明書がなくなるなどです。なお、運転免許を返納した者は、「運転経歴証明書」を申請すれば取得できます。こ

の制度に加えて、70歳以上の免許証保有者には、免許の更新時に講習受講の義務化や75歳以上の認知症機能検査を受けることが定められました。

3　免許返納者の移動環境の整備

高齢者の運転免許の返納は、年齢が同じでも運転能力や判断力に個人差があります。高齢者の免許返納問題は、行政として頭が痛い問題です。

免許返納の抵抗感は、公共交通が貧弱な地域で根強く、背景に、移動の代替手段の乏しさが存在しています。各自治体は返納者に対し、バスやタクシーの利用券の配布や企業との連携により、買い物無料配送、メガネ・補聴器の割引などの特典を用意していますが、一過性のサービスが多く、返納後の生活の手助けになりにくい。返納を推進するなら、「移動権」を前提に、交流を支える公共交通移動システムの再構築、地域での高齢者移動支援など、社会全体での取り組みが欠かせません。高齢者も運転技能の衰えに無自覚ではいけません。免許を継続するための支援策として自動ブレーキなどの安全装置や運転能力を維持するための講習の充実が求められます。

キーワード　移動権の保障／高齢社会と自動運転技術

16　高齢者犯罪の実態は？

ポイント

A　高齢者の検挙人数は増加化傾向が著しい。
B　高齢者では窃盗の割合が高く、女子は9割が窃盗。
C　経済的困窮が高齢者の窃盗犯罪の動機。

1　高齢者犯罪の実態

内閣府「高齢社会白書」（2017年）によると、高齢者の刑法犯の検挙人数は04年（3万6696人）から12年（4万8544人）までは増加し、その後、横ばい傾向を示し、13年以降は低下傾向となっています。犯罪のうち、65歳以上の高齢者による窃盗事件が増加し、15年の1年間の検挙者は3万4429人（72・9％）、と、04年の1・4倍となっています。

白書によると、高齢者の検挙人数は、他の年齢層と異なり増加傾向が著しい。一般刑法犯全体と比べて、高齢者では、窃盗の割合が高く、特に女子では9割が窃盗です。しかも万引きによる者の割合が約8割と際立ち、高齢者の犯罪・窃盗・万引きに警告を発しています。

2　高齢者の犯罪増加の背景と問題

高齢者犯罪が増加する背景として、①元気な高齢者の増加が外出先で犯罪に結びつくケース。②商業施設の多くが非対面型で商品を「カゴ」にいれる店舗が増加し、年齢に限らず万引きを誘発する環境にある。③悪意はなく、認知能力が低下し、結果的に万引きをしてしまう、認知症の増加と「びっくり病」の増加。④経済的な貧しさから、日用品を万引きするなどが挙げられます。

このように、高齢者の窃盗犯罪者の動機・原因として、①「生活貧困」による者。②「対象物の所有」目的の者。③「空腹」による者に分類され、その底流に「高齢者の経済的困窮と貧困」、「高齢者の孤独による精神的不安定」、「家族との疎遠」などの問題が潜んでいます。

特に高齢者は子育てをしている時には、地域で子どもを介して関わりがありましたが、子どもの成長や独立を経て地域との関わりが薄くなっています。更に、いままでは自治会や

把握するなどの要望が出ています。親が80代、子が50代で二人暮らしをする「８０５０世帯」の世帯数が年々増加し、２００５年には35万6千世帯だったのが、15年には64万8千世帯、約30万世帯増えています。

こうした世帯の中には、孤立・貧困に直面している世帯や潜在的に「ひきこもり」リスクを持つ世帯が数多く含まれていると考えられ今後も増加することが推察されます。

図表17　65歳以上の者がいる世帯の世帯構造の年次推移

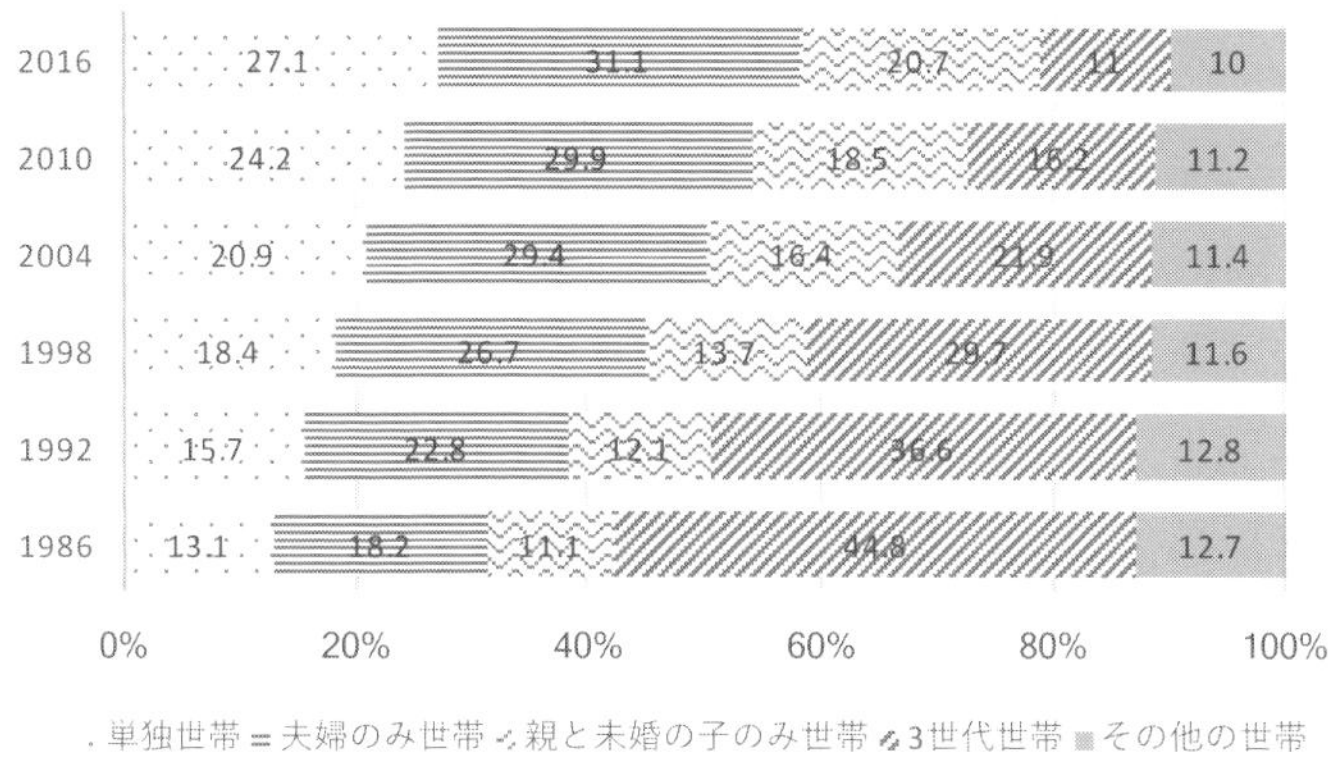

〈出典〉厚生労働省「平成28年国民生活基礎調査の概要」より
＊2016年は熊本県を除いた数値

3 「８０５０問題」を解決するにはどうすれば良いか

現在、ひきこもり問題に対して、独自の政策や事業を進めている自治体が増えています。例えば、岡山県総社市では、２０１４年に「生活困窮支援センター」を設立し、15年2月までに１０２件の相談がありました。相談者の中から、ひきこもりセンター「ワンタッチ」が仲介し、社会復帰に向け準備期間とし、老人ホーム等にかよっています。秋田県藤里町は、収入、やる気、経験、就業時間といった5段階に区分し、ひきこもり者の希望に沿った働き方を照会する登録制「プラチナバンク」を創設。無理のない就労、社会参加ができる、ひきこもり対策として注目を集めています。

一方、国は「８０５０」問題を含む、地域生活課題について、市町村が関係機関と連携・調整を行う総合的な体制づくりに努める主旨を規定した、改正社会福祉法が15年から施行されたことで、各自治体によるひきこもり対策の進展が期待されます。今後も行政と活動団体・民間とが連携し、居場所づくりや就労につなげる支援策の充実が求められます。

キーワード　親子の貧困／社会から孤立／人間関係が怖い

18 「安楽死」がどうして話題になっているのか？

ポイント

A　世論調査では日本人の多くは安楽死の合法化に賛成。

B　日本では意思をもって積極的に死を選択する「安楽死」はいまだ社会に容認されているとは言えない。

C　終末期における「尊厳死」という考え方が広がってきている。

1　安楽死とは何か

「安楽死」は、死期が切迫した病人の苦痛が激しいときや、助かる見込みのない病人を、本人の希望に従い、その苦痛を人為的に取り除いて、安らかに死なせる行為です。一方、安楽死に似た言葉に「尊厳死」というものがあります。尊厳死は本人の希望で、医療機器による植物人間状態での延命を拒否し、人間らしく死ぬことをいいます。

日本では、患者本人の意思の有無にかかわらず、終末期の患者を積極的に死に導いた場合、医師などが民事訴訟だけでなく、刑事訴訟に発展し、医業停止命令を受ける可能性があります。

2　安楽死がどうして問題になるのか

２０１０年11月に朝日新聞が行った「死生観」に関する世論調査によると、「自分が治る見込みのない末期がんなどの病気になって苦痛に耐えられなくなった場合、投薬などで、安楽死が選べるとしたら」の問いに対し、「選びたい」との回答が70％、「選びたくない」は22％、「その他」が８％でした。また、「安楽死」を法律で認めることに対する賛否を問うた質問では、「賛成」との回答が74％、「反対」は18％、「その他」が８％でした。この結果によると、日本人の多くは安楽死の合法化に賛成で、最期は安楽死で逝くのもいいだろうと思っています。

しかし、日本では意思をもって積極的に死を選択する「安楽死」はいまだ社会に容認されているとは言えず、判例上も関与した医師に殺人罪が適用されるなど法的に認められているとは言い難い状態です。

一方、欧米社会では安楽死が認められている国もあります。ベルギー、スイス、オランダ、ルクセンブルグ、カナダ、アメリカ（一部の州）、オーストラリア（一部の州）で、既に安楽死が認められています。

背景としては医療の進歩に伴い、死に至る病や怪我でも延命が可能になったことにより、「生きる自由もあれば死ぬ自由もある」などと、根本的に日本とは歴史観や生死観などが大きく異なっています。日本人は、生死を与えられた「運命」として捉え、「自分で決める」ものではなく「受け止める」ものとして認識されているのかもしれません。

3　安楽死の法案化の議論

日本の安楽死を巡る議論は1976年、医師や学者らが「安楽死協会」を設立したことに始まり、同会は78年、「末期医療の特別措置法案」を作成しました。ところが、反対派の文化人らを中心とする「安楽死法制化を阻止する会」が設立され「命ある限り精一杯生き抜くことが人間の本質である」と主張。そうした倫理的観点からの反対論が強く、法制化は立ち消えになりました。安楽死という言葉自体に「殺人」のイメージが付きまとい、議論が深まらなかった経緯から、政治では安楽死はタブーとなりました。

4　「尊厳死」という考え

このような経過から、訪米社会の「安楽死」とは違う、終末期における「尊厳死」という考え方が広がってきました。

生前に延命医療の拒否の意志を成文化して登録することを普及させることを目的に、1976年に「日本尊厳死協会」が創立されました。現在、世界18ヵ国・31団体との協力体制のもとで、「死の権利協会世界連合」を設立し、活動を続けています。

2003年に日本尊厳死協会が「尊厳死の法制化を求める嘆願書」を厚生労働大臣に提出しました。その後、05年、超党派の衆参両院議員60名からなる「尊厳死法制化を考える議員連盟」が発足。現在は「終末期における本人意思の尊重を考える議員連盟」と改称し、参加議員も約200名に至っています。国会を舞台に、慎重派の声に耳を傾けるなど、慎重な検討が行われています。

キーワード　歴史観・生死観／延命措置／法制度の未整備

6 貧困

何がおこっているのか？

19 「格差社会」の何が問題なのか?

ポイント

A　格差社会とは、所得格差、賃金格差によって裕福層と貧困層に二層化した社会をいう。
B　非正規労働者のセーフティネット問題。
C　貧困層の教育問題。

1 「格差社会」と「階級社会」との違いとは

「格差社会」とは、階層間の格差が明瞭に現れた社会のことです。格差は様々な領域で指摘されていますが、特に重大なことは収入による経済的格差です。所得格差、賃金格差によって裕福層と貧困層に二層化した社会のことを格差社会と呼んでいます。現在社会では、経済格差・所得格差・情報格差・教育格差・職業地位格差などが、相互に関係し、格差社会が進行しています。

一方、現在日本の「階級社会」とは、橋本健二よると、「資本家層（経営者・役員）を頂点にして、新中間層（雇用されている管理職、専門職・上級事務）と労働者層（雇用されている単純事務職・販売員・サービス職等）と続き、その下はアンダークラス（雇用されていない単純労働者・非正規労働者）という階級ヒエラルキー構造になっている」ようです。

格差拡大が放置され続けたことで、膨大な貧困層が形成され、新中間層も厳しい状況に追いやられています。わずかなつまずきで階層から転落し、ひとたび貧困に陥ると、階級を上昇することは極めて厳しい状態です。その底流に、賃金格差・所得格差や資産格差の問題が内在し、「明日は我が身」のような不安が、日本社会全体に漂っています。

2 「格差社会」の何が問題なのか

格差社会の問題の原因として、①非正規労働者の拡大問題です。総務省「就業構造基本統計調査」によると、2012年の非正規労働者の総数は2042万人、雇用者全体の占める割合は35・2%と、年々増加しています。非正規労働者は年齢が高くなるほど正社員への転換が難しく、将来にわたり、低所得という所得格差の固定が生じます。

②非正規労働者のセーフティネット（失業保険・医療保険・

年金保険等）問題です。現役で働いている人が、病気や事故で働けなくなり所得が減り、セーフティネットが機能せず、国の保障に頼る他に道はなくなります。

③教育の問題も格差社会のひとつです。高所得者の家庭では、教育に対して強い意識があり、有名大学から一流企業に入社し、結果として、その子供も高所得者になる傾向があります。これらは、高額所得者と低額所得者の階層が固定しかねない問題となります。

図表19　正規雇用・非正規雇用の労働者の推移

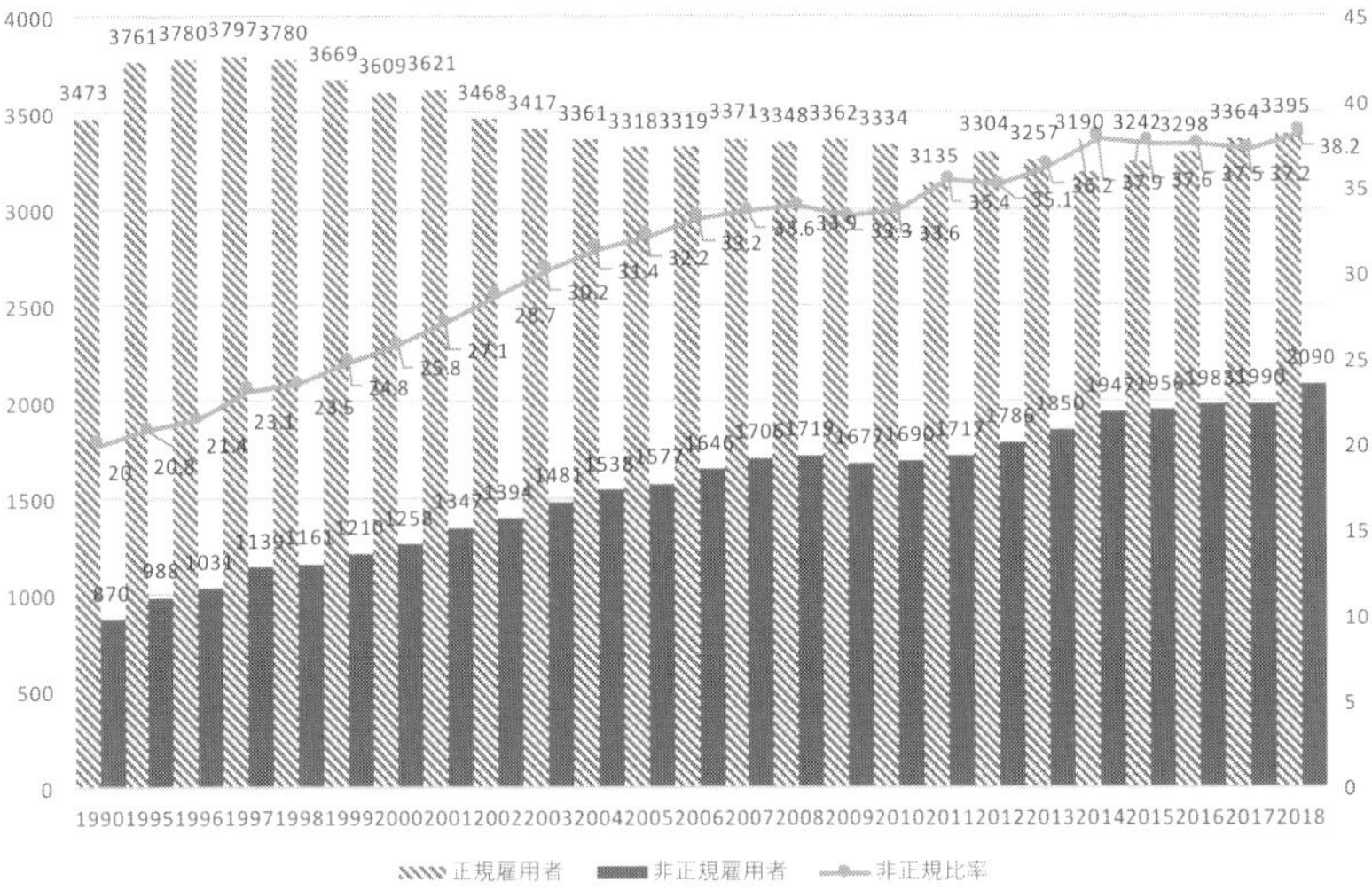

〈出典〉総務省「労働力調査」による

3　所得格差改善は可能なのか

バブル経済が崩壊した1990年以降、様相が一変し、「中の上」から「中の中」、「中の下」の階層へと下降する人々が増え、所得格差が拡大してきました。所得格差の拡大により日本人の一億総中流神話が崩壊しました。雇用が流動化し、「努力すれば報われる」という、若者には未来へ希望を持ちにくい時代となりました。格差社会の問題は、「努力する意欲をなくさせるような社会」であることがむしろ問題なのです。その問題点は、①所得格差の固定。②セーフティネットの不平等感。③高額所得者と低額所得者の階層の固定化にあります。年齢にとらわれず、不幸に見舞われようとも、その人が努力し、やる気さえあれば、社会が後押しする仕組みの構築が必要です。

キーワード　富裕層と貧困層／努力すれば報われる社会

20 「世代間格差」とはどんなことか？

ポイント

A　社会保障の給付と負担において高齢世代と現役世代、そして将来世代に生じる世代間の格差。

B　新卒一括採用と呼ばれる雇用慣行から生ずる正規と非正規雇用による世代間格差

C　経済・社会的側面全般における偏りが、同年齢層における所得や資産の格差問題が内在。

1　世代間格差の現状

我が国は、人口減少、高齢化社会に直面し、働く世代が減少し、高齢化率が２０５０年には45％に達すると推測されます。世代間格差とは、人間の一生の間に、国や自治体から受ける年金・医療・介護などの社会保障をはじめとする各種サービス（受益）と税負担や国の借金などによる負担の差が世代によって異なることで生じる格差をいいます。

世代間格差は、主に社会保障の給付や保険料の負担において高齢世代と現役世代、そして将来世代に生じる格差を指します。それ以外にも様々な世代間格差があります。

例えば、国債残高を合計した国の借金は、２０１６年度末で１０６９兆円、国民一人当たり８３７万円の負担です。一般会計予算では、国債費は過去最高の額であり、社会保障関係費は30兆円を越える規模です。このような状況を改善しなければ将来世代に膨大な「国の借金」を残すことになります。

また、雇用状況では新卒一括採用と呼ばれる雇用慣行が一般的です。この慣行上、求職者が新卒者である時に安定的な職を得られない場合、将来的にも安定的な職に就くのは難しく、生涯に渡って影響を受けます。

2　世代間格差の不公平問題

現行の公的年金制度においては、働く現役世代が払い込んだ保険料を、現在の高齢者世代が年金として支給される賦課方式が基本です。この方法は少子高齢化によって受給者の比率が高くなった場合に、現役世代の負担が重くなり、負担額に応じた給付を得られない問題が生じる恐れがあります。2007年から始まった円高不況とそれに伴うデフレーション（社会全体の持続的な物価下落現象）は、現役労働者に大きな負担となる一方、年金生活者には有利に働くことが指摘され、このことが世代間格差の不公平問題のひとつになっています。

一方、「若者の声」が政治に反映されにくいことも、世代間格差を拡大させる原因のひとつです。60歳以上の投票者は全体の4割に達し、政治家は高齢者の支持を失うことを恐れ、自然と政策は高齢者寄りのものになります。このような状況が積み重なった結果が、制度・仕組みの世代間格差の拡大につながっています。

3 世代間格差の解決策は

生まれてくる年代が異なればその人々のライフサイクルで直面する経済・社会環境も異なります。経済・社会的側面、全般における偏りの状態が「世代間格差」や「世代内格差」です。

世代間格差の主な社会保障の給付や保険料の負担において「多数の現役世代が少数の高齢者を支えること」を前提としています。政策として社会保障制度がスタートした、1948年には12・5人の現役世代が1人の高齢者を支える社会でした。2010年には2・8人の現役世代が1人の高齢者支える状況になり、さらに50年頃には、1人の現役世代が1人の高齢者を支える状況になると推計されています。

国は社会保障制度の「多数の現役世代と少数の高齢世代」という前提が崩れたことで、不足分の財源を公債費（借金）に頼らざる得ない状態が続いています。一方で、将来世代の負担となる債務残高は対GDP比の2倍以上となり、先進国の中で最高の水準となっています。

このような状況を踏まえ、12年から「社会保障の充実・安定化と、そのための安定財源確保と財政健全化の同時達成を目標とする改革」が始まりました。しかし、1990年以降、国の財政は急速に悪化し、少子高齢化が急速に進行したことにより、社会保障費は毎年1兆円規模で増加すると言われています。このままでは世代間格差は広がるばかりです。

そのためには、世代間格差の是正と持続可能な社会保障を実現する財政改革が求められます。

キーワード　現役世代の負担増／受益と負担の差

21 シングル・マザーの生活困難の実態は？

ポイント

A シングル・マザーの約42％が年収２００万未満の非正規雇用

B 未婚のシングル・マザーは、「寡婦制度」の支援が受けられない。

C 未婚のシングル・マザーは急増傾向にある。

1 シングル・マザーの実態

「シングル・マザー」とは、一人で子どもを育てる母親のことです。シングル・マザーには、法的な婚姻関係になく子供を生んだ女性（未婚の母親）。あるいは離婚や死別して子供を養育している母親が含まれます。

総務省「２０１０年度国勢調査産業等基本集計」によると、我が国のシングル・マザーの総数は、１０８万2千人です。その世帯区分別に見ると、「母子世帯」の母親が75万6千人、「他の世帯員がいる世帯」の母親が、33万人です。

シングル・マザーを配偶関係でみると、離婚が87万人、未婚が13万人、死別が8万人となっています。そのうち未婚のシングル・マザーが２０００年から10年にかけて約6万3千人から13万2千人と急増しています。

2 シングル・マザーが抱える問題

厚生労働者が実施した「ひとり親家庭の現状調査（２０１５年）」によると、「ひとり親家庭の総体的貧困率（地域社会の平均的な生活水準と比較して、所得が著しく低い状態）」が54％です。貧困にあえいでいるシングル・マザーは50％以上もいるのに、生活保護受給率は14・4％となっています。

シングル・マザーの年収の約42％が年収２００万未満の非正規雇用が大半を占め、その生活実態は、家賃が払えない、子どもに食事を満足に与えられない、子どもの給食費が払えない、修学旅行に行かせられないなど、様々な貧困問題が浮彫りになっています。

未婚のシングル・マザーには、死別や離婚のシングル・マザーと異なり「寡婦制度」が受けることができないなど、支援制度の改善が求められています。

図表 21　シングル・マザー数の推移 - 全国
（2000 年、2005 年、2010 年）

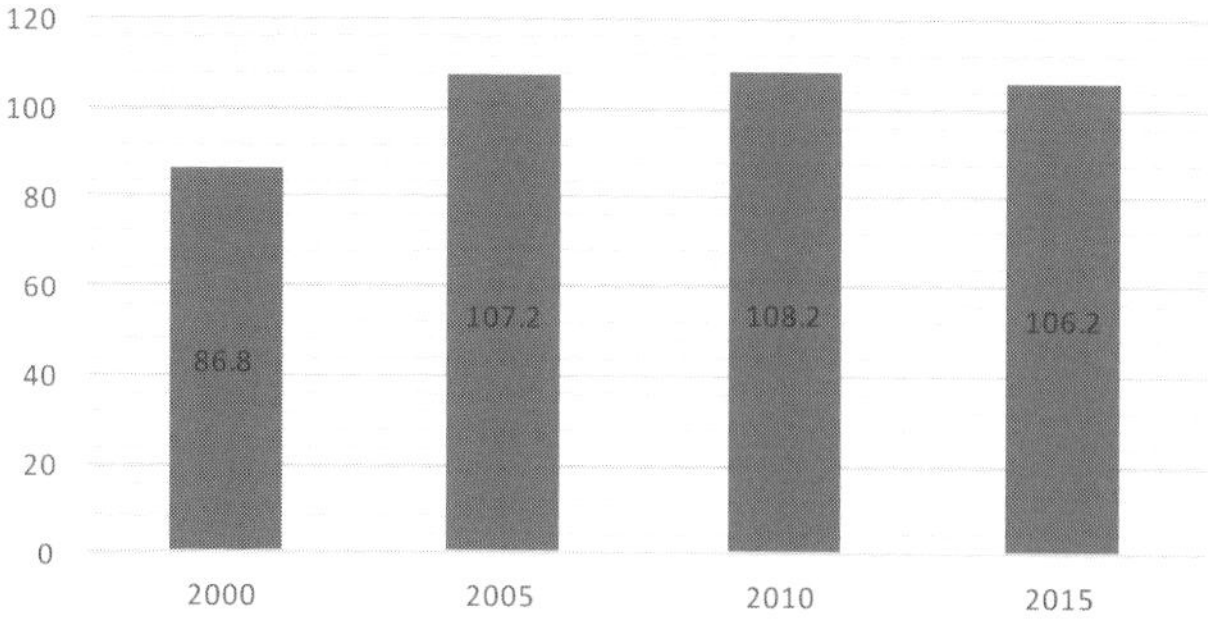

〈出典〉総務省統計局

ひとり親家庭の貧困問題に対して支援制度の情報が不足したりして手続きがされないケースが多く見受けられます。

例えば、生活保護は国が定めたセーフティネットのひとつで、「最低限、人間らしく生活を送るため」の制度です。しかし、

貧困から脱出するには、各自治体にいるケースワーカーや地域の民生委員などに相談し、「生活保護は受けたくない」など、社会的孤立を防ぐ必要があります。

自治体にはひとり親家庭の手当ての減免・免除措置として、住宅手当、医療費助成制度、国民年金の免除、保育料の免除や減免、水道料金の減免などの制度がありますが、自治体によっては丁寧な説明もなく、本来受けられるべき制度が十分に活用されていないケースが見受けられます。

3　貧困問題の解決方法は

国や自治体の「ひとり親家庭」などの支援施策は、経済的に厳しい状況に置かれている問題を解決するために、就職により自立に向けた就業支援を基本に、住まい支援・生活支援・学習支援などの総合的な支援を展開しています。例えば、全国１０８か所に「母子家庭等就業・自立センター」を配置しています。センターでは就業の相談・就業情報の提供・在宅就労支援などを展開しています。また、看護師・介護福祉士・保育士・理学療法士など、資格取得に必要な期間に給付金を支給してくれる「高等商業訓練給付金制度」などもあります。

一方で、行政機関ではできにくい、きめ細かな自立支援をＮＰＯなどが活動を展開しています。例えば、岩手県のひとり親支援ＮＰＯ「インクルいわて」ではシングル・マザーを精神的に支援し、職業訓練を施して再就職への道筋を包括的に支援する活動を行っています。

キーワード　貧困問題／非正規雇用／事実婚の増加

22 子どもの貧困の深刻化とは？

ポイント

A　我が国の子どもの貧困率はＯＥＣＤ 加盟国30カ国中ワースト12位。
B　子どもの貧困は特にひとり親世帯に多い傾向にある。
C　子どもの相対的貧困率は上昇傾向にある。

1　子どもの貧困の現状

厚生労働省によると、国民一人ひとりの可処分所得（個人所得から、支払い義務のある税金、社会保証料などを差し引いた、残りの手取り収入）を計算し、中央値の半分に満たない人を貧困とすると、18歳未満の子どもの２０１２年の「相対的貧困率」は16・３％です。

厚生労働省白書（２０１２年）によると、２０００年代半ばまでのＯＥＣＤ 加盟国のうち、子どもの貧困率は13・7％と、30国中ワースト12位でした。03年以降のひとり親家庭の相対的貧困率は低減してきていますが、子どもの総体的貧困率は１９９０年半ば頃から上昇傾向にあります。特に、大人一人で子供を養育している家庭の相対的貧困率が、大人が二人以上いる世帯に比べて非常に高い水準となっています。

2　子どもの貧困が何故増えるのか

子どもの貧困は特に、ひとり親世帯に多い傾向があります。子ども時代の経済格差が教育格差を生み、将来の所得格差につながるという「負の連鎖」を生み、次の世代にまで「貧困状態」が連鎖していく世代間連鎖の問題です。

我が国では、最終学歴や正規雇用と非正規雇用といった就業形態による所得の格差が存在するため、教育格差が将来の所得に大きく影響を及ぼします。このような貧困状態にある子どもは、我が国に約6人に1人の割合で存在しているといわれています。

貧困状態の子どもが増えるということは、将来働ける人（納税者）が減ることを意味します。そして、働けない人が増えるということは、税金で支えなければならない人（例えば、生活保護受給者など）が増えることになります。つまり、国民一人ひとりの負担は、これから増えることが推察されます。

子どもの貧困が増加する理由として、親から子どもへの貧困の連鎖があり、親が貧困の家庭で育てられていたら、子どもも同じように貧困の環境で育てられ、負の連鎖が生じます。また、離婚率が年々増加し、正規雇用の仕事も減り、一人になった母親はパートやアルバイトの非正規雇用者となり所得の減少が子どもの貧困率を誘発します。

図表 22　子どもの相対的貧困率の推移

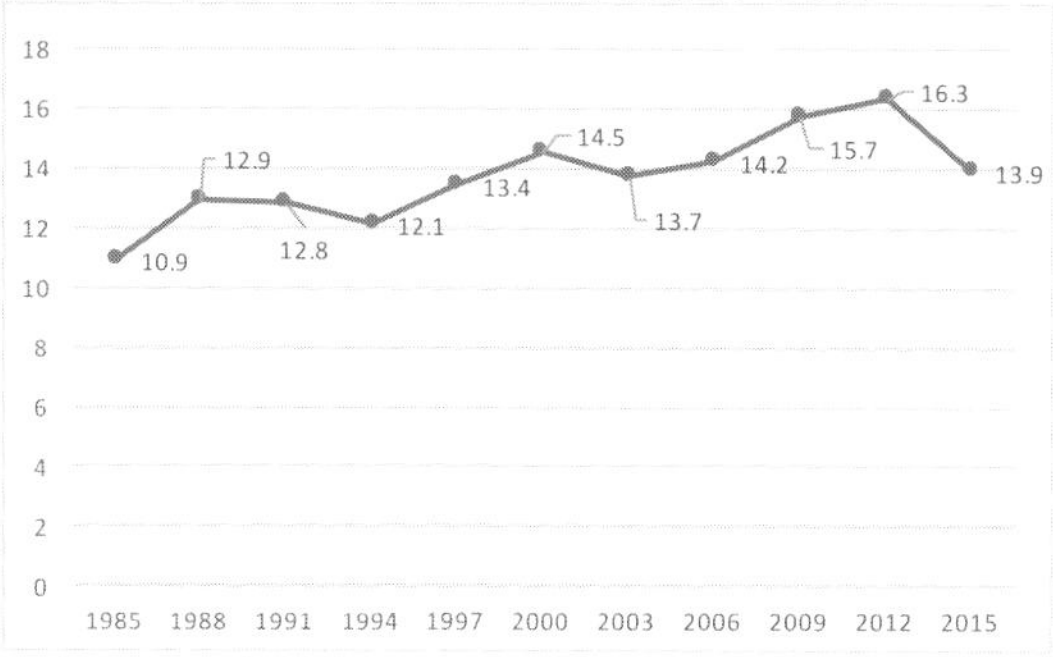

〈出典〉内閣府「国民生活に関する世論調査」(2018 年) 単位%

3　子どもの貧困対策

子どもの貧困問題に対して国も動き始めました。子どもの将来が生まれ育った環境に左右されることのないようにすることを基本理念に掲げ、貧困対策の基本的事項を定めた「子どもの貧困対策法」が2014年1月に施行されました。

法に基づき、貧困の状況にある子どもが健やかに育成される環境を整備するとともに、教育の機会均衡を図るため、子ども貧困対策計画が策定されました。その概要は、①教育や教育費に関する支援（低所得者への無料学習支援、奨学金の充実等）。②社会保障の充実。③乳幼児期からの早期対策の充実（保健指導の体制整備等）。④貧困状況にある子どもや親に対するサポートシステムの構築。⑤親の就労に関する支援（職業能力訓練、保育所定員の増設等）です。

国や自治体が本格的な貧困対策を進める上で、効果が上がる政策の創意工夫や活動団体と連携して展開していく必要があります。例えば、「現金給付」は使い道の自由度が高い反面、親が子どもに関係のないことにも使用することが出来るという課題を抱えています。また、「無料サービス」の提供では、「教育」の観点から、公教育でない「学校外教育」の存在ががります。例えば、教育バウチャー（教育に使用目的を限定した「クーポン」）を活用した塾や習い事などの学校外で行われている教育サービスに使い道を限定したクーポンを子どもに提供するなどの取り組みが求められています。

キーワード　貧困の連鎖／経済格差が学力格差を生む

23 日本の貯蓄率は低下しているのか？

ポイント

A 日本の貯蓄率は先進国5カ国中最下位。
B 生活に苦しさを感じている世帯は60・3％。
C 高齢化は貯蓄率低下の原因。

1 貯蓄率の現状

貯蓄率とは、貯蓄額を可処分所得（収入から税金などを差し引いて残った自由に使えるお金）で割った比率です。国の国民経済計算の「家計貯蓄率」では、家計可処分所得から家計最終消費支出を控除し、年金基金準備金の変動を加えたものを、家計可処分所得と年金基金準備金の変動の和で割ったものと定義しています。

我が国の「家計貯蓄率」は、２０００年（6・8％）から貯蓄率の低下が著しくなり、13年には貯蓄率がマイナス1・3％となり、その後15年には微増に転じたものの、長期的には低下傾向が続いています。

先進国5カ国（フランス・ドイツ・イギリス・アメリカ・日本）の中で、日本は１９９５年にフランスに続いて第2位の貯蓄率（10・8％）でしたが、２０００年には最下位に転落し、以降、最下位が続いています。我が国の貯蓄率はフランスの7分の1にまで低下しています。

2 貯蓄率低下と経済問題との関係とは

貯蓄率を左右する大きな要因が二つあります。ひとつは急速に進む高齢化です。高齢化が進展し、退職者が増えれば貯金を取り崩し、消費にまわす人が増えてきます。次に、国民一人当たりの所得の減少です。長引く景気低迷で給与が伸び悩み、社会保障、税金の負担は増え、手取り収入が減っています。また、非正規労働者が増え、ひとりあたりの所得が減少していることも大きな理由です。

貯蓄率を高めるためには、自由に使える余分なお金、いわゆる可処分所得に余裕が必要です。内閣府「国民経済計算（２０１５年）」によると、２０１１年以降、年金などを含む収入は微増していますが、税や社会負担費が増加しているために、国民の可処分所得は横ばいが続き、貯蓄に回すお金に余裕がないことが要因です。厚生労働省「国民生活基礎調査（２０１５年）」によると、生活に苦しさを感じている世帯は60・3％にのぼっています。長期的に見た場合には、苦しいと感じる方が増える傾向が推察されます。

　このように、長期的に貯蓄率の低下が続くと、現在のところは企業の余剰資金力により、貯蓄率の低下が国内経済への直接的影響は出ていませんが、家計貯蓄率のマイナスと財政赤字が重なった場合には金利上昇を招き、国内経済が危機に陥る可能性が高く、今から経済問題を未然に防ぐ対策が必要です。

図表23　日本の家計貯蓄率の推移

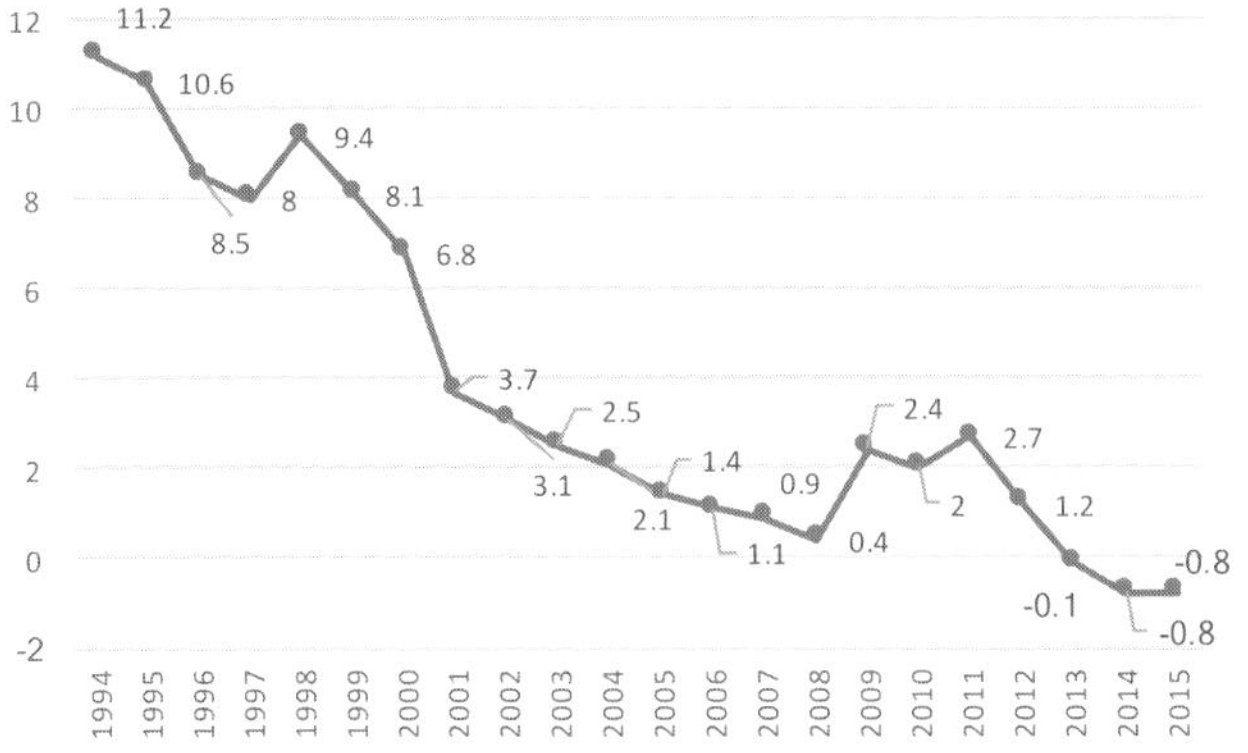

〈出典〉内閣府「2014年度国民経済計算」

3　ゆとりある生活の実現

北欧やヨーロッパ諸国では家計貯蓄率は高く、ノルウエーでは20％前後、他の諸国でも10％程度の家計貯蓄率です。このように家計貯蓄率がある程度確保されていると、多少の給与カットがあっても貯蓄を切り崩す必要がなくなり、ゆとりのある生活が送れることになります。

人口減少・少子高齢化社会では国が「ゆとりのある生活」を如何にして実現していくかが、大きな政策課題です。

これらの問題を解決する方向性として、①高齢者世帯は年金では生活できない実態があり、貯金を切り崩しながら生計を立てざる得ない状況の改善。②非正規雇用が約３割以上を占め、賃金格差により生活が困窮状況を改善する賃金格差是正とセーフティネット対策。③子供の教育や習い事に使う費用の上昇による家計の逼迫を改善する教育負担軽減など、総合的観点から、格差社会を是正し、「ゆとりある生活」を実現する政策・施策が必要です。

キーワード　高齢化と所得の伸び悩み／非正規労働者の増加

24 「自己破産」は増加しているのか？

ポイント

A 自己破産の理由「生活苦・低所得」が最も多い。
B 破綻債務者の半数近くが、負債額500万円未満。
C 自己破産者は「女性」より「男性」が多い。

1 自己破産の現状

「自己破産」とは、借金が膨らんで返済できなくなり、裁判所に自ら申し立てる破産のことで、消費者破産、個人破産ともいいます。法が自己破産を認めた場合、債務者の必要限度の生活費や財産以外を全て換価し（モノの値段を見積もること）、各債権者（クレジット会社など）に、その債権額に応じて借金を返済する代わりに、残りの借金の支払義務を免除する制度です。

「破産法」は1922年に制定され、2005年に「新破産法」が改正され、自己破産制度は今まで以上に利用しやすくなりました。

裁判所の司法統計によると、バブル経済がはじける前の1990年の自己破産件数は年間で約1万1千件程度でした。1991年~2003年まで増加を続け、03年にピークを迎え、年間の破産件数は約25万2千件となりました。それ以降、15年まで減少し続けましたが、16年に増加に転じ、17年は前年度比6・09％の増加（6万8791件）でした。

16年から自己破産が上昇した背景には、銀行のカードローンが自己破産の一因と言われています。無担保で個人に融資する銀行のカードローンの事業拡大が要因の一つと見られています。

過剰融資の恐れのあるカードローンをめぐっては全国銀行協会が17年3月に各行に過剰融資の防止策の策定を求める「申し合わせ」をしました。その後の状況について、金融庁が国内の都市銀行・地方銀行を対象に調査しました。その結果、国内106行の約9割が、何らかの融資上限枠を設定しました。金融庁が銀行のカードローン業務に目を光らせるようになり、銀行側も対応を打ち出さざるを得なくなったようです。

2 自己破産するとどうなるのか

日本弁護士連合会「破綻事件及び個人再生事件録調査（2014年）」によると、破産債務者の年代で一番多いのが

「40歳代」27・02%、続いて「50歳代」21・05%となっています。「20～30歳代」は減少傾向にあるのに対して、「60～70歳代」は年々増加傾向となり、医療費や介護費が家計を逼迫することで、自己破産者も高齢化が進んでいます。

裁判所に自己破産申請を行い、支払い能力が不能であると認められると、支払い義務を免除する「免責」手続きが行われ、毎月取り立てに追われていた人は、それから解放されます。ただし、デメリットもあります。債務者の住所・氏名が国の「官報」で掲載されます。また、弁護士・宅建業者・警備員などの職に一定期間就くことが出来ない職業制限がかかります。

図表24　自己破産件数の推移

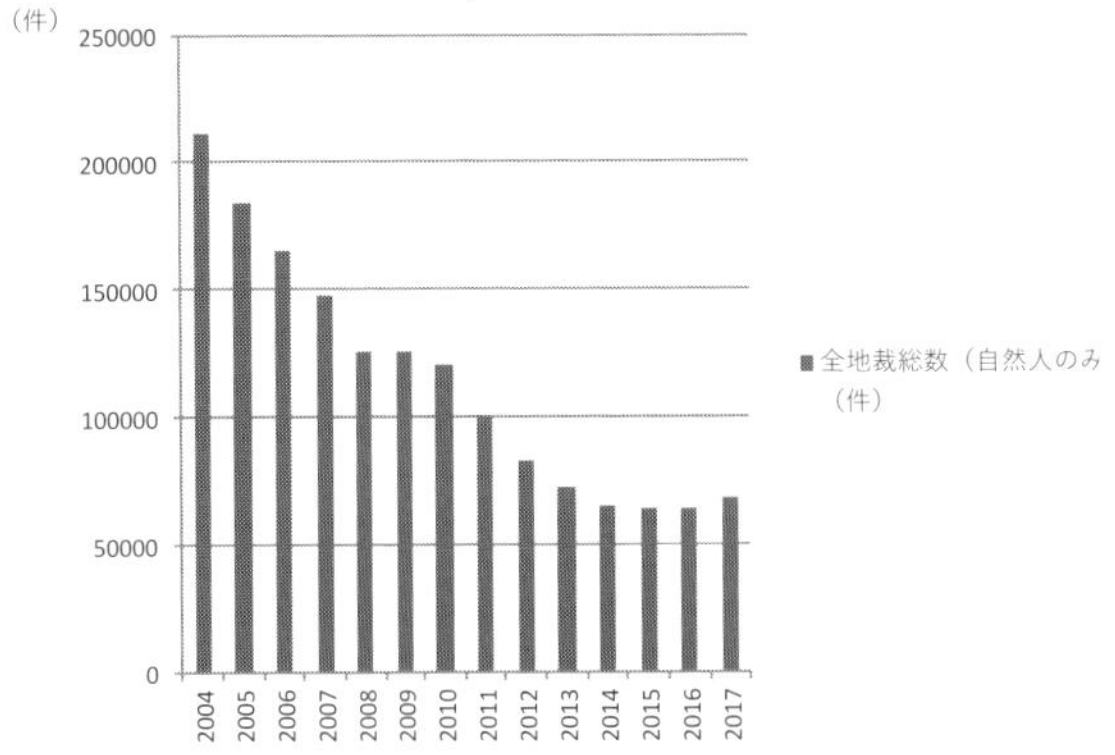

〈出典〉裁判所「司法統計」2017年

3　自己破産を防ぐには

自己破産に至った理由として、「生活苦・低所得」が60・24%と最も多く、次に債務者が履行しない場合に変わって行われる「保証債務」が22・42%、「病気・医療費」が20・73%、「浪費・遊興費」、「ギャンブル」の合計が9・84%となっています。

そして、破綻債務者の半数近くが、負債額500万円未満です。一方で、「住宅購入」により破産にいたった人が、全体の約16%と、年々増加傾向にあります。

男女比については「男性」57・74%、「女性」が42・26%と男性が少し多い結果となっています。

このような破産に至る理由から、「貧困による生活の困難化」、「賃金格差・資産格差」、「失業やリストラなどにより住宅ローンが払えない」など、破産せざるを得ない状況が深刻化しています。このよう状況は格差社会、階級社会の弊害が一因と考えられています。

キーワード　低所得と生活苦／カードローン／賃金格差

25　奨学金の返済困難問題の背景は？

ポイント

A　大学などの学費が異常に高騰。
B　卒業後、奨学金を返済できる環境が雇用の不安定・低賃金労働の拡大などで大きく崩壊。
C　欧米諸国の奨学金はほとんど「給付型」。

1　奨学金制度の仕組み

「奨学金制度」とは、経済的な理由や家庭の事情で「進学が難しい人」に対して、学費の付与や貸与を行う制度です。

奨学金制度には、国債を財源とする日本学生支援機構や地方自治体、民間団体のほか、学校単位でも独自の奨学金制度を設けています。各奨学金の申し込み基準や審査をクリアすれば、誰でも「進学に必要な金銭的サポート」が受けられます。

このほかにも、学生の能力に合わせた奨学金制度、交通災害遺児のための奨学金、海外留学のために給付される、特別な奨学金制度があります。今や大学生の約40％が奨学金を利用しています。

奨学金の大半が貸与型であるため、奨学金を借りた人は、卒業後に就職をして、毎月返していく仕組みとなっています。

2　奨学金の返済困難の背景と問題

家庭の経済状況によって、「学び」の機会が制限されないように、「学び」の機会を金銭面で支えるのが、奨学金の本来の目的です。しかし、その奨学金が、人生の大きな負担となって利用者を苦しめ、結婚や出産などの大切な人生の選択肢までを苦しめる問題が生じています。

この問題の背景には、①近年、大学などの学費が異常に高騰したこと。②非正規雇用などの不安定・低賃金労働の拡大により、卒業しても奨学金を返済できる環境が大きく崩れたこと。③厳しい利用条件により、返済困難に陥った人に対する救済手段が厳しく活用に困難性があることが挙げられます。奨学金の返済が困難になり、滞納してしまい、自己破綻する人も年々増加傾向にあります。

欧米諸国では、奨学金は通常「給付」を意味しますが、我

図表 25　奨学金の返還者に関する属性調査

	抽出人数	回答人数	回答率	参考母数（平成 28 年度末）
延滞者	19,623 人	2,838 人	14.5%	160,580 人
無延滞者	9,695 人	2,402 人	24.8%	3,649,525 人

〈出典〉独立行政法人日本学生支援機構「平成 28 年度奨学金の返還者に関する属性調査結果」

が国ではほとんどの奨学金が「貸与」、つまり借金です。

貸与型の奨学金が他の借金と異なるのは、「将来の仕事や収入が予測できない状況で利用すること」で、滞納のリスクは最初から内在しています。本来、制度上滞納に陥った場合にそれを救済する仕組みは、奨学金制度の根幹に位置付ける必要があります。

日本学生支援機構などには、「返還金猶予」などの制度があります。例えば、①返済期限の猶予（申し出により少奨学金の返済を一定期間猶予する制度）。②延滞金減免（延滞金の全額又は一部を免除する制度で、借主が死亡した場合など）。③返還免除（奨学金返済の全部又は一部を免除する制度で、病気により複雑な看護を要する場合など）です。これらの救済手法は十分に周知されていないため、利用できることを知らないまま延滞金が発生し、結局、制度を利用できなくなるケースも少なくありません。

3　奨学金の返済困難対策

奨学金の負担に苦しむ人の多くが、自分の力ではどうしようもない理由で、制度の仕組みによって生み出された問題でもあります。「誰でも平等に教育を受ける権利を保障する」という憲法の理念に立てば、例えば、①高騰した学費の大幅な引き下げ。②給付型奨学金の導入と拡充。③貸与型奨学金の無利子化。④返済能力に応じた柔軟な返済制度などを実現する制度改革が必要となります。

このように社会問題となっている「奨学金問題」について、内閣府が設置した「行政刷新会議」や文科省内の「日本学生支援機構の在り方に関する有識者会議」などから、奨学金制度の見直しを求める要請がでています。

行政刷新会議などの要請を受けて、国は２０１７年に、低所得者層の家庭で、意欲と能力のある若者を対象に、返済不要の「給付型奨学金制度」を新設しています。

キーワード　誰でもが教育を受ける権利／奨学金が返せない

26 「人の繋がり」は減少しているのか？

ポイント

A 「親戚」「職場」「隣近所」において「全面的つきあい」が望ましいと考える人は減少傾向にある。

B 仕事で大事にしているネットワークは「社外」より「社内」と回答する人が多くなっている。

C 繋がりが拡大しても、会話よりも文字でという流れの中で、繋がりの希薄化が進んでいる。

1 人の繋がりは減少しているのか

人は必ず誰かと関わり、繋がりながら生きています。しかし、時として煩わしさから関わりを拒否したり、深く関わらないようにすることがあります。

NHKが1973年から行っている「日本人の意識」調査によれば、「親戚」「職場」「隣近所」で、「なにかにつけ相談やたすけ合えるようなつきあい」という「全面的つきあい」が望ましいと考える人は、73年でそれぞれ51、59、35％と高く、その後、減少し、2013年には32、36、18％と、大勢として密着した関係から、形式的、部分的なつきあいへ傾斜が進んでいます。

また、「ビジネスパーソンとネットワーク」についての調査(15年、住友生命保険相互会社)によると、大事にしているネットワークは(含む、プライベート)、約4割が「社内」と回答。次いで、「同じ趣味を持つ人」「SNSなどインターネットのみ通じている人」と続きます。96年の調査では「社外の異業種の人」との繋がりを重視する人が1番で38％でしたが、16年では11％(4位)となり、「社内の人」「身近な人」との関係維持に関心を持つという結果になりました。さらに、個人のネットワークも縮小傾向にあり、「繋がりの希薄化」が生じているといわれています。

さらに近年、若い世代を中心に、SNSを使い、友達もいるのに、自分との違いを意識し、逆に「孤独」を感じ、学校や職場を辞めたり、引きこもりになったりする「つながり孤独」になる人が増えつつあるといいます。

2 その背景と流れ〜広く浅い人間関係

このような変化の要因として「多様性」が挙げられます。嘗ての繋がりは、家族や地域といったやや狭い範囲のものでした。

戦後、趣味等が多様化し、交通・通信手段の発達により、同じ趣味・仕事面等での繋がりが急速に拡大し、繋がりを自由に選択、構築できる分、親密な人間関係を築く機会が減ったのではないかと考えられます。「広く浅い人間関係」に変わったと言えます。

さらに、携帯電話、スマートフォン等のコミュニケーション手段の発達が挙げられます。繋がりの対象が拡大しても、特に、会話よりも文字での繋がりの普及という流れが希薄化に繋がっているのではとも考えられます。

図表26　人間関係についての意識調査の推移

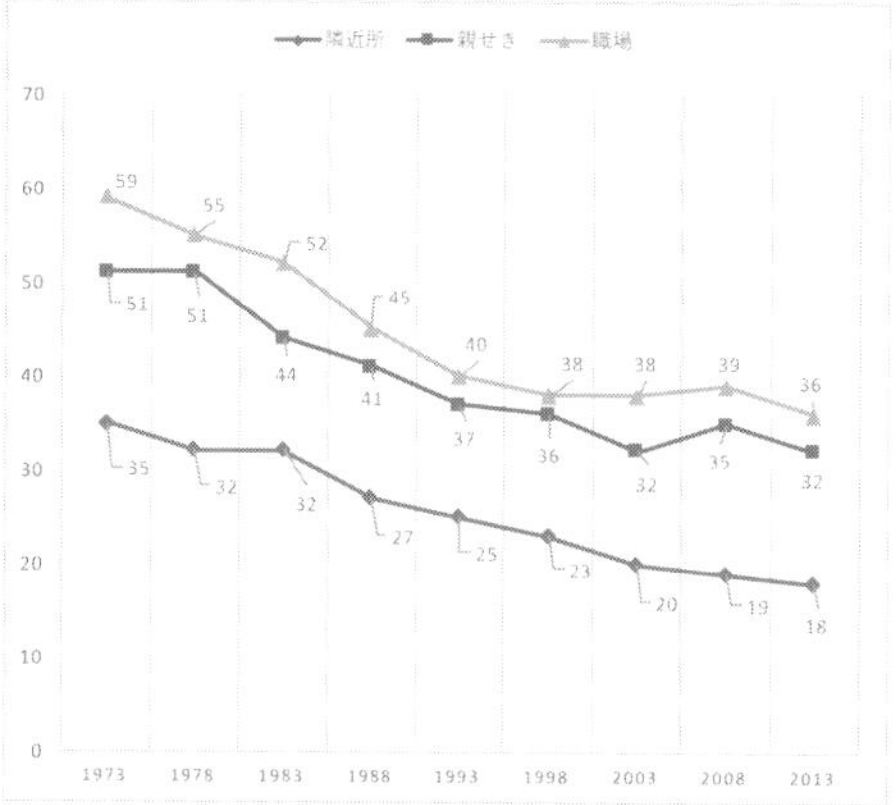

〈出典〉NHK「日本人の意識」調査

当然、複雑多様化する社会にあって、孤立感を深め、繋がりを拒絶していくという流れもあるかもしれません。

3　今後の対応～欠かせない豊かな社会関係づくり

内閣府の調査（「住生活に関する意識調査」15年）によれば、近隣住民や地域との交流・つながりを「持ちたいと思う」が86・1％（「持ちたい」47・9％＋「どちらかといえば持ちたい」38・2％）となっています。理由として「火事や自然災害、急病など、緊急時にお互いに助け合えるから」、次いで「近隣住民と良好な関係を築くことができるから」と、防災・安全や地域での繋がりの必要性を感じています。

また、「子供・若者白書」（内閣府17年）によれば、楽しく話せるや悩みを相談できる、困ったとき助けてくれる、本音を話せる、強いつながりを感じる等の対象が、いずれも「家族・親族」、次いで「学校で出会った友人」で、子供・若者は、家族や学校の友人との繋がりを意識しています。

ひとり暮らし社会、孤立社会が懸念される中で、家庭や地域、学校、そして職場等の身近なところからの人間関係の相互依存、即ち、豊かな社会関係づくりは益々欠かせません。足元からの取組み、繋がりづくりを進めていくことが求められます。

キーワード　つきあい／希薄化／社会関係づくり

27 一人暮らし社会と家族形態の変化とは？

ポイント

A　2030年には中高年層の一人暮らしの増加が予想されている。
B　2015年には男性のほぼ4人に1人、女性のほぼ7人に1人が生涯未婚。
C　一人暮らし高齢者の大半が、子どもなどとの同居を望んでいない。

1　一人暮らし社会～単独世帯、未婚化の増加

「ひとり暮らし社会」化が進んでいます。

その理由の一つとして、単独世帯が増えていることです。2015年の国勢調査によると全国の単独世帯数は1,842万に上り全世帯（5333万世帯）の34・5%、人口（1億2709万人）で約7人に1人が一人暮らしという状況です。例えば、20年前の1995年と比較してみると、単独世帯は1124万世帯で全世帯（4390万世帯）の25・6%と、率・数ともに増加しています。また、5歳階層別にみると、10歳代後半から20歳代前半はともかく30歳代や75歳代後以降の世代で増加傾向にあります。さらに、団塊の世代が80歳代に入る30年では、85歳以上が他の5歳階層と比較して最も多く、全世帯（5348万世帯）の3・4%、単独世帯の8・9%を占めると推計されています。また、50歳以上の単独世帯も増加が予想され、30年には総世帯の23・8%、単独世帯の63%を占めると推計され、高齢者や中年層の一人暮らしの増加が予想されています。

さらに、未婚化の流れが挙げられます。その傾向を「生涯未婚率」（50歳時点で生涯一度も結婚したことのない人の割合）の推移で見ると、15年の男性の生涯未婚率は23%、女性は14%です。この数値は、男性のほぼ4人に1人、女性のほぼ7人に1人が生涯未婚ということを意味しています。00年の男性12・6%、女性5・8%から見ると増加が目立ち、「結婚離れ」の傾向が見て取れます。そして30年の生涯未婚率はそれぞれ28%、19%にまで高まるとみられています。

図表 27　単独世帯の動き（普通世帯）（万人）

	総人口（万人）	全世帯数（万人）	単独世帯数（万人）	単 / 全世帯 (%)	単 / 総人口 (%)
1975	11,194	2,702	213	7.9	1.9
1995	12,570	4,390	1,124	25.6	8.9
2015	12,709	5,333	1,842	34.5	14.5
2030	12,570	5,348	2,025	37.9	16.1

〈出典〉国勢調査による。30 年は人口問題研究所推計

2　「一人暮らし社会」化～家族形態の変化と消滅

こうした、単独世帯化や生涯未婚率の上昇が、「一人暮らし社会」化の傾向を押し上げていると思われます。さらに、人口問題研究所の調査（15年）では、18～34歳の未婚者のうち「いずれは結婚したい」と考えている人は男性86％、女性89％と、その割合は高水準ですが、障害として「結婚資金」を挙げる人が最も多く、男女ともに40％を超えています。非正規雇用の割合が4割を超える中、雇用の不安定化が結婚を難しくする一因となっているのではと思われます。また、内閣府の「一人暮らし高齢者に関する意識調査」（15年）によると、一人暮らし高齢者に「今後の同居の意向」を尋ねると、約76％が「今のまま一人暮らしでよい」と回答し、子供などとの同居を望んでいないということです。同居への配慮も含めて、自分のペースで暮らし続けたいという気持ちが強いようです。

雇用や結婚、出産も、そして家族のあり方も多様性を含んだ選択の時代に入りつつあり、家族のつながり方や形態は変化、さらには消滅への流れをも含んで進んでおり、今後の日本社会のありようにまでつながる問題となっています。

3　今後の対応～豊かな社会環境と基盤づくり

一人暮らし社会は、結果として、介護や孤独死の問題につながりかねません。単身者への住宅支援や、特に、高齢者への介護や医療などの受け皿づくりも求められます。さらに、未婚率の上昇につながる経済的要因など、結婚を後押しする対策も急がれます。

若い時代には、生活を干渉されない、気を遣わずに生活できるというメリットから一人暮らしが行われることが多いでしょう。また、個人として、一人暮らしが良いと考え、実践する人もいるでしょう。しかし、長い人生サイクルの中で、家族や地域、そして社会との多様な繋がりを築き、時々に応じ、それぞれが豊かな人生を選択できるという環境と基盤を社会として築いていくことが前提になければなりません。

キーワード　単独世帯／未婚率／家族形態の変化

7

孤立化

何がおこっているのか?

28 「孤独死」が問題にされる理由は何か？

ポイント

A 東京23区における一人暮らしで65歳以上の人の自宅での死亡者数は増加傾向。
B 家族関係と地域コミュニティの崩壊が問題。
C 一人暮らし高齢者の貧困化が問題。

1 孤独死～定義は難しい、しかし確実に増加

孤独死《こどくし》とは、主に一人暮らしの人がだれにも看取られずに一人きりで死ぬことで、日常生活における突発的な体調悪化や疾病、ケガなどによって自室内で死亡に至るケースを指すことが多い。尚、孤立死《こりつし》や独居者が住居内で亡くなっている状況を指す独居死《どっきょし》のような言葉も使われる時もあります。

孤独死が社会的テーマとなり始めたのは、１９７０～８０年代ごろからで、住宅団地における一人暮らし高齢者の孤独死が近隣の人や訪ねてきた親族に発見されたという事件が報道で取り上げられました。さらに、阪神・淡路大震災といった大規模災害後の仮設住宅で、慣れない住環境と未成熟なコミュニティのために異変に気付きにくく、疾病等で身動きが取れないまま死亡する人が出るという事態を招いたことなどによります。

孤独死について、その実態を確定的な数字として挙げることが難しいですが、東京都監察医務院（死因不明の急性死や事故で亡くなった人の検案、解剖を行っている）によると、東京23区における65歳以上の一人暮らしで、自宅での死亡者数は、２０１６年に3，179人となっており、全体として増加の傾向にあります。また、内閣府の調査によれば、「孤独死を身近な問題だと感じる」「とても感じる」「まあまあ感じる」人の合計が、60歳以上の合計が2割弱なのに、一人暮らしでは4割超の結果となっています。

2 孤独死を生んだ背景～コミュニティの希薄化、高齢単独帯等の増加

孤独死はさまざまな状況下で発生します。一般に、都市部などを中心に地域コミュニティが希薄な地域が、また、過疎地域等で人家が散在的に残っているため気付きにくいという環境下で発生することが多いようです。核家族化の進行によるという見方も挙

図表 28-1　図表　孤独死を身近な問題と感じるものの割合 (%)

	とても感じる	まあ感じる	あまり感じない	まったく感じない	わからない
総数	4.2	13.1	35.6	44.5	2.6
一人暮らし	14.6	30.8	27.8	22.7	4.0
夫婦のみ世帯	3.3	11.3	38.4	44.6	2.5
その他世帯(計)	2.4	10.0	35.2	49.9	2.4

〈出典〉資料：内閣府「高齢者の健康に関する意識調査」(平成 24 年)
(注 1) 調査対象は全国 55 歳以上の男女で、そのうち 60 歳以上の再集計
(注 2)「その他世帯（計）」は二世代世帯、三世代世帯及びその他の世帯の合計
※調査における「孤独死」の定義は「誰にも看取られることなく、亡くなったあとに発見される死」

図表 28-2　東京 23 区内における一人暮らしで
65 歳以上の人の自宅での死亡者数

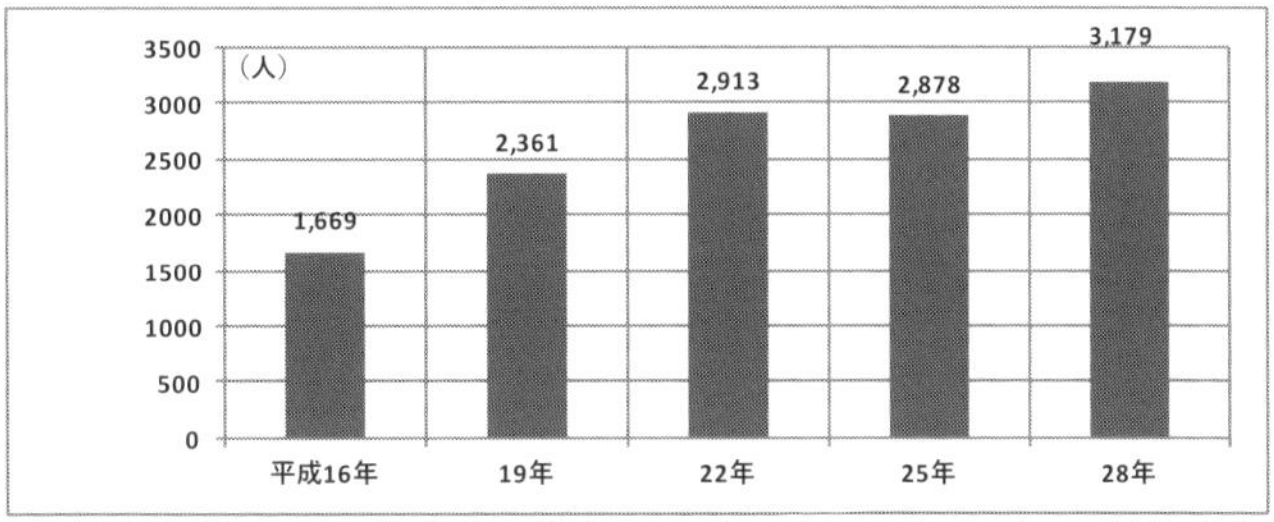

〈出典〉東京都福祉保健局東京都監察医務院「東京都 23 区内における一人暮らしの者の死亡者数の推移」

げられますが、特に、高齢単独世帯、高齢世帯の増加、さらには家族等との連絡の頻度や近所づきあいの希薄化など、身内や隣近所等とのやり取りなど、相談ができなくなり孤独死につながるということが増えているようです。また、高齢者の貧困率が高まることによって、老人ホームなどへの入居を困難にし、結果として孤独死の可能性を高めるという循環も充分に想定できます。

3　地域での見守り等の着実な取組みから孤立化への社会としての対応力向上

今、現場に一番近い市町村が中心になり、一人暮らし高齢者や要援護者に対して、民生委員との連携により情報・実態の把握や見守り活動、配達業務等の民間事業者との連携による異変等の通報・連絡、社会福祉協議会等が中心となり見守りシステムを構築。さらに、相談ごと、買い物支援を行うなどのさまざまな取組みがおこなわれています。今後とも、先ずは、地域社会での孤立化を防ぐことを基本に、見守り、支援を基本としたソフト面での対応や、プライバシーに配慮しつつも確認・緊急通報システム、情報整理・共有化システムなどのハード面での一層の対応に努める必要があります。

さらに、年齢に関わらず経済的問題や障害等による地域・社会との関係希薄化等から起こる孤立化などへの対応力を地域や社会全体として付けていかなければなりません。

キーワード　一人暮らし／希薄化／見守り

29 「核家族化」が何を引き起こしたか？

ポイント

A 家事などの女性・主婦への過重な負担。
B 家庭内相互扶助力の低下。
C 家族介護の困難。

1 核家族化の進行〜本当か。

核家族の進行とよく言われます。一般に核家族とは、夫婦のみの世帯、夫婦と子どもから成る世帯、男・女親と子どもから成る世帯と言われています。特に、高度経済成長の過程で都市部への人口集中が進み、核家族化に向かったと言われており、祖父母・父母・子の3世代家族等の大家族が減少したことによるものです。

統計上の動きを見ると、第1回国勢調査の1920（大正9）年時点で、核家族が全世帯の半数を超える結果となっていました。その後も含め、出生率が高い時代であっても、同一住居で同居できる夫婦及び世帯は限られ、長子以外の子どもたちは結婚すると実家を出て、自分の家を持つという背景もあって、戦前から核家族が多かったようです。直系家族世帯等の大家族世帯の割合が4割弱で減少傾向にあることからもそのことがうかがえます。近年においても50％台後半で減少傾向を示しながらも推移していますが、内訳を見ると「夫婦のみ」世帯と「ひとり親と未婚の子」世帯の割合が増加傾向にあり、核家族内でさらに小さい家族への変化が起こっています。

2 核家族を生んだ背景〜産業構造の変化、都市部への流出、単独世帯の増加

さらに戦後の核家族化の大きな理由として挙げられるのは、産業構造の変化です。それは第一次産業から第二・三次産業へのシフトです。農林漁業から、都市部における雇用力のある製造業や小売、サービス業への雇用構造の変化です。それは、その後の進学率の高まりや生産年齢人口の増加とあいまって、都市部への転出と定着という形で核家族化を促進・維持することになりました。また、企業の全国展開によって転勤族が増えたこと。さらに、プライバシー重視の生活感の高まりなども、核家族化に繋がったと考えられます。

図表 29　世帯類型別構成割合の推移 (%)

		1920年(大正9年)	1955年(昭和30年)	1960年(昭和35年)	1995年(平成7年)	2000年(平成12年)	2005年(平成17年)	2010年(平成22年)	2015年(平成27年)
核家族世帯		55.3	59.6	60.2	58.5	58.3	57.7	56.4	55.9
拡大家族世帯	直系家族世帯 その他の親族世帯	38.2	36.5	34.7	15.4	13.5	12.1	10.3	8.6
	非親族を含む世帯	0.5	0.5	0.4	0.5	0.6	0.7	0.9	0.9
単独世帯		6.0	3.4	4.7	25.6	27.6	29.5	32.4	34.6
計		100.0	100.0	100.0	100.0	100.0	100.0	100.0	100.0

〈出典〉総務省「国勢調査」(1955・60年は1%抽出、1960年まで普通世帯、95年以降は一般世帯の分類による。)

また、核家族化は、世帯数の増加と世帯人員の減少という形で表れてきました。時系列でみると、世帯数は増加している一方、平均世帯人員数は、60年の4人から減少を続け、90年に3人を割って以降も減少、直近の2015年では2・33人となっています。こうした世帯人員の減少にあわせて、若者や高齢者の単独世帯の増加によって核家族化が進行しています。

3　核家族化、世帯人員減少が引き起こした問題~家庭内相互扶助力の低下

核家族化の結果、大家族世帯では家事などを多くの世帯人員で分担できましたが、核家族世帯では難しくなり、例えば、女性・主婦への過重な負担となることが多い現状となっています。さらに、世帯人員の一層の減少も加わり、親、特に母親対子だけの閉鎖された環境における育児ストレス、共稼ぎの増加による下校後の子ども(小中学生)の居場所の問題などが挙げられています。

祖父母等の世代間、兄弟・姉妹間の助け合いや役割分担等の家庭内相互扶助力の低下や家庭内孤立に繋がりやすい家族構成になってきました。こうした状況が少子化や児童虐待を誘引しているとも言われています。さらに、核家族化は、家族介護の困難さの問題にも繋がります。

4　今後の取組み~子育て、コミュニティ、福祉等幅広い取組み

核家族化は、様々な要因が絡んで発生してきました。そのためにも、幅広い総合的な取り組みが必要です。当面は、地域雇用や子育て対策、女性の社会進出を踏まえた男性の育児・家事への参加、さらに、親世帯と子世帯がお互いサポートしあえるよう近い位置で暮らす「近居」という取組みも求められるでしょう。また、地域コミュニティの充実により核家族世帯に新しいつながりの場を提供していくこと。あるいは、高齢化する核家族への対応などの取組みが求められます。

キーワード　大家族世帯少/家庭内相互扶助力

8

介護

何がおこっているのか？

30 「老老介護」の現状は？

ポイント

A 「65〜69歳」の要介護者に対して「65〜69歳」の同居の介護者が62％。
B 「70〜79歳」の要介護者に対して「70〜79歳」の同居の介護者が48・4％。
C 高齢の夫婦や親子間で介護者や被介護者となるケースは増加している。

1 老老介護とその現状〜同世代介護率が年々上昇

「老老介護」とは、高齢者が高齢者の介護を行うことで、主に65歳以上の高齢の夫婦や親子間で介護者や被介護者となることをさします。

厚生労働省の「平成28年 国民生活基礎調査（熊本県を除く）」によると、介護保険法の要支援又は要介護と認定された者（以下「要介護者等」という。）のうち、主な介護者が要介護者等と同居が58・7％と多くなっています。この同居の年齢階層別組合せをみると「65〜69歳」の要介護者に対して「65〜69歳」の介護者が62％、「70〜79歳」では「70〜79歳」の介護者が48・4％とそれぞれ最も多くなっており、「80〜89歳」では「50〜59歳」の介護者が32・9％ですが「80歳以上」の介護者も23・4％となっています。さらに、「90歳以上」では「60〜69歳」が63・2％と最も高くなっています。また、介護者の性別では、男性が34・0％、女性が66・0％で、女性が多く、老老介護の厳しい実態を知ることができます。

そして、こうした動きは、介護者の精神的・肉体的・金銭的負担や、さらには虐待問題などを引き起こしています。

2 老老介護の背景〜高齢化の進展、世帯構造の変化、平均寿命と健康寿命との差

先ずは、高齢化の進展が挙げられます。日本の総人口は、1億2，646万6千人（総務省「人口推計」平成30年5月1日確定値）で、その内28・0％の3541万6千人が65歳以上の高齢者で、人口減少する中でこの層だけが増加しています。

推計（平成29年推計国立社会保障・人口問題研究所）では、今後と

も高齢化率は上昇し、因みに、２０３６年には33・３％で３人に１人が65歳以上になるといわれ、併せて、要介護リスクの高い75歳以上の層の増加も見込まれています。

　次いで、世帯構造の変化です。15年で、65歳以上の高齢者のいる世帯が２３７２万４千世帯で、全世帯の47・１％を占め、その内、「夫婦のみの世帯」が一番多く約３割を占めています。また、子供と同居する65歳以上の高齢者も大幅に減少し39・０％となっています。

（「平成29年版高齢社会白書」内閣府）

図表30　要介護者等と同居の主な介護者の年齢組み合わせ別の割合の年次推移

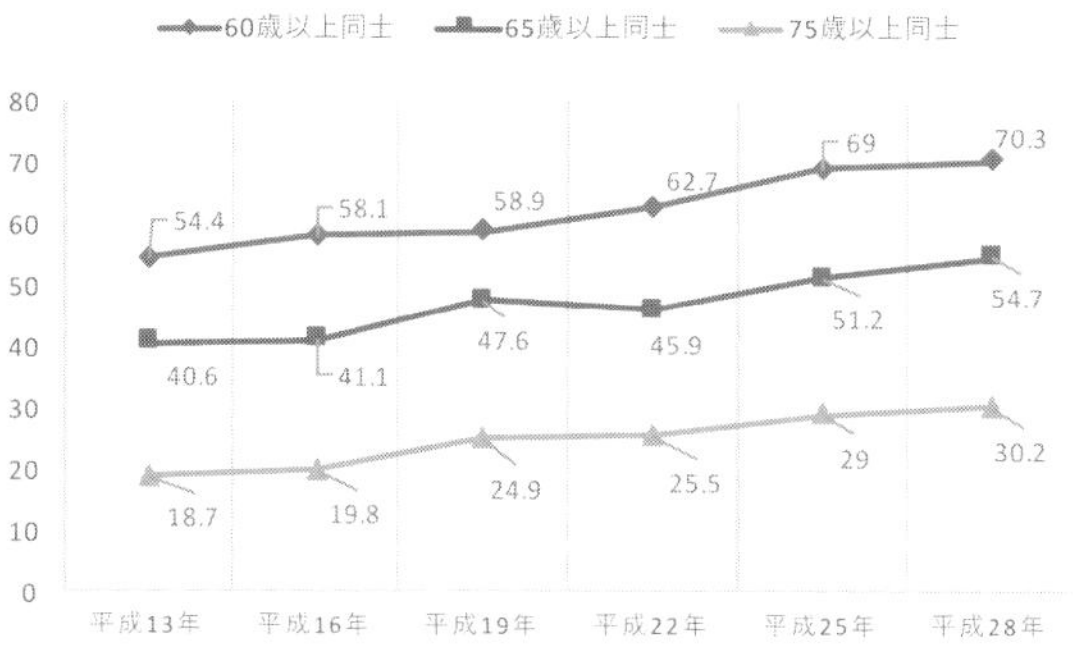

〈出典〉厚生労働省の「平成２８年 国民生活基礎調査（熊本県を除く）」

　さらに、平均寿命と健康寿命との差も問題になっています。平均寿命は医療の進歩とともに延伸していますが、健康寿命（日常生活に制限のない期間）との間には、男性で８・84年、女性で12・35年（平成28年）の差があり、それぞれが高い介護リスクにつながります。

３　今後の取組み～老老介護の孤立化を防ぐことから

　こうした中で、国では、数次にわたる「ゴールドプラン」を策定し、「いつでもどこでも介護サービス」「支え合うあたたかな地域づくり」「保健福祉を支える基礎づくり」等々に向けて、在宅福祉・地域福祉を基本に老人福祉施設や保健施設、訪問介護ステーション、ホームヘルパーの確保などの介護サービスの基盤整備と生活支援対策を進めてきましたが、急激な高齢化に伴い老老介護に加え、認知症による認認介護の問題も取り上げられるようになりました。

　老老介護の社会的な背景等への総合的な対応はもとより、先ずは、多義にわたる高齢者福祉に関する制度や支援策の情報収集、理解、あるいは相談、そして支援という流れを基本に、個人・家庭・地域そして行政等が、連携・協力して検討、解決していく必要があります。そして何より、老老介護の孤立化を防ぐことが大切です。

キーワード　同世代介護／健康寿命／孤立化

31 介護職員は本当に不足しているのか？

ポイント

A　2016年に183万人の介護要員は25年には約245万人必要。
B　要介護者がこの10年で約1・4倍増加。
C　大都市圏では、介護人材は足りていない。

1　介護職員の現状は～要介護者との乖離

介護職員の動向は、介護保険制度が創設された2000年の職員数は55万人でしたが、その後、同制度の定着や要介護又は要支援の認定を受けた人（以下「要介護者等」という。）の増加を受けて、12年には163万人、16年には183万人と増加してきました。

しかし一方で、要介護者等は、18年3月末（暫定）で641・3万人（男：200・6万人、女：440・7万人）となっています。この10年間（08年3月（暫定）452・7万人）で約1・4倍、実数で188・6万人増加しています。相当規模の都市に匹敵するほどの大きな数です。

厚労省では、20年度には、全国で約216万人の介護人材が必要となり、団塊の世代がすべて後期高齢者となる25年度には、約245万人の介護人材が必要になると予測しています。15年度時点の介護人材とくらべて約62万人の乖離があり、単純計算で年間7万人前後の介護人材を確保する必要があります。

また、特に、東京や大阪、千葉など大都市とその近隣県では、今後、高齢化が「実数」として膨大になるため、それに伴い「数万人」単位での介護人材の確保が必要と言われています。

2　介護人材不足の背景と対応～よりキメの細かい取組みを

介護業務は、人材確保が難しい職種です。その裏には、他職種と比べて3K（きつい、汚い、危険）でありながら、給料が低いなどと言われてきた背景があり、就業形態は、非正規職員に大きく依存し、女性の比率が高く、常勤者の離職率が高めの値となっています。

そのため、国を中心に、介護職員の処遇改善（給与等）、多様な人材の確保と育成（介護福祉士をめざす学生への就学資金貸与他）、離職防止・定着促進（保育施設の設置・運営支援、キャリアアップの研修受講負担軽減他）、介護職の魅力の向上（学生や保

図表 31　要介護認定者（65 歳以上）と介護職員の推移 (千人)

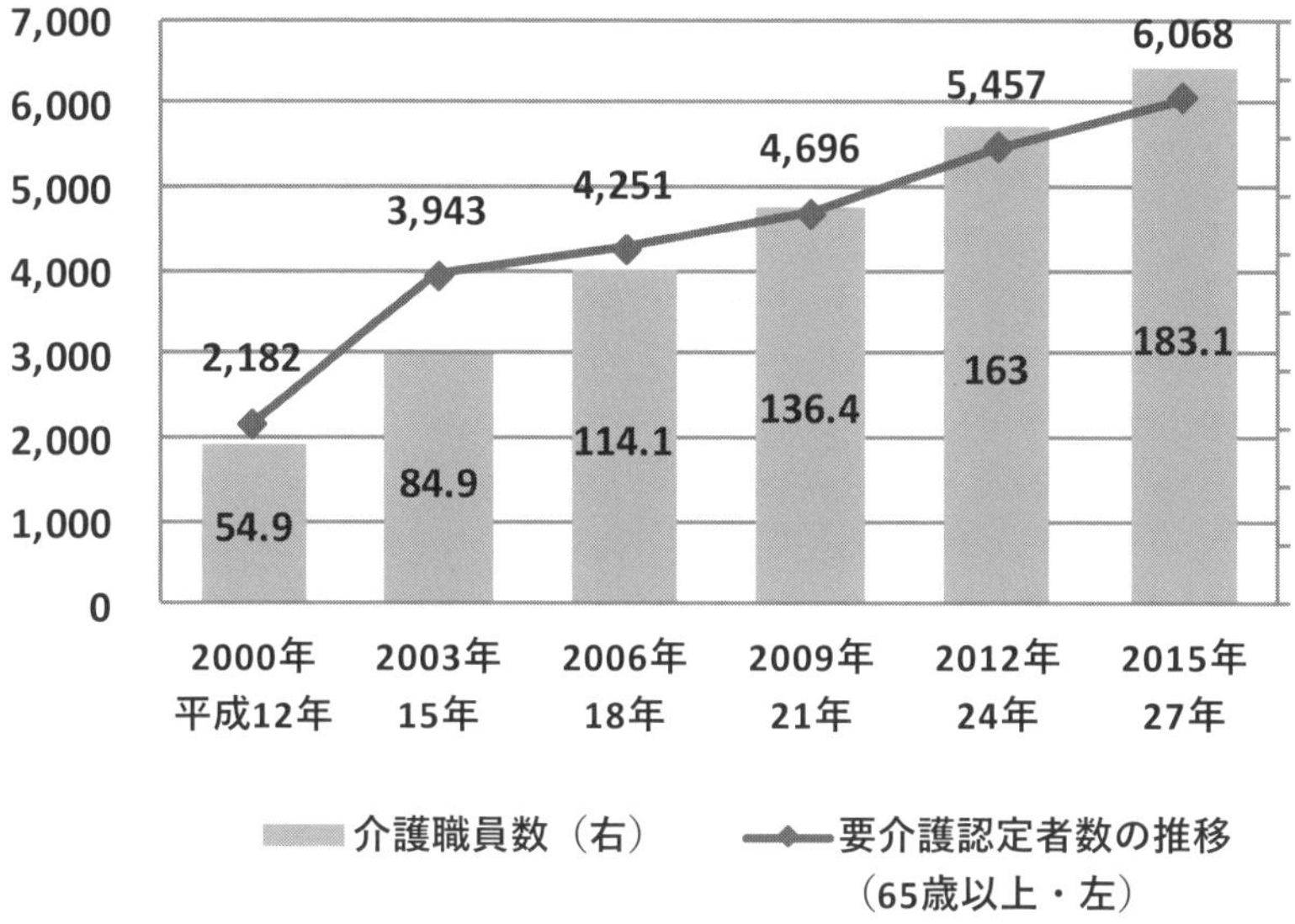

〈出典〉要介護認定者数の推移（年度）～平成 30 年度高齢者白書より作成（但し、2000 年は介護保険事業報告書 4 月末）
介護職員数（年）は、72 訪問系、通所系、入所系、小規模多機能型居宅介護

護者、進路指導担当者等への理解促進）、さらには、在留資格「介護」の創設に伴う外国人留学生の支援等が、多面的に行われてきました。今後とも、継続的な取組みを行う必要があります。

また、高齢者数の違いや、地域別の高齢化速度の違いを踏まえながら、地域に一番近い自治体できめの細かい政策・施策の提案と展開が求められています。

3 今後の取組み～介護業務の社会的位置づけを

今、「費用と負担」の視点から消費税アップについて取り沙汰されています。介護職員の不足に限らず、高齢者福祉政策上の視点から財源をどこに求めるかということであり、避けて通れない議論です。どう確実に財源を確保するかは、広く国民的議論の中で決められるべきです。

その中で、益々、必要性が高まる介護業務は、成熟社会、高齢・福祉社会でのしっかりとした位置づけや、介護業務のステイタスを高め、理解する取組みを、地域、社会、あるいは、行政・民間の多分野にわたり繰り広げていくことが大切です。問題対応ではなく、これからの社会のあり方として、欠かせない機能・業務であることを、まず自覚する必要があります。

キーワード　３Ｋ／費用と負担／社会的位置づけ

32 「介護難民」の発生が予測される理由は？

ポイント

A　団塊世代が2025年には75歳を超え、介護サービスを必要とする可能性が高まる。

B　従業員の不足を感じている介護施設が全体の過半数を超えている。

C　特別養護老人ホームへの入所待機者は年々増加。

1　介護難民～その取り巻く状況

介護難民とは、介護が必要な状態であるにもかかわらず、介護を受けられない人のことをいい、受け入れ先の介護保険施設や病院がないという状況のみではなく、在宅でも適切な介護が受けられないという状況を含めています。

2015年4月に「日本創生会議」（座長：増田寛也・元総務相）は、人口の高齢化が進む中にあって、介護難民についての予測（「東京圏高齢化危機回避戦略」）を発表。25年には、全国で約43万人、東京圏で13万人の介護難民が発生すると話題になりました。

実際、高齢化は増加の傾向にあり、17年で28．0％（3515万人）、団塊の世代が65歳以上になった15年（3347万人）より168万人の増加で、今後も増えるとされています。当然、65歳以上の者1人に対して15～64歳の割合も（15年：2・3人）減少し、社会的に高齢者・介護を支える構造が崩れようとしています。

2　介護難民の背景～2025年問題と介護問題への取組み

なぜ介護難民が出てきてしまうのか。それは、1947年から49年に生まれた団塊の世代、約800万人が、25年には75歳を超え、介護サービスを必要とする可能性が高まってきているからです。まさに2025年問題です。さらに、介護ニーズが高まる一方で、介護事業所、介護職員の不足が深刻で、25年には介護職員が約245万人必要とされ、現在との乖離が約62万人と推計されています。そして、介護施設では従業員が不足していると感じている施設が全体の56・5パーセントと過半数を超えています。また、特別養護老人ホームへの

図表 32　従業員の不足状況

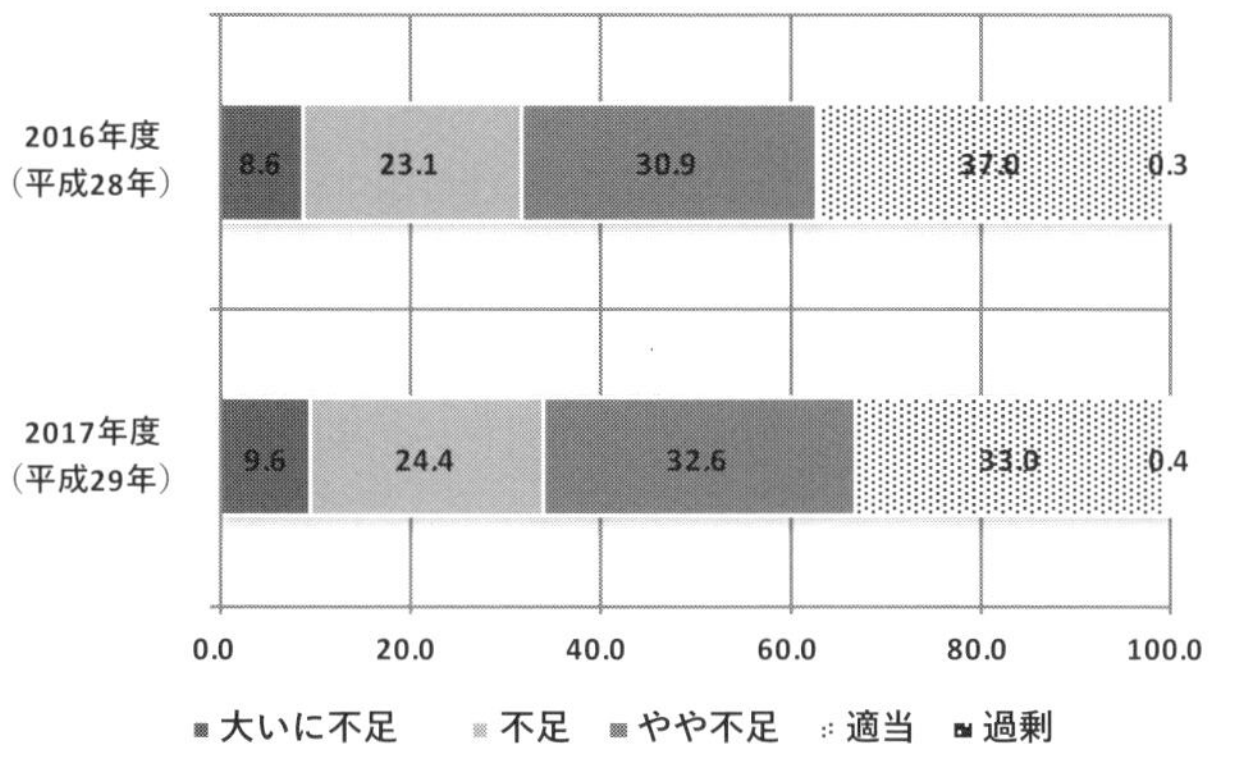

〈出典〉介護労働安定センター、労働実態調査による
2017 年度（N＝6,673）、16 年度（N＝6,618）

入所待機者数は年々増え続けています。今後、単身高齢者、もしくは高齢夫婦世帯の増加も予想されていることから、介護難民を生み出すことにもなると推測されます。

国等においても、介護施設の増設や介護士の待遇改善等により人材の確保に努めています。さらに、外国人介護士の導入や介護ロボットの利用への取組みなどを進め、介護難民問題の解決につなげようとしています。また、「日本版のCCRC（Continuing Care. Retirement Community）構想」である継続的なケア付きリタイアメントコミュニティーづくりとして、高齢者が自立して生活できるうちに移住して社会活動に参加し、介護が必要になってもそのまま医療等を受けながら暮らし続ける仕組みをめざした取組みが各地で構想・計画等されています。

3　今後の取組み

実際、介護難民になると在宅せざるを得なくなり、介護者が離職し経済的に困窮するというケースもあります。また、「自宅に留まりたい」という高齢者の本音を伺うこともあります。高齢社会を受けて、介護サービス事業を志す人や企業は少なくないものの、まだまだ、需給をバランスするほどにはなっていません。

デイサービスから入所型老人ホームなど、さまざまな介護サービスが整備されつつある中でも、先ずは、自らが、日常生活の中で自身の生活機能や健康寿命の向上に努めたり、老後を見据えた貯蓄や資産運用、そして、介護必要時に在宅で暮らすことができる家族内での環境を整えておくことなど、一人ひとりが自分自身の老後をしっかりと考え取組んでいくことが大切です。

キーワード　高齢化／２０２５年問題／施設・人材不足

9

教育

何がおこっているのか?

33 教育費の高騰の現状は？

ポイント

A 団塊の世代以降の高学歴化も作用して教育費負担増は一層顕在化。
B 教育費の高額化は、子供を持たない理由にもなっている。
C 国際的に見ると国の教育費負担割合は低いレベルにある。

1 教育費～授業料の無償化と教育格差

日本国憲法では、第二十六条において、「すべて国民は、法律の定めるところにより、その能力に応じて、ひとしく教育を受ける権利を有す」、また「すべて国民は、法律の定めるところにより、その保護する子女に普通教育を受けさせる義務を負ふ。義務教育は、これを無償とする」としている。いわゆる「教育を受ける権利」と「教育を受けさせる義務」を規定しています。そのため、公立の小中学校では、授業料が無償化されています。さらに、高校についても高校無償化法の施行（2010年）により原則徴収しないとされました。

しかし、授業料の無償化とは別に、養育費も含めた教育費全般、例えば、進学に向けた学習塾、さらに個人的な習い事等の経費は別途必要になり、その額が増加しているといわれています。戦後の高度成長期を経ての進学率や英語教育等の多様な教育・学習への関心の高まりによって、あるいは団塊の世代以降の高学歴化も作用して教育費負担増は一層顕在化してきました。結果、親の収入が子供の教育に影響を与える「教育格差」といわれる状況を作り出すことにもなりました。

こうした中で、国では、幼児教育の無償化、待機児童の解消、高等教育（大学・短期大学・高等専門学校）の無償化、私立高校の授業料の無償化等の議論が深まりつつあります。

2 高等教育費の高騰～教育貧乏へ

実際、子供を大学まで出すと1～2千万円かかるといわれています。私立の理工系や医学系大学になるともう少し高額になります。こうした教育費の高額化は、子供を持たない理由にもなっています。11年の出生動向調査によれば、理想の子供数をもたない理由として「子育てや教育にお金がかかりすぎる」とした夫婦が60・4%と高い数字となりました。また、理想を3人以上としている夫婦で、実現できない理由を「お金がかかりすぎる」（71・1%）、とし、理想を2人以上とした夫婦でも44%が同様の理由で高い値となっています。

図表33　国立・私立大学授業料の推移

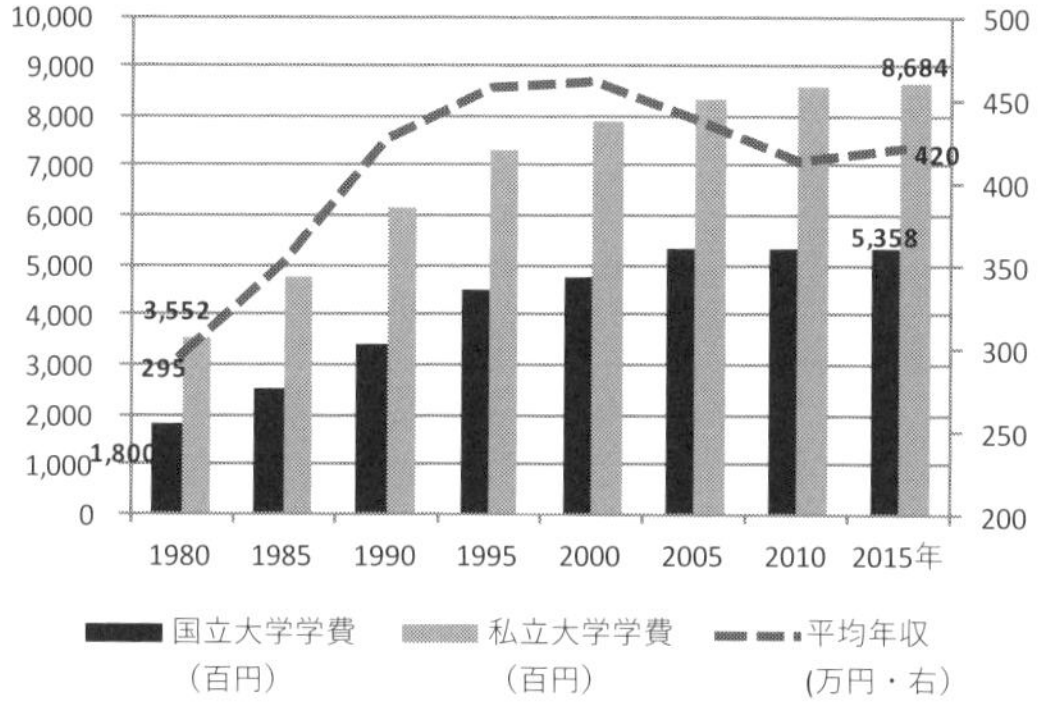

〈出典〉国公私立大額の授業料等の推移　文科省
民間給与実態統計調査　国税庁

現在、小中高校の授業料は無償ですが、進学塾等の学外活動への支出や私立学校への進学の増加が教育費の高騰化を加速しています。さらに、大学の学費の値上がりが教育費全体を押し上げています。

実際、大学の授業料は年々増加し、15年で国立大で約54万円、私立大で約86万円になっています。しかし、それを支える親たちの平均年収は、約420万円で低位安定の状況です。高い進学率は、厳しい環境の中での親の努力により、かつ学生のアルバイトによって支えられているのです。実態は、「教育貧乏」状態に追い込まれているといっても過言ではありません。

3　今後のあり方について～スタートライを共有する社会へ

国が教育費を負担する「公教育支出」は、国際的に見ると低いレベルにあります。教育費高騰のため、子どもの「数」を調節するという流れが実際に起きているとしたら由々しき問題です。00年代以降、高校卒業後も何らかの学校に進学している学生が、全体の8割弱を占めています。大半の親は高い教育費を払い続けることになります。一方、子どもの教育資金は、住宅資金、老後資金と並んで人生の三大支出とまでいわれています。共に、社会的課題として総合的に検証されるべきものです。

人口が減少し、教育費を支えた親の世代が高齢化する中で、次世代の教育費のあり方について、人生のスタートラインを共有する社会という視点からの対応が求められます。

キーワード　高学歴化／高等教育費／教育格差・貧困

34 大学の淘汰の可能性は？

ポイント

A　大学入試の志願者はピークの２０５万人の半分近くまで落ち込んでいる。
B　私立大学では、経営破たんするところが出てもおかしくない。
C　大学が淘汰されたり、文系学部が減る。

1　日本の大学は世界的に一定の評価を得ながら静止状態が続く

２０１８年9月26日に大学の「ＴＨＥ世界ランキング」が発表されました。今回は、前年度より東京大学が順位を4つ上げて42位、京都大学が9つ上げて65位になった、などが話題になっています。平成29年度「日本の大学データ（旺文社教育情報センター）」によると、「学生募集を行っている大学」は７６４大学（募集していない大学や大学院しかない大学も含む文科省より少ない）２３０７学部、５１４６学科あり、私立大学が約８割を占め、学問分野の上位は文系が多くなっています。又、大学数の推移を見ると、１９９５年に約２５０校であったのが、その後一貫して増え続け、２０１０年頃にほぼ現在の数になりその後横ばいとなっています。大学入試の志願者は、18歳人口と連動してきましたが、そのピーク（団塊ジュニア）である１９９２年の２０５万人が、２０１４年には１１８万人まで落ち込んでいます。従って、私立大学ではこの間、経営破たんするところが出てもおかしくありませんでしたが、かって30％程度だった大学進学率が50％を越えるようになったため経営が何とか持ちこたえてきたと言われています。

2　大学組織の縮小が懸念される

しかし、進学率が大きく伸びることが期待できない中で、暫く横ばいで推移していた18歳人口が２０１８年度から目に見えて減少して行くことが予測され、大学が淘汰されていくことは確実だという「２０１８年問題」がクローズアップされています。既に、大学全体、或いは一部の学部で定員割れになっている大学が増加しており、学部・学科の統廃合や教職員減少など、大学組織の縮小が進行しています。「ＴＨＥ世界ランキング」の日本に対するコメントの中にも「競争が

図表34 大学数の推移（1955-2014）

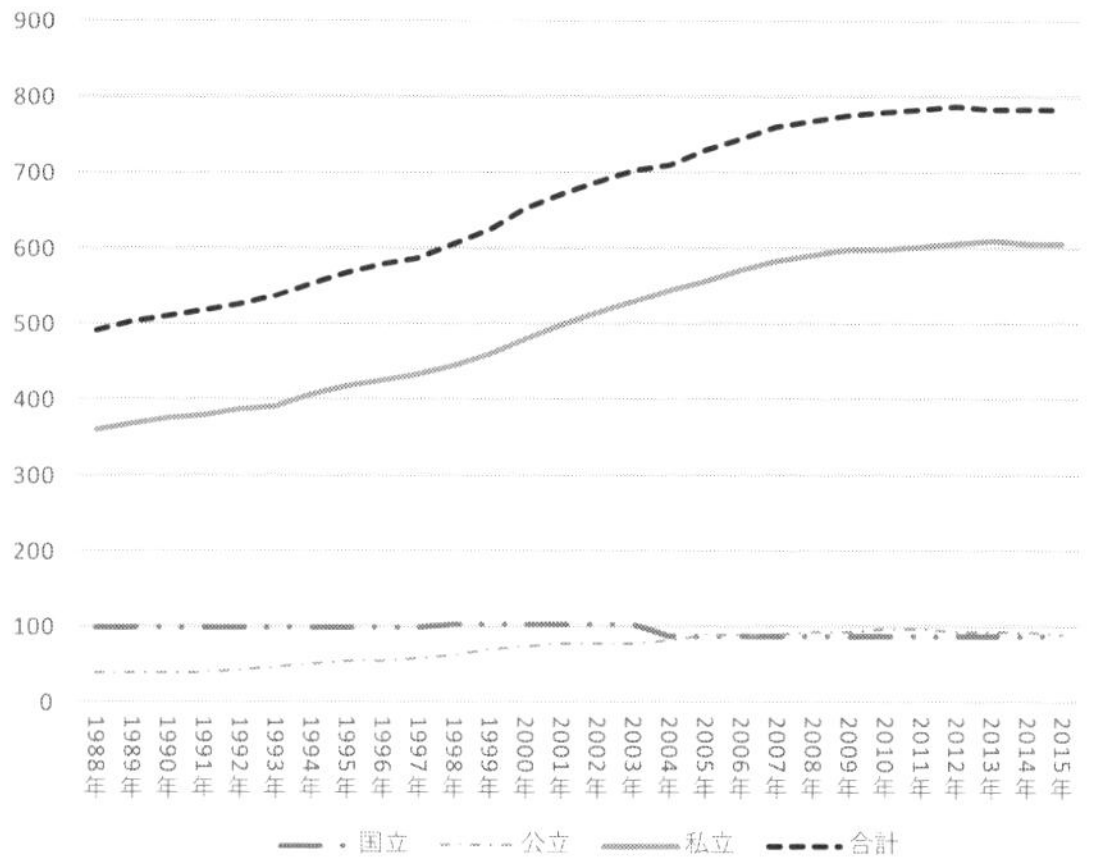

〈出典〉旺文社教育情報センター (2018年6月)

激化する中で、日本の大学は依然として衰退、あるいは静止状態を維持しています。人口減、高齢化、留学生獲得の地域的・国際的競争激化などの課題が、今後、日本の大学の存続を脅かす可能性がある」としています。全国の400近い私立大学がこのような現実に対面させられて「大学の真冬時代」に突入したという意見もあり、国公立大学でも統廃合や私立大学の国立大学への吸収合併、などの情報も出てきました。

3 大学の役割を社会全体で考えて行くことが求められる

大学組織の縮小は、入学志願者と定員と言う市場原理だけで論じる問題ではありません。「THE世界ランキング」の評価にもある「教育力」「研究力」は、次代を背負う若者を育てるとともに、技術や文化を継承し革新していく源泉となります。組織のリストラに伴う教職員の減少は、研究者の意欲を削ぎ、高ランクの引用文献の低下だけではなく、総論文数の減少につながってきたと言う意見もあります。更に、教育や研究の中身についても、国の政策が「社会的ニーズに答える（例えばグローバル経済圏に対応した高度なプロフェッショナル人材）」ことを重視する助成や資金の分配に傾斜するのに対して、国立大学が従来の学部の組織の廃止や社会的要請の高い領域への転換をしたり、私立大学でも、分野の上位を占める文系を対象にした学部の大胆な統廃合が加速しています。一方で、文系が縮小されるのに対して、グローバリゼーションが進む世界での教養教育（リベラルアーツ）の重要性が論じられています。大学の役割は、少子高齢化を直視しながら、大学関係者だけではなく、社会全体の問題として議論して行くことが求められています。

キーワード 志願者数減少／学部・学科統廃合／私立大学真冬時代

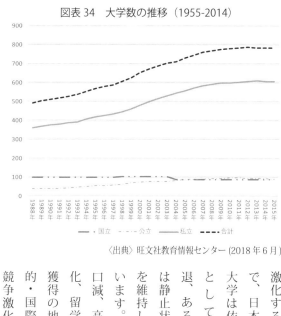

35 教育施設の統廃合と廃校活用の実態は？

ポイント

A　児童数は1981年と2018年を比較して約40％減少。
B　1990年と2015年を比較すると25年間で5808校が廃校。
C　廃校になってから遊休資産化してしまうケースが多い。

1　児童の減少と養育施設数の現状

少子化により学校に通う児童数は年々減少傾向となっています。児童数の推移をみると、1981年の児童数1192万5千人をピークに年々減少し、2003年は722万7千人、18年には642万8千人と1981年と比較して約40％の減少です。

2015年度の全国の小学校数2万320校、中学校数9637校、高等学校数3604校で、全体で3万3543校存在しています。1990年（小中高等学校数、3万9351校）と2015年を比較すると14・7％減少し、25年間で5808校が廃校になりました。

2　小中学校の統廃合問題

少子化による児童・生徒の減少を背景に小中学校が過度に小規模化することによる教育条件への影響。地域コミュニティの衰退や世帯構成の変化により、家庭や地域における子どもの社会育成機能の低下が生じています。

小中学校の統廃合には「教育的視点」と「地域コミュニティの核」としての問題が内在しています。①義務教育段階の学校は、児童生徒の能力を伸ばしつつ、社会的自立の基礎や社会の形成者としての基礎資質を養うために、一定の学校規模が重要。②離島や山間へき地などの過疎地の学校と地域コミュニティ存続の役割。③学校は児童生徒の教育のための施設であるだけでなく、地域コミュニティの核としての性格や防災、地域交流の場などの様々な機能を併せ持っています。

少子化が急速に進んでいることから、文部科学省は

図表35　公立学校年度別廃校発生数

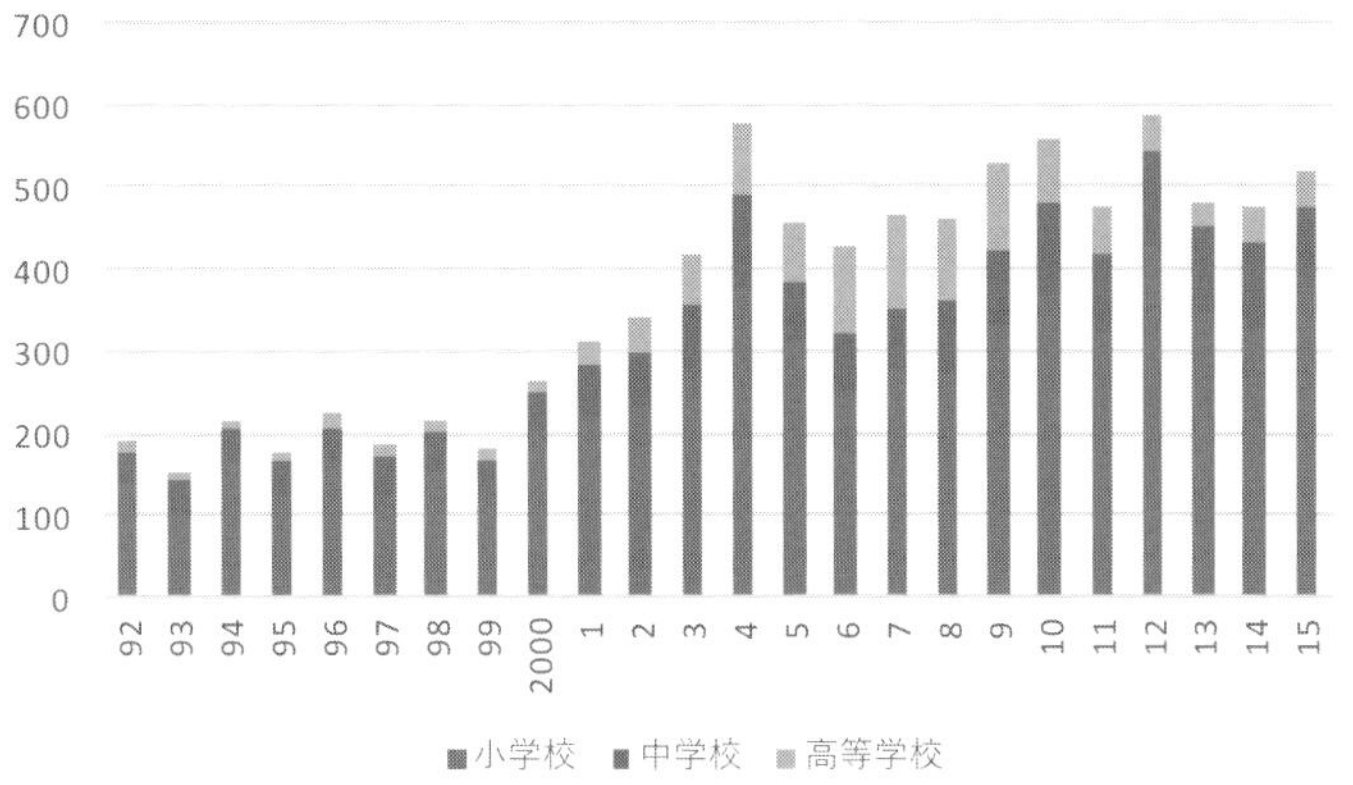

〈出典〉文部科学省「廃校施設活用状況実態調査」2015年度

２０１５年に、教育委員会が小中学校の統廃合の検討をする際の指針となる「手引き」を約60年ぶりに改正しました。手引きには、小規模校の課題として、①人間関係が固定されやすい。②学校行事が制限される。③教員が確保しにくいなど40項目が示されています。公立学校の統廃合は、市区町村教委員会に決定権があるため手引きには強制力はありませんが、統廃合を巡る議論に文部科学省が一石を投じました。

一律に廃統合を進めるのでなく、地域特性を踏まえた、創意工夫による適正規模について議論することが、地域の未来や教育について考える上で意味があります。

3　廃校舎の利活用と地域コミュニティの活性化

平成の大合併の影響で、学校の統廃合が加速し、廃校となった施設はその後も地域から有効利用が求められています。

文部科学省が実施した「廃校施設活用実態調査（２０１２年5月）」によると、２００２から12年度までの廃校数４７０９校（小中高等学校の合計）。そのうち現存する建物が４２２２校、89・7％でした。現存する建物のうち「何らかの活用が図られているケース」２９６３校（70・2％）、「現在、活用が図られていないケース」１２５９校（29・8％）でした。利活用が難しい要因として「地域等から要望がない」、「施設が老朽化している」、「立地条件が悪い」などの理由が挙げられます。また、耐震基準を満たしていない施設を利活用する場合、膨大な改修費用が必要となることも、利活用が進まない大きな要因です。

キーワード　廃校が止まらない／地域特性／廃校の再利用

36 部活動の縮小問題とは何か？

ポイント

A　部活動により多くの顧問教員がゆとりのない生活をしている。
B　教員の多忙や無給の長時間労働など、中高等学校の運動部活動を巡る諸問題が表面化し、部活動が縮小傾向にある。
C　部活動に関する事故等で監督責任が大きく問われるようになっている。

1　中高等学校の部活動の実態

当初、部活動は志を持った教師の自主的な取り組みでした。学校週5日制導入に向けて１９８９年に学習指導要領が改正された時、クラブ活動の代替えという位置付けになり、事実上カリキュラム内に組み込まれ「必修」に近い形になりました。

文部科学省「中学生・高校生のスポーツに関する調査」（１９９８年）によると、１校当たりの運動部数と1部当たりの部員数は、中学校では約15部・約30人、高等学校では約24部・約20人でした。中学校の運動部に所属している者は73・９％、高等学校では49％でした。

生徒に対し、自分の学校における部活動（文化部等含む）への入部のあり方はどのようになっているかを聞いたところ、中学生では「原則として全員が入部であり、その部の活動の全てに参加することになっている」が54・６％、「希望者だけが入部する」38・９％。高校生では、「原則として全員が入部であり、その部の活動の全部に参加することになっている」が16・８％、「希望者だけが入部する」が78・６％でした。中学校が高等学校と比較して入部の義務付けが強い傾向にあります。

2　部活動を巡る諸問題

部活動は、学校教育活動の一環として、スポーツに興味と関心を持つ同好の生徒が、教員（顧問）の指導の下に、主に放課後や土休日において、自発的・自主的に運動やスポーツを行うものとして、全国の中高等学校で展開されてきました。

一方、少子化、ニーズの多様化、指導者不足、教員の多忙や無給の長時間労働など、中高等学校の運動部活動を巡る諸問題が表面化し、部活動が縮小傾向にあります。

部活動を巡る諸問題として、①部活動の多くが顧問教員の任意と善意で維持され、家庭を顧みず、ゆとりのない生活を余儀なくされている。②教員自身も一定の技術や指導方針を身に着けるなど、技術指導方法を学ぶ機会や支援体制の問題。③教員世界へのワーク・ライフ・バランスの問題。④メリハリのある教員の給与体系の実現に向けた部活動手当の改善などの問題が内在しています。

図表 36　中学生・高校生の部活動に関する入部の状況

	中学校			高等学校		
	全体	男子	女子	全体	男子	女子
運動部に所属している者	73.9%	83.0%	64.1%	49.0%	56.3%	41.1%
地域のスポーツクラブ等に所属している者	7.7	10.2	5.0	4.2	5.7	2.6
文化部など運動部以外の部に所属している者	17.1	7.9	27.1	22.0	13.8	30.9
学校以外の文化的教室等に所属している者	7.0	3.9	10.4	3.1	1.4	5.0
どこにも所属していない者	7.8	7.6	8.2	27.3	28.1	26.6

〈出典〉文部科学省「中学生・高校生のスポーツ活動に関する調査（1996 年）

若手教員は一般的に、運動部の顧問を任される傾向があり、顧問としての過重な負担に苦しんでいます。

3　部活動問題への対応

２０１８年２月に文部科学省は「中学校の学習指導要領の改訂案」を公表しました。改定案で部活動を教育活動の中に位置付けました。従来は「学校の教育活動」として根拠がなく、顧問の教員が部活を指導したとしても法的根拠はなく、教員個人が自主的に行っている業務あつかいでした。教員の平均年齢の上昇、勤務時間の多忙化により指導が大きな負担となり、部活動に関する事故等で監督責任が大きく問われるようになりました。

このような状況を踏まて、中学校と高等学校の学習指導要領で部活動を「学校の教育活動」の一環であることを初めて明記されました。部活動が年々減少しつつある中で、地域や学校の実態に応じ、部活動の指導を学校外の指導者や民間ボランティアなどの協力、指導に当たる教員の待遇改善に抜本的に取り組まなければ、部活動は成り立たない状況です。

キーワード　教員の自発的部活動／モンスターペアレント

10 共同体

何がおこっているのか？

37 「社会活動への意欲」の減退はあるのか？

ポイント

A　日本人の政治的・社会的活動に対する意欲が減退しているのではないかと危惧されている。
B　年齢別で一年間にボランティア活動を行った人の割合がもっとも低いのは25～29歳。
C　活動への参加が意識を変える。

1　社会活動の内容や担い手は多岐にわたっています

社会活動は、社会への奉仕を主な目的として行われる活動や営利企業が利益の追求ではなく公益のために行う活動などを指すことが多いのですが、多くの人々が共有できる定義はありません。具体的には個人でボランティアに参加することや団体や組織、ＮＰＯ等で社会の為に貢献する活動、企業が主たる業務とは別に自社の利益を求めない社会への貢献となる活動をする等が取り上げられています。広く社会活動に含まれる社会貢献活動や政治的・社会的活動に対する日本人の意欲が、様々な意識調査の結果から、減退しているので（特に若い人達の間で）社会活動が減退しているのではないかと言われています。一方で、地方自治体では、特に高齢者の社会活動について、①仕事、②社会的活動（地域行事、町内会活動、老人会活動、趣味の会活動、奉仕活動、特技などの伝承活動）、③学習的活動（老人学級、カルチャーセンター、市民講座、シルバー人材センター）などに参加する環境づくり（制度や機会の提供）やプラットフォームとなるセンターの設置等が進んでいます。また、①地域で取り組む生きがいや健康づくりのための活動、②健全な子供を育むための活動、③大規模災害により被災した方々に対しての支援活動等を組織的に進めるなどの活動をしている団体もあります。又、企業のＣＳＲ（企業が倫理的な観点から事業活動を通じて、自主的「ボランタリー」に社会に貢献する責任）に基づく企業の社会活動も増えています。

2　活動の体験や意欲が減退していることが問題です

しかしながら、このような活動の実態を持続可能性から見ると、日本人の政治的・社会的活動に対する意欲が減退して

図表37 政治的・社会的活動の経験・意欲

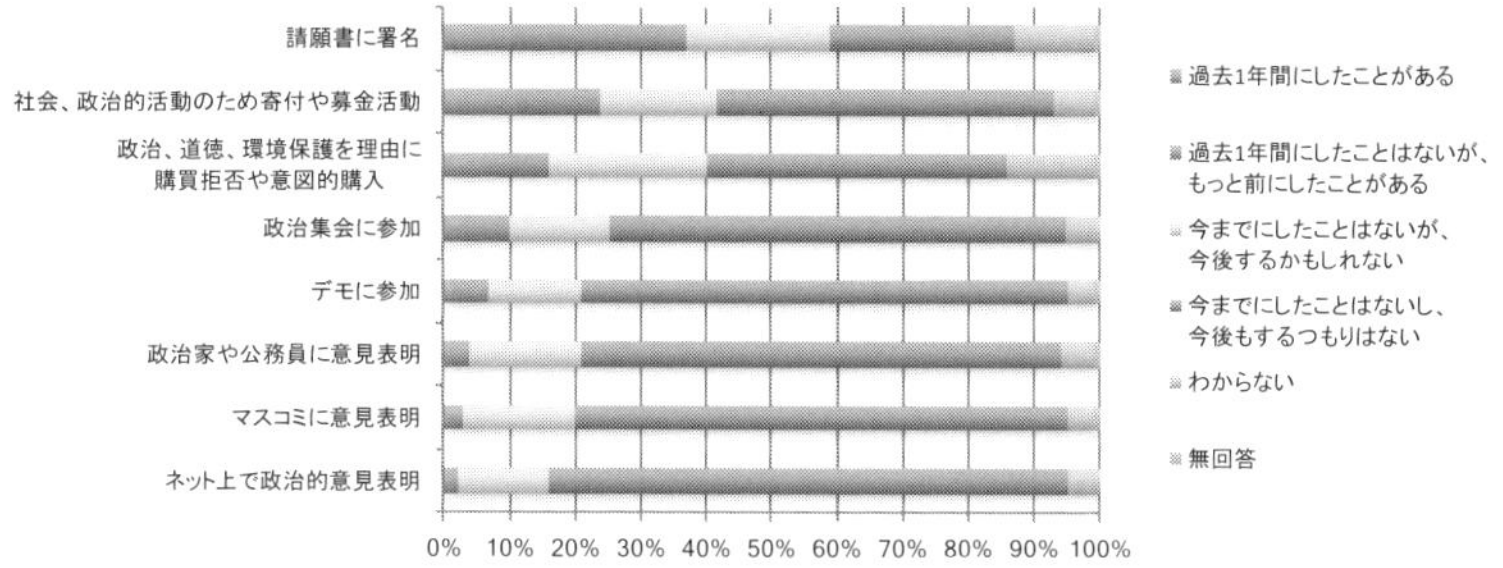

〈出典〉低下する日本人の政治的・社会的活動意欲とその背景：小林利行氏　NHK放送文化研究所　放送研究と調査2015年1月

いるのではないかと言う危惧も生じています。居住地域に公害問題が起きたと仮定してどう対応するかと言う設問に対して、1973年の結果と2013年の結果を比較して「事態を見守る」が23%に増加した、「住民運動を起こす」が36%から16%に低下したことなどを重視している研究（日本人の意識・NHK）があります。又、東日本大震災を契機として、若者の社会意識が高まっているけれど、一年間にボランティア活動を行った人の割合（総務省2011年度「社会生活調査」）を年齢別にみると40～44歳が最も高く33・6%、最も低いのが25～29歳の16・5%、20～24歳の21・2%も75才以上に続く3番目に低い。又、東日本大震災の影響で、前回調査の2006年度と比較して殆どの年齢でボランティア経験者が増加する中で、20～24歳は2・5%増加したが、25～29歳の伸び率は0・7%と低い水準になっています。

3 活動に参加する機会が増えると意識改革が進みます

若者人口の激減に加えて、非正規従業員の割合の増加など、経済的にもボランティアに参加できる余裕ある生活をおくれる若者が減ったのではないかと推測されています。それでも、NPOの中には、財政的に持続可能な組織も生まれつつあり、現在は福祉・教育などが中心ですが、貧困問題などにも取り組むところが出てきました、同様に、企業のSCRも現在は「環境保護」を中心に「文化支援」「女性地位向上」等に取り組んでいますが、「児童貧困」「疾病」等に取り組むことも始まっており、これらの活動が広がり、多くの人々が参加する機会が増えて意識改革にも及んでいくことが期待されます。

キーワード 活動環境づくり／活動体験の減退／参加による意識改革

38 社会関係資本が減衰しているというが？

ポイント

A　社会関係資本は、①つきあい・交流、②信頼、③社会参加で構成される概念。
B　欧州のソーシャルキャピタル論の主張は、政策効果や経済・社会にとっての重要性を含む。
C　コミュニティにおける絆の希薄化が社会の崩壊まで行ってしまうのではないかという不安がある。

1　社会関係資本は、日本では一般的に「つき合い・交流」「信頼」「社会参加」で構成される概念

社会関係資本という言葉は、英語のソーシャルキャピタルの日本語訳です。もともとは、人々の協調行動が活発化することにより、社会の効率性を高めることが期待されるという考え方の下に、人々が持つ信頼関係や人間関係（社会的ネットワークとも言います）の事を指しています。学問的には、社会学を中心に、19世紀末からある概念です。現在、にわかに注目を浴び、国の政策にもこの言葉が使用されてきたのは、日本に於いて、社会関係資本が減衰してきたのではないかと言う危機感があります。日本では、ソーシャルキャピタルを一般的（国民生活白書等）には、①つきあい・交流（近隣での付き合い・社会的「友人や知人、親戚、スポーツや趣味活動」）、②信頼（一般的な人への信頼、相互信頼・相互扶助）、③社会参加（社会活動への参加）で構成される概念としています。ソーシャルキャピタルそのものを測定するのは大変難しいのですが、団体・組織への加入率や、国民の意識調査における人に対する信頼、世論調査等への協力、スポーツや社会貢献活動への参加、隣近所や職場等での付き合いの深さ、他人を愛したり慈善活動（例えば献血や共同募金等）の実践などから測定する例があります。

2　意識調査などの結果から、日本の社会関係資本は、人々の繋がり等を筆頭に減衰している

これら調査では、①日本のソーシャルキャピタルは１９９０年代までは順調に増加していましたが、90年代後半から２０００年代にかけて、減退が始まり、低下傾向が今も続いている、②その減退は、一般的信頼感や互酬性（助け合い）の面よりも、人々

の間のつながりやネットワークの面で強くみられる、となっています。そのような傾向は、内閣府が「つき合い・交流」「信頼」「社会参加」の各項目を細かくして調査した２００３年の意識調査を補足した稲葉陽二氏（日本大学教授）の２０１４年調査の結果からも、窺えます。このように、社会関係資本は、私たちが日常生活を送る中で、様々な絆として働いています。

図表38　社会関係資本の推移

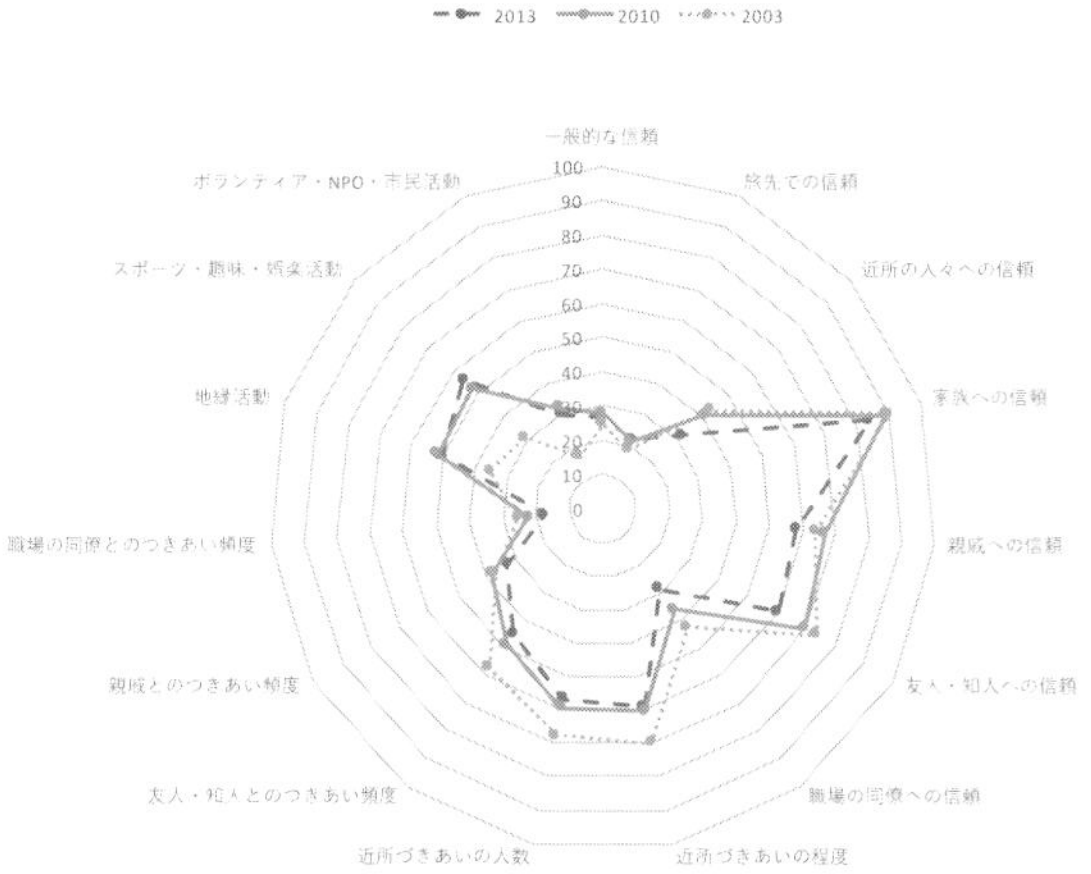

〈出典〉日本大学教授　稲葉陽二氏 (2014 年)

それが失われつつあるのではないかという漠然とした不安は、逆に、それがこれからの人口縮小社会で増々重要になって行くことの裏返しかもしれません。

3　社会関係資本の効果を意識した活動も始まる

欧州（ＯＥＣＤ等）のソーシャルキャピタル論の主張は、①政策効果や経済・社会にとって非常に重要なものである、②持続可能なコミュニティの構築や地域発展のツールであり、コミュニティを結束させる潤滑油であり、結果として物事を捉えるレンズになる、③効果として、経済成長や社会的イノベーション、開発や地域の力を大きくし、人々の様々な活動への自主的参加を促す、などと定義されています。日本に於いても、このような社会政策的な考え方を下敷きにして、様々な事例が出てきました。例えば、今まで、公である国や行政が担うのが当然とされていた教育や福祉、安全・安心のための公共サービスや災害時への対応などが、財政の逼迫や課題の複雑化などによって、公がきめ細かく応えて行けなくなるのに対して、市民団体やボランティア、ＮＰＯなど市民組織が一部を担っていくなどです。又、コミュニティにおける絆の希薄化が社会の崩壊まで行ってしまうのではないかと言う不安は、社会を再構築することを考えて行こうという機運を育てる契機になりそうです。

キーワード　日常生活の絆の減退／コミュニティを結束させる潤滑油

39 「ムラの祭り」と「町の祭り」は違うのか？

ポイント

A　ムラの祭りは、地域で担う人たちがいなくなることによって消滅していくのは必然的な流れ。

B　ムラの祭りは「神を祀る行事」で、イベントのような「神なき祭り」とは違う。

C　現在のお祭りは、ムラも町も地域社会と連携して人々の絆を深める行事になっている。

1　お祭りの継続が難しくなってきました

最近（２０１８年８月）日本有数の４００年以上続くお祭りである阿波踊りの迷走が話題になりました。４億円以上の累積赤字が表面化して主催者が交代し、演技者との意志の疎通を欠き、混乱しました。結果的に人出が前年度より15万人少ない１０８万人になり、運営の見直しが不可欠のようです。既に、地方の神社や寺で神官や住職が居なくなり、地域の過疎化と合わせて、伝統的なお祭りが無くなってきたことも伝えられています。

ムラの祭りと町の祭りは違います。祭りは、本来は神事ですが、ムラ（農村）の祭りが、地域の共同体の人々と、それを守ってきた土地の神様の間で進められる、いわば内なる神を祀る行事（神を介して人と人が触れ合う中で、豊穣を祈り、感謝する）であるのに対して、町は様々なムラの出身者が創る共同体であるので、一つの神にまとめるのは難しく、外なる神（地域に神がいないと言えます）を媒体として、非日常的な祭りの構造を創りだして共同体の社会的な絆を強化しようという目的が強くなります。ムラの祭りが、核となる神社や寺の維持が困難になったり、地域で担う人たちがいなくなることによって消滅していくのは必然的な流れです。一方、町の祭りは、「見る人」の存在を前提として大がかりになって行く傾向があります。現在も存続しているムラの祭りは、このような外向きの非日常的な時間と空間を演出するよう変わって生き延びてきました。

2　戦後一旦衰退した祭りが石油ショック後復興しました

お祭りの消滅は最近始まったことではありません。日本の伝統的な祭礼は、戦後復興から高度経済成長期にかけて全国的に衰退が顕著になりました。急速な都市化の進行に伴い、農村部から多くの人々が離れる、都市も職・住の分離が進み地域への関心が育たない、などが原因とされています。それにも拘わらず、1973年の石油ショックあたりからの高度経済成長期の終焉を起点として、都市の大規模な祭りを始めとして全国的に復興することになりました。祭りをもたなかった郊外のベッドタウンや大都市で新しい祭りが生み出され、現在は、伝統的な祭りと、イベントのような「神なき祭り」が入り乱れています。

図表 39　祭り・祝祭イベントの観客動員数ベスト 20

順位	祭り・祝祭イベント	都市	動員数	主催組織	歴史 / 現形の経年数
1	博多祇園山笠	福岡市	300 万	振興会	江戸期より / 経年数約 770 年
2	青森ねぶた祭	青森市	276 万	実行委員会	江戸期より / 経年数約 220 年
3	さっぽろ雪祭り	札幌市	261 万	実行委員会	戦後・1950 年 / 経年数約 67 年
4	仙台七夕まつり	仙台市	228 万	協賛会	戦 j 前・1927 年 / 経年数約 90 年
5	日本ど真ん中祭り	名古屋市	220 万	文化財団	平成 11 年・1999 年 / 経年数 18 年
6	YOSAKOI そーらん祭り	札幌市	205 万	組織委員会	平成 4 年・1992 年 / 経年数 25 年
7	浅草三社祭	台東区	201 万	奉賛会	1872 年神仏分離 / 経年数 145 年
8	博多とんたく港まつり	福岡市	200 万	振興会	戦後伝統復活 1946 年 / 経年数約 70 年
9	浜松まつり	浜松市	174 万	組織委員会	明治期～戦後復活 / 経年数約 100 年
10	弘前ねぷた祭り	弘前市	168 万	（連合）	江戸～昭和初期復活 / 経年数約 400 年
11	わっしょい百万夏まつり	北九州市	150 万	振興会	始源 1973 年 /1988 年 / 経年数 44 年
12	ひろしまフラワーフェスティバル	広島市	141 万	実行委員会	始源 1977 年 / 経年数 40 年
13	秋田竿燈まつり	秋田市	132 万	実行委員会	江戸期より / 経年数約 400 年
14	大阪 天神祭	大阪市	127 万	神社氏子・実行委員会	951 年 / 江戸期現形 / 経年数約 1000 年
15	盛岡さんさ踊り	盛岡市	126 万	実行委員会	戦後 1978 年 / 経年数約 39 年
16	阿波おどり	徳島市	123 万	（連合）	江戸期より / 経年数約 400 年
17	八戸三社大祭	八戸市	118 万	運営委員会	現形成立 1887 年 / 経年数約 130 年
18	よさこい祭り	高知市	110 万	振興会	1954 年創設 / 経年数 63 年
19	五所川原立ね武多	五所川原市	110 万	（連合）	明治期より 1996 年復活 / 経年数 20 年
20	新潟まつり	新潟市	101 万	実行委員会	1955 年 4 つの祭りを統合 / 経年数 21 年

〈出典〉2017 年・各祭りの web 公開 HP/Wikipedia より作成

3　地域のコミュニティと連携して続けていけそうです

これらの現在のお祭りは、多くの問題点を抱えながらも、地域社会と連携して人々の絆を深める行事になっています。課題として、祭りの成り立ちとイベント性の中で、関係者が共同体としての「共同感情」を持ち合うことが難しくなってきたことがあります。観光客誘致に力を入れると、関係者の共同感情が曖昧になります。祭りを支えてきた地域の人々や社会集団の存在が希薄化してきたことによって、担い手が不足してきますが、どこに住むか、どこで働くかなど、地縁（選べなかった関係）ではなく、「選べる関係」を結びつける時間・空間を提供して求心力を持続しています。札幌のよさこい祭りに代表される市民レベルから成長した祭りから、芸術やスポーツなどの名前で実践されている祭り、商店街などが地域にあった市と銘打つイベント等も含めて、お祭りはこれからも地域コミュニティを構築していく起爆剤となります。

キーワード　地域共同体と神／共同体の社会的な絆／非日常の演出

40 フードデザート（食の砂漠）問題とは？

ポイント

A　イギリスでは食生活の悪化により栄養事情が劣化する社会問題として取り上げられました。
B　日本では、買い物が困難な「買い物難民」問題として取り上げられることが多い。
C　欧米で始まったフードデザート問題は「生鮮食品供給体制の崩壊」を視野に入れている。

1　生鮮食品を入手するのが困難な地域が出来てきました

フードデザートは、生鮮食品の入手が困難な地域を意味する学術用語です。公共交通が無くなったり、運行の頻度が極端に減り、自家用車を利用できない人達（高齢者など）が住んでいる地域などで、生鮮食品を買うことが非常に困難な地域と言う意味を持っています。日本では、フードデザート問題は日常品の買い物に出かけることが困難な「買い物難民」と称して取り上げられることが多いのですが、１９８０年代にこの言葉が取り上げられたイギリスでは、郊外の店に移動の困難なダウンタウンの貧困層が、地域に残っている雑貨店（商品の値段が高く、野菜や果物などの生鮮食品の品ぞろえが極端に悪い）での買い物を強いられ、食生活の悪化により栄養事情が劣化、癌や心臓血管疾患などの発生率も上がる例が出てきたという社会問題として取り上げられました。又、アメリカでは、そのような地域に住む人達の間で肥満問題や成人病の蔓延が深刻化しているという研究から、食生活の劣化に起因する医療費の増加をもたらす経済的損失問題まで取り上げられています。このように、欧米で始まったフードデザート問題は、「生鮮食品供給体制の崩壊」を視野に入れていますが、日本では、そのようなエリアの把握から始まっています。

2　フードデザートエリアは多様な地域で発生

フードデザートエリアは国内の様々な地域で発生していると推測されており、①大都市では、都心部の再開発エリアや高齢化が進むベッドタウン等、②地方都市では、空洞化の進む既成市街地やベッドタウンなど、③農山村では限界集落な

図表40　市町村による対策の実施状況について（都市規模別）

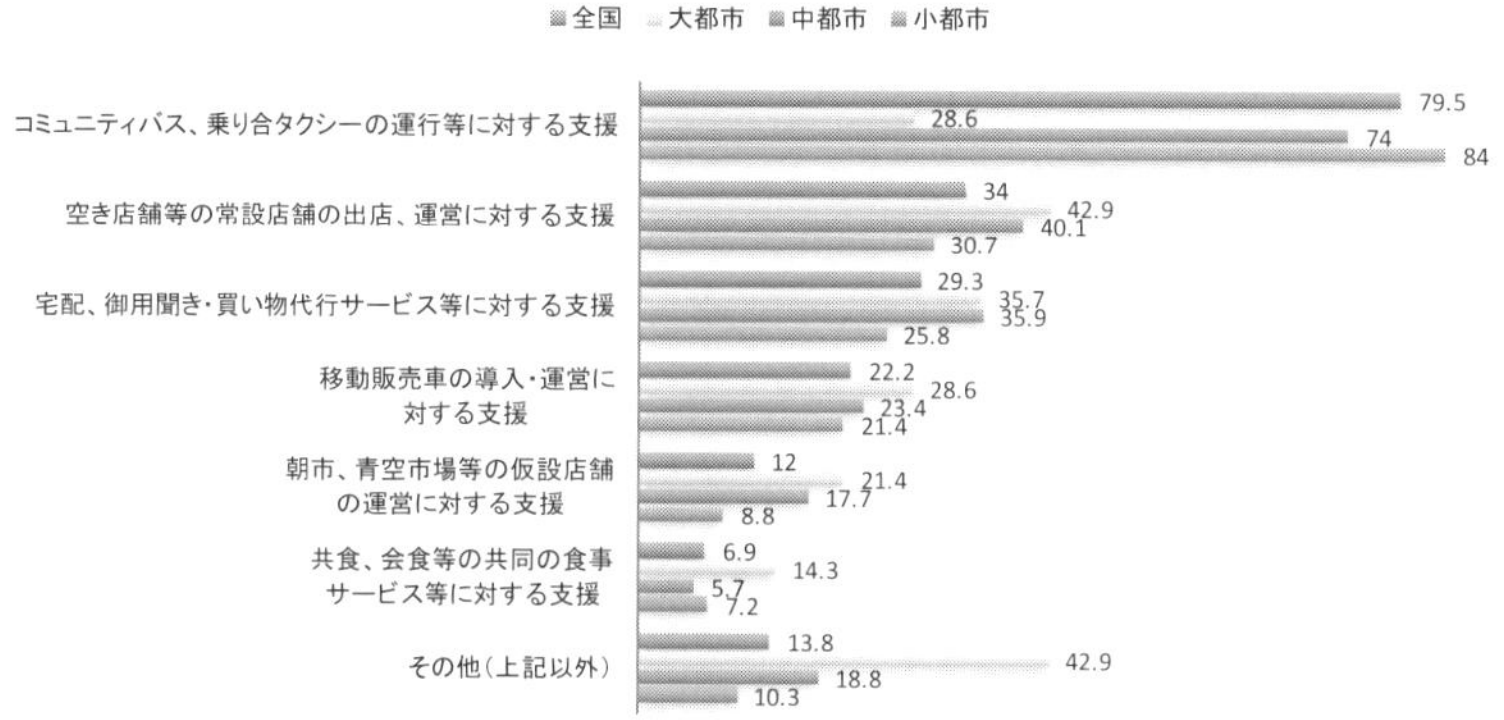

〈出典〉「食料品アクセス問題」に関する全国市町村アンケート調査結果（農林水産省平成30年3月）

どの過疎地域や島嶼部等、④被災地の復興住宅地等、が挙げられています。

一方、高齢者が多い限界集落では、店舗が無くても、お互いに協力して買い出しをしたり、米と野菜を自給して、低栄養の可能性がある人は10％以下であるのに対して、店舗がそれ程不足していない地区で、単身・夫婦2人所帯が多い駅前地区では、50％近い高齢者が低栄養の恐れがあるというような例もあります。

3　根本的な解決は、行政と地域が連携して持続可能な社会を構築すること

日本の対策は、現在は、買い物難民対策としての宅配サービスや移動販売などの流通の工夫、高齢者など移動弱者の公共交通手段の確保等が始まっていますが、根本的な解決のためには、行政と地域コミュニティの連携による地域全体で、高齢者の孤立や健康・福祉に対するケアをきめ細かく実施して行くことが求められます。長期的には、フードデザート問題における生鮮食料の需要と供給量の適度のバランスと商業施設の配置などに対する総合的な対応を、コンパクトシティの形成や中心市街地の活性化等と連携して、街の姿・形を地域の実情に合わせながら再構築する必要があります。同時に、日本でも増大することが予測される格差社会の中で生み出される、貧困問題に向き合っていくことが必要になってきます。又、持続可能な社会を構築していくために考慮すべき医療費の増大への対応等を含めて、フードデザート解消のために、新たな社会の構築に総合的に取り組んで行くことが求められます。

キーワード　生鮮食品の入手困難／栄養事情の劣化／医療費の増大

41 「都市のスポンジ化」とは？

ポイント

A　都市の中に、空き家、空き地が、時間的、位置的にランダムに大量に発生すること。

B　建物が劣化し土地が荒れ放題になると、その地域に住みたいと思う人が減ってくる。

C　人口が減ると道路や上下水道等の利用が低減し、非効率になる。

1　都市が穴の開いたスポンジのようになってきた

スポンジ化とは、都市の中に、空き家、空き地が、小さな敷地単位で、時間的、位置的にランダムに大量に発生することと、それによって、都市が穴の開いた（使われていない住宅や空き地が点在する）スポンジのようになっていくことを表現しています。国の２０１３年の調査で、８戸に１戸が空き家で、法人や個人の所有する土地の12区画に１区画が空き地となっています。スポンジ化は、日本全体で同時多発的に発生し続けて、殆ど、そのまま修復されないまま放置されていまス。空き家、空き地が放置されている原因としては、①親が死亡して住居を相続しても、自分の家があって、当面住む予定が無い、②高齢化した商店主が店を閉めたが、積極的に売却や賃貸をせず、空き店舗のままとして置く、③土地所有者が節税などの理由で自分の土地にアパートを立てたが、入居者が埋まらないで空き家がある、④郊外部の戸建て住宅団地で、転出するために売り出しても買い手がつかないで空き家となっている、など様々です。空き家や空き店舗が放置され、適切な管理がされないで、建物が劣化したり、土地が荒れ放題になってくると、街並みの景観や環境が見苦しくなり、その地域に住みたいと思う人が減ってきます。更に、空き家・空地には人がいないので、災害や思わぬ出来ごとで協力して来た地域コミュニティの活動に支障を来したり、教育や福祉などの行政サービスが非効率になります。

2　土地は値上がりするという土地神話が崩れてきた

日本では、人口縮小社会を迎えるまで、人口の増加が、新しい住宅や働く場所、その他、生活に必要な様々な施設の建設を促してきました。そのために、土地の価格は、経済成長の変動によって上下はありましたが、長期的には、全国で上昇し続け「土地神話」とも言われたように、土地が銀行などが評価する個人や法人の資産の中心になっていました。しかし、人口縮小社会が私たちの生活に浸透してくるにつれ、大都市圏の一部を除いて、土地を利用する必要性が低下して価格が低下してきました。空き家や空き地が放置されている理由の根底には、貸したり、売ることを希望しても、相手が見つからないということがあります。

図表41　スポンジ化がもたらす影響のイメージ

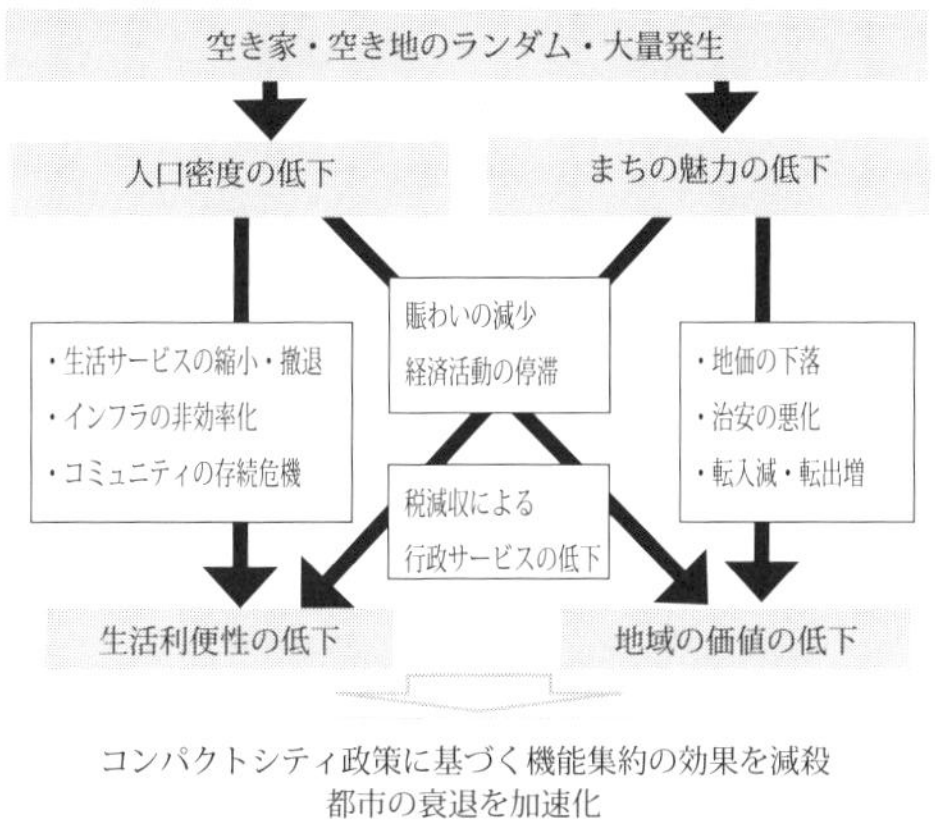

〈出典〉「都市のスポンジ化」への対応　参考資料　国土交通省 2017 年 8 月

3　スポンジ化は都市の穴を埋めるだけでは解決できない

都市のスポンジ化は、発生した穴を埋める（家や土地を有効に活用していく）だけでは食い止められず、このままの状態が続けば、今まで形成されてきた都市そのものの衰退を招く恐れが懸念されます。都市のスポンジ化は、一定の面積に住んでいる人の数で表現する人口密度を下げて行くことになり、これまでの人口密度に応じて整備されてきた道路や上下水道等のインフラストラクチャーの利用が低減し、非効率になります。特に、都市の中心から離れた集落や郊外住宅地の人口密度が下がると、そこまで伸びているインフラストラクチャーを維持管理していくことにも支障をきたします。都市のスポンジ化は、人口縮小社会で快適に暮らしていける環境とは何か(コンパクトシテイ等が議論されています)と言う大方針と、それを実現するための都市計画等、社会の仕組みや制度の再編と連携して解決していかなくてはならない問題になっています。

キーワード　空き家・空地の地位価値劣化／インフラの利用乗率低下

11 社会インフラ

何がおこっているのか？

42 道路や橋などのインフラの再生整備が必要な理由は？

ポイント

A　高度成長期に整備されたインフラは整備後30〜40年が経過しており、今後急速に老朽化が進む。
B　耐用年数を経過した施設は、必要な機能を確保するよう施設全体を作り替え、更新を行う必要がある。
C　教育・文化施設等は、老朽化や耐震化等の安全性も含めて計画的に整備が必要である。

1　高度経済成長期のインフラは今後急速に老朽化が進む

一般に、私たちの生活や産業経済活動を支える基盤としての構造物（道路や鉄道、上下水道、発電所・電力網、通信網、港湾、空港、灌漑・治水施設などの公共的・公益的な設備や施設等）をインフラストラクチャーと言い、簡略化してインフラと呼びます。そしてこれらのインフラは、終戦後の国土荒廃の時期を経て、高度経済成長期以降に集中的に整備され、我が国の目覚ましい発展を下支えしてきました。１９６４年の東京オリンピックを契機とした東海道新幹線や首都高速道路の整備とその後の全国への展開は記憶に新しいところです。一方、私たちの身の回りでも道路や橋梁、上下道、さらに公園等が順次整備され、生活環境は大きく変化してきました。

今、こうしたインフラはおしなべて整備後30〜40年が経過しており、今後急速に老朽化が進むことが懸念されています。

2　求められるインフラの計画的な整備

国の試算では、高度成長期以降に整備されたインフラが、今後20年間で建設後50年以上経過する割合が一気に高まるとしています。そのため、老朽化するインフラを計画的に整備することが求められています。しかし、こうしたインフラは、日常的な点検や、劣化した部分の修繕等を行うことが大切で、結果として施設の状態を良好に保つとともに、耐用年数を延ばすことにもつながります。一方で、耐用年数を経過した施設は、必要な機能を確保するよう施設全体を作り替え、更新を行う必要があります。

また、インフラと言ってもその内容は多様です。都市の主

図表42　社会資本（一部）の現状

分野	対象施設	数量	国	都道府県	政令市	市町村	その他	備考
			（上段：数量に対する割合、下段：平均年齢）					
道路	橋梁（橋長2m以上）	約699,000橋	4%	19%	7%	68%	68%	※地方道路公社を含む
			35年	38年		35年	29年	
	トンネル	約10,300本	13%	46%	3%	23%	15%	※地方道路公社を含む
			32年	32年		46年	22年	
	舗装	約3,100㎢	7%	21%	3%	66%	3%	※地方道路公社を含む
			42年	34年		32年	26年	
下水道	管渠	約430,000㎞	—	2%	23%	75%		
			—	20年	28年	18年		
	処理場	約2,100箇所	供用開始後、段階的な増設を行っており、供用開始年度のみをもって一概に当該施設の経過年数と言えない					
公営住宅	公営住宅	2,170,649戸	—	43%	18%	39%	—	
			—	31年	31年	31年	—	
公園	都市公園等	101,111施設	0.02%	1%	23%	76%	—	
			19年	32年	27年	24年	—	
官庁施設	官庁施設	約48,466千㎡	100%	—	—	—	—	
			25年	—	—	—	—	

〈出典〉国土交通省第5回社会資本メンテナンス戦略小委員会参考1（2013年）より作成

要な構造物以外のもので、今、人口の減少や少子化傾向に伴って大きな話題になっているのが、教育施設や文化施設等の公共建築物等の維持、更新、そして市街地の空洞化等に伴う低利用、再配置に関わる問題です。これらの建築物は、老朽化に加えて耐震化等安全性の問題も含めて計画的に整備を進めていく必要があります。

3 国・都道府県等のこれまでの取り組み

国は、長期的な視点に立ち国土開発の方向を明らかにするために、1962年以降数次わたり全国総合開発計画等を策定し、それらに基づいて地域振興政策、社会資本整備等を実施してきました。また、分野別にも道路整備、港湾整備、下水道整備、空港整備、都市公園等整備、治水事業等の長期計画が策定され、整備が進められてきました。都道府県や市町村においても、それぞれの役割分担に基づき計画的に整備が進められています。

今後の人口減少社会や成熟化社会におけるインフラの整備に向けて、一層の対応が求められています。

4 今後、どうして行くべきでしょうか

こうしたインフラの整備は、単体の分野での取り組みでは効率的ではありません。また、長期的な視点を持ち、情報化や技術革新の流れを踏まえつつ、都市・地域の将来ビジョンや土地利用のあり方を考慮しつつ検討されるべきです。その上で、限られた財源の中で、求められる事業に対応するためには、都市・地域の実情を踏まえつつ、緊急性、効率性、時間軸、さらに民間活力の活用等の戦略的な視点を持って取り組んでいく必要があります。

キーワード　インフラストラクチャー／老朽化／財源

43

墓地や火葬場の不足の現況は？

ポイント

A　管理できずに無縁墓地化し、荒れたお墓が増えている。

B　火葬場は人口増加が急激であった首都圏を中心に不足が現実のものとなっている。

C　不足が予想される大都市部での墓地、火葬場の計画的な対応が求められる。

1　人口が急増した地域での墓地・火葬場の不足

墓地は、「墓地、埋葬等に関する法律」で規制されており、墓地以外に遺骨を埋めることを禁じています。但し、撒くことは規制の対象とされていません。いずれにしても、現代では死体を埋葬することはほとんどないので、お墓は遺骨の収蔵場所として現在、全国で約90万ヶ所あると言われていますが、何基のお墓があるのかは把握できていません。

お墓は「〇〇家先祖代々」として代々継承することが多かったですが、近年の世帯分離や核家族化によりお墓の分散・核家族化も進んでいます。さらに、継承者が途絶えたり、管理できずに無縁墓地化し荒れたお墓が増加する傾向にもあます。加えて、大都市部の人口が急増した地域を中心に、墓地不足が指摘されるとともに、地価の問題もあり、遠くて、高価・狭小化の傾向が進み、不足の上に得難い存在となっています。そして最近は、樹木葬等もあり、お墓のあり方等も多様化しています。

一方、火葬場についても人口増加が急激であった首都圏を中心に不足が現実のものとなっています。時間帯によっては遺族が長期間火葬を待たされたり、友を引くので縁起が悪いとして敬遠してきた「友引」に火葬時間の枠を広げて対応している施設もあります。

2　これまでの取り組み～簡単でない新設、拡張と合意形成

このような中で墓地は、公的、民間により墓地霊園等として供給されてきましたが、高齢社会、核家族化の進展などを踏まえると需要がさらに高まることが予想されます。しかし、都市部での需要は今始まったことではありません。実際、１９８７年に始まった東京都の八王子霊園では20倍近い競争率になったといわれ、墓

図表 43　総人口、死亡人口の推計

年次	総人口 (1,000 人)	死亡数 (1,000 人)
平成 28 年 (2016)	126,838	1,312
32 年 (2020)	125,325	1,414
42 年 (2030)	119,125	1,603
52 年 (2040)	110,919	1,679
62 年 (2050)	101,923	1,596
72 年 (2060)	92,840	1,562

〈出典〉中位推計・国立社会保障・人口問題研究所・平成 29 年推計、日本における外国人含む。

地の不足が広く社会問題として認識されました。

実際、墓地価格等から「遠・高・狭」による対応や墓地の継承者問題などについて、供給側が個別具体的に対応してきたというのが実情です。

また、火葬場は公的施設として整備されていますが、拡張等については周辺地域との合意形成が難しい状況の中で、人的増員や施設の稼働率を上げるなどによって不足に対応するなどの努力が行われています。

高齢化を背景に墓地、火葬場の需要は高まると予想されますが、多様な需要と長期の見通し、さらに地域等との合意形成など、難しい取り組みが求められています。

3　不足が予想される大都市部での墓地、火葬場の計画的な対応と合意形成

お墓は代々受け継がれていくのが当然と考えられてきましたが、ライフスタイルや価値観の変化により大きく変わりつつあります。そのため、多様な形態、例えば、墓地の核家族化に対応した立体化や場所性を踏まえた樹木葬化等、さらには地域との合意を前提とした公共、民間による再整備・新設などを計画的に検討、進めていく必要があります。いずれにしても、お墓は遺された人が亡くなった方と対峙する空間としての機能もあり、それにふさわしい場としての配慮が必要です。

また、火葬場については、稼働率向上など既存施設での努力に加えて、住民との合意形成を基本とした拡充、新設の検討、さらに葬送のあり方が多様化する中での施設内容の検討など、総合的に進めていく必要があります。死者を葬送する場として取り組まれるべきことは言うまでもありません。

いずれにしても、不足が予想される大都市部での墓地、火葬場の計画的な対応が求められます。

キーワード　無縁墓地／遠・高・狭／多様化

44 身近な公共交通手段の現況は？

ポイント

A　地域鉄道は約8割の事業者が赤字を抱えている。

B　乗合バス交通は民間事業者の約7割、公営事業者の約9割が赤字。

C　コミュニティバスは、導入が増える一方で収支率が低く、財政負担が大きくなるなどの問題がある。

1　身近な公共交通手段の状況～厳しい経営環境と移動難民

地域公共交通は、特に、大都市圏の遠郊外部をはじめ地方圏において、人口の減少や少子化、高齢化により利用者が減少し、経営状況が圧迫され、赤字路線を廃止せざるを得ないなど困難な状況にあります。さらに、自家用車の利用の増加も相まって公共交通機関のシェアは低下をしています。こうした中で、国土交通省によれば地域鉄道は約８割の事業者が赤字を抱え、乗合バス交通は民間事業者の約7割、公営事業者の約9割が赤字と言われ、厳しい経営状況に陥っています。

特に地方圏では、生活上の必要性から高齢者自ら自動車を運転する割合が多く、高齢者の交通事故が増加しています。そして車を運転することができない高齢者では、例えば、買い物が困難な状況の「買い物難民」や各種サービス施設への移動が困難な「移動難民」の発生と増加が問題視されています。こうした問題は、今、大都市圏における初期の遠郊外の住宅地においても顕在化しつつあります。

このように、地域公共交通の衰退によって、必要な公共交通サービスを受けることのできない地域、住民が今後とも増加することが予想される厳しい状況にあります。

2　地域のさまざまな取り組み～身近な移動手段の確保

バス交通が危機的な状況になる一方で、コミュニティバスや乗合タクシーの導入が進んでいます。しかし、コミュニティバスについては、導入が増える一方で既存路線バスとの競合問題や収支率（運送支出に対する運送収入の割合）が低いため、財政負担が大きくなるなどの問題もあり収支率を向上させる工夫も必要になっています。その他、乗り合いタクシーや福

図表44　現居住地で将来的な不安（意識調査抜粋）

【問：公共交通が減り自動車が運転できないと生活できない】	
５万人未満市町村	44.3%
５万人以上市町村	37.7%
政令市・県庁所在都市・中核市	23.7%
三大都市圏	11.7%

〈出典〉国土交通省国民意識調査・平成30年度国土交通白書）

祉タクシー、自家用有償旅客運送（バス・タクシー事業者による移動が困難で、市町村、事業者、地域住民など地域の関係者が必要と同意した場合、市町村、ＮＰＯ等により運送サービスを提供）、デマンド交通（電話予約など利用者のニーズに応じて柔軟な運行を行う公共交通の一形態）なども各地で試みられていますが、特に、福祉タクシーでは市町村区域を越える移送区域の問題も指摘されています。

　一方、国でも地域でのさまざまな試みを可能とする制度改正等を進めるとともに、日常生活等の交通手段の確保等に向けた基本理念である交通政策基本法の制定や地域交通を担う多様な主体（国・市町村・都道府県・交通事業者・利用者・住民等々）が、持続可能な公共交通のあり方について合意しつつ責任を持って推進するための地域公共交通網形成計画の策定、それに基づく各種事業の実施に向けた支援などを行っています。

3　今後、どうしたらよいのでしょうか～地域住民のための移動手段の確保、そして地球環境への貢献へ

　モータリゼーションの進展や地域の人口減少、少子化、高齢化に伴い公共交通ネットワークの縮小やサービス水準の低下が進みつつある中で、今後とも地域住民のための移動手段の確保をきめ細かく、対応に努める必要があります。併せて、都市計画上の視点からも市街地や集落地の無秩序な拡散を防ぎつつ、利便性の高い生活サービス拠点地区の誘導やそれらを結ぶ交通ネットワークの形成などを進める必要があります。

　そして、こうした多様で総合的な取り組みにより、移動難民の解消にとどまらず、容易に外出できる歩いて暮らせるまち、ひいては健康増進のまちづくりへ、さらには来訪者への利便性・回遊性向上による観光産業の振興等の地域活性化への可能性をも高めることにも繋がるでしょう。一方、公共交通による利便性の向上は、CO_2の排出抑制による持続可能な地球環境の創出という大きな課題にも応えうる重要な取り組みと言えます。

キーワード　移動難民／身近な移動手段

45 書店激減の実態は？

ポイント
A　全国420の自治体が「無書店自治体」に。
B　国内の書籍流通市場の8割以上はリアルな書店で買われている。
C　「取次業者」の経営破たんが書店の経営に波及。

1　書店の減少が続いている

書店の数が減少しています。ここ10年間（2007年から2016年）で4500店の書店が減少しました（出版状況クロニカル）。少子高齢化が進み、出版物を購入する人自体が減少したことが根底にあると思われますが、その他にもいくつかの原因が挙げられています。書店の総数は2016年で1万2526店ですが、書店の総面積は、2008年頃のピーク約130万坪前後から変わっていません。中小規模の書店が減少し、大規模書店が増加しています。最近では、地方の100坪前後の書店の廃業が増えていますが、大都市でも中小書店の減少は進んでいます（この10年間で東京都で136店、大阪府で76店）。全国420の自治体が既に書店が1店舗も無い「無書店自治体」となったという調査もあります。一方で、本を買うのにネット通販が大きな比率を占めてきたことを、書店数の減少の主たる原因に挙げることもありますが、アマゾンでも、国内の書籍流通市場の約1割を占めているに過ぎず、8割以上はリアルな書店で買われています。

2　書店の減少は出版業界の苦境に連動

書籍・雑誌の販売金額は、1996年に2兆6564億円のピークを向えましたが、2015年には、1兆5220億円に落ち込みました。中でも雑誌の売り上げは、1997年に1兆5600億円のピークを向えましたが、20年間で半減しました。それに対応して雑誌が売上シェアの3～4割を占める中小書店が廃業に追い込まれるということが起きました。更に、書店に書籍が並ぶまでに大きな役割を担っている「取次業者」の経営も苦しくなっているようで、その経営破たんや自主廃業が書店の経営に影響を及ぼしています。取次業者とは、出版業者と書店を仲介する業者で、出版社に書籍の注文、書籍の代金の精算、どの本屋に何冊配本するか、などを決めており、書店に対して、流通やファイナンス機能を内包した特異な卸売業です。取次業者が廃業すると、書籍の入荷が止まり、店舗、ホームページなどでの注文も受けられなくなります。又、書籍の返品率は２０１１年に大幅に低下した以降、ほぼ35％前後で推移していますが、雑誌の返品率は、２０１０年以降連続して上昇して、２０１５年には40％を越えています。このような数字から、中小書店の消滅は雑誌の売り上げの継続的な低下から大きな影響を受けていると言えそうです。

図表 45　書店数の推移

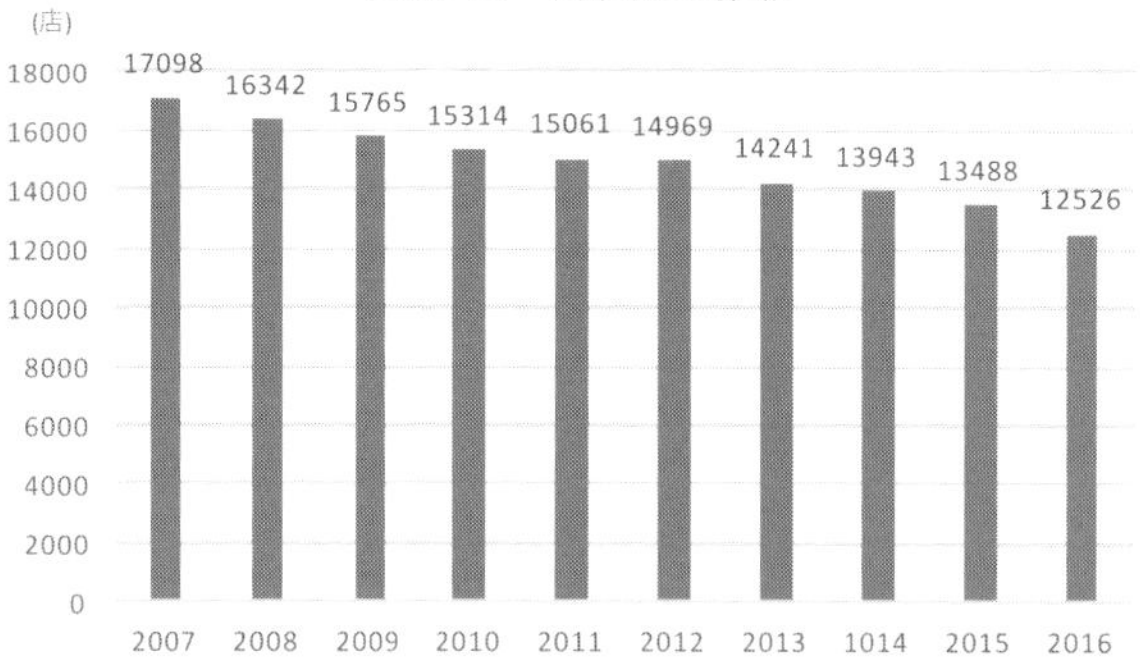

〈出典〉出版状況クロニクルより

３　書店の生き残りを図る

ネット通販ではなく書店で書籍を買う理由（２０１６年7月筑波大学調査）で、「実物が見たい」「立ち読みができる」「書店の雰囲気が好き」と言う意見が上位にあります。本屋にふらっと出かけて、実物の本に目移りして、立ち読みし、買ってしまう、と言う状況は今も変わっていないと言えます。通販も電子書籍もこのあやふやな行動を代替することはできません。このような利点を活かしながら、書店側からも、生き残りのための活動が始まっています。大手書店では、これまでの実績を活かして、図書館の運営委託も含めたサポートや、大学や研究機関向けの学術雑誌を充実させる、などに力を入れています。又、中小書店でも、ホビー商品やアニメグッズの販売コーナーを設けたり、文具・雑貨のセレクトショップコーナーを設けて玩具・古本も含めたブックバラエティストアーの展開、シニアむけＰＣ教室や児童向け英会話教室などのカルチャーセンターの併設などを進めているところが出てきました。書店の雰囲気を大事にしながら、多様な利活用の工夫が生き残りにとって不可欠だと言えそうです。

キーワード　無書店自治体／取次業者の経営難／実物・立ち読み活用

12

財政破綻

何がおこっているのか?

46 地方自治体の存続が困難と言われているが、本当か？

ポイント

A　景気低迷の影響で税収が減少しているのに社会保障費等の増加で慢性的に財政が逼迫化している。
B　自治体は約196兆円の借金を抱え、財政破綻がいつ起きてもおかしくない状態。
C　国も財政逼迫から、自治体を財政的に支え切れなくなり、地方交付税や国庫支出金は近年減少している。

1　自治体とは

「自治体」とは、平たくいえば、私たちの「いのちと暮らしを守る組織」です。特に、住民に最も身近で基礎的な自治体である市町村は、住民福祉の最大化という目的を「地方自治」の力を駆使して、現行の行財政制度、仕組みのもとで最大限の自治能力を発揮して「資源は少なく、生み出すものは多い」成果を効率よく実現させる組織です。

市町村の自主財源は住民税と固定資産税などです。住民税は、働く人や所得が増加することで増大し、固定資産税は新規の建物建設や土地価格の上昇によって増大します。全国平均の歳入に占める自主財源比率は33・7％、不足資金は、国からの地方交付税・国庫支出金・地方譲与税や都道府県支出金などの依存財源と借金（起債）で賄われています。

2　何が起こっているのか

景気低迷の影響による税収の減少、人口や社会構造の変化による社会保障費の増加、社会インフラ劣化への再投資の必要性などから、自治体財政は慢性的に逼迫化しています。一方で、多様化・複雑化する住民ニーズにも対応するという、矛盾した問題に直面しています。

更に、自治体は約196兆円の借金（2016年度末）、公社・第三セクター・公社の債務残高が約3兆2241億円（17年度末）を抱え、財政破綻がいつ起きてもおかしくない状態です。

2000年の地方分権法施行により、国と自治体は対等・

協力の関係へと改められ、「自己決定・自己責任」の原則のもと、生活者の視点に立つ自治体経営が求められています。

国も財政逼迫から、自治体を財政的に支え切れなくなり、地方交付税や国庫支出金は近年、減少しています。一方、少子・高齢化に伴う社会活動の減少から、地域で人々がともに活動する機会は減少し、住民自治の基本となる住民の「絆」や「つながり」、そこから蓄積・形成されてきた「社会関係資本」の持続性も脅かされます。社会経済状況の変化や制度疲労が、自治体を直撃する状況から近未来、継続が困難と言われる所以です。

図表46　国・地方自治体の長期債務残高

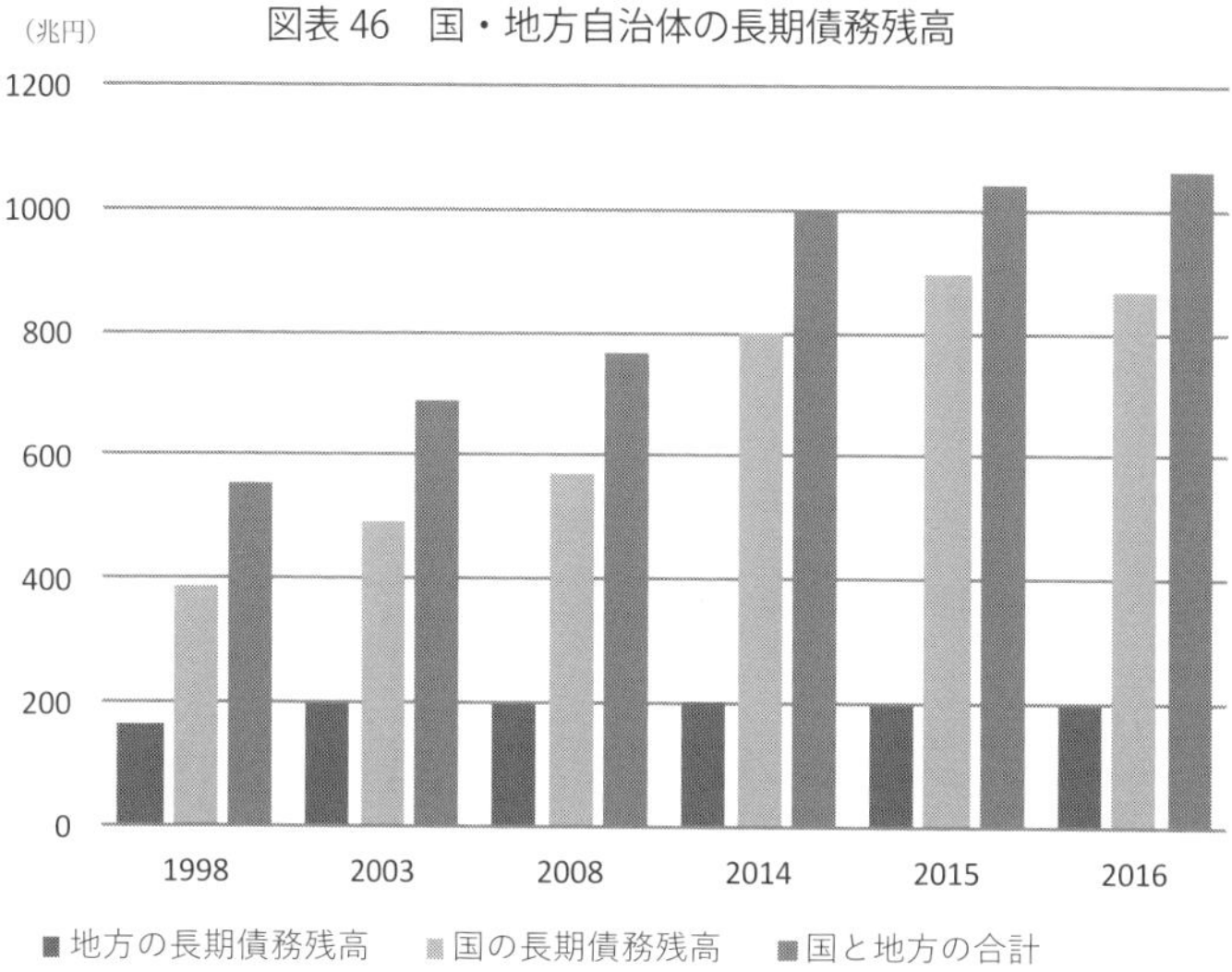

〈出典〉財務省「2012年度地方財政計画」

3　財政破綻を起こさないための自治体経営改革

未来に責任を持つ自治体経営に変革するためには、行政課題に直面したとき、従来の仕組み・制度を改め、より良いものにするための「改革」が行われてきました。未曾有の危機を乗り越えるためには、更なる自治体経営改革が求められます。

行政組織とは、「人口が減少しても安心して幸せに暮らせる社会を築く」ことを実現する組織体であり、自治体に求められていることは、誰のための「自治体経営」かの視点です。行政組織の活動を通じて、出来るだけ生産性高く成果を実現することです。そのためには、①縦割り主義から地域からの発想に変える。②「硬直した行政システムを変える。③地域社会を分権型の仕組みに変えていく必要があります。

キーワード　縦割り主義／住民自治の危機／自治体格差

47 社会保険方式による「医療保険財政の破綻」がいわれていますが、実態は？

ポイント

A　国民医療費は２０１０年の37兆４００２億円から、25年には50兆円を超えると厚生労働省は予測。
B　75歳以上の後期高齢者一人当たり年間医療費は約92万円で、国民平均約30万円の３倍。
C　国民医療費の30％以上が公費で賄われることが、財政負担が増加する要因。

1　社会保険制度による医療保険制度とは

社会保険制度は、社会保障制度審議会から１９５０年「社会保障制度に関する勧告」を受けて制度化されました。枠組は社会保険、社会福祉、公的扶助、保健医療、公衆衛生で構成され、国民の「安心」や「生活」の安定を支えるセーフティネット」になっています。

「国民皆保険制度」の特徴は、①国民全員を公的医療保険で保障。②医療機関を自由に選べる。③安い医療費で高度な医療。④社会保険方式を基本に、制度を維持するため、公費を投入しています。国民健康保険は、社会保険方式による医療保障制度の一つで、職域単位に健康保険組合、協会けんぽ、共済組合があります。

国保財政の負担軽減を図る目的で、２００７年度まで存続していた老人健康医療制度の高齢者医療費分を国保から切り離し、07年度より後期高齢者医療制度を導入しています。

2　国民医療費の増加問題

国民医療費は毎年１兆円増え続け、２０１０年の37兆４００２億円から、25年には50兆円を超えると厚生労働省は予測しています。医療費増加の要因として、①高齢者の増加による医療費負担の総体的な増加。②糖尿病・高血圧症等の生活習慣病の増加。③医学の進歩に伴う高度先端医療費の増加などが主な理由です。

その負担割合（14年度）は、保険料48・7％（被保険者28・3％、事業主20・４％）、公費38・８％（地方13％、国25・８％）、患者負担が11・7％です。国民健康保険は、高齢化の進展と労働力の流動化や非正規雇用の増加により、他の被保険者保険と比べ、年々、増加傾向を示しています。一方、国保は被保険者保険のように雇用者負担分がないことから、国や自治体の財源投入が不可欠となり、財政逼迫の要因となっています。25年に日本の国民皆保険制度は大きな転換点を迎えます。

図表47　国民医療費の年次推移

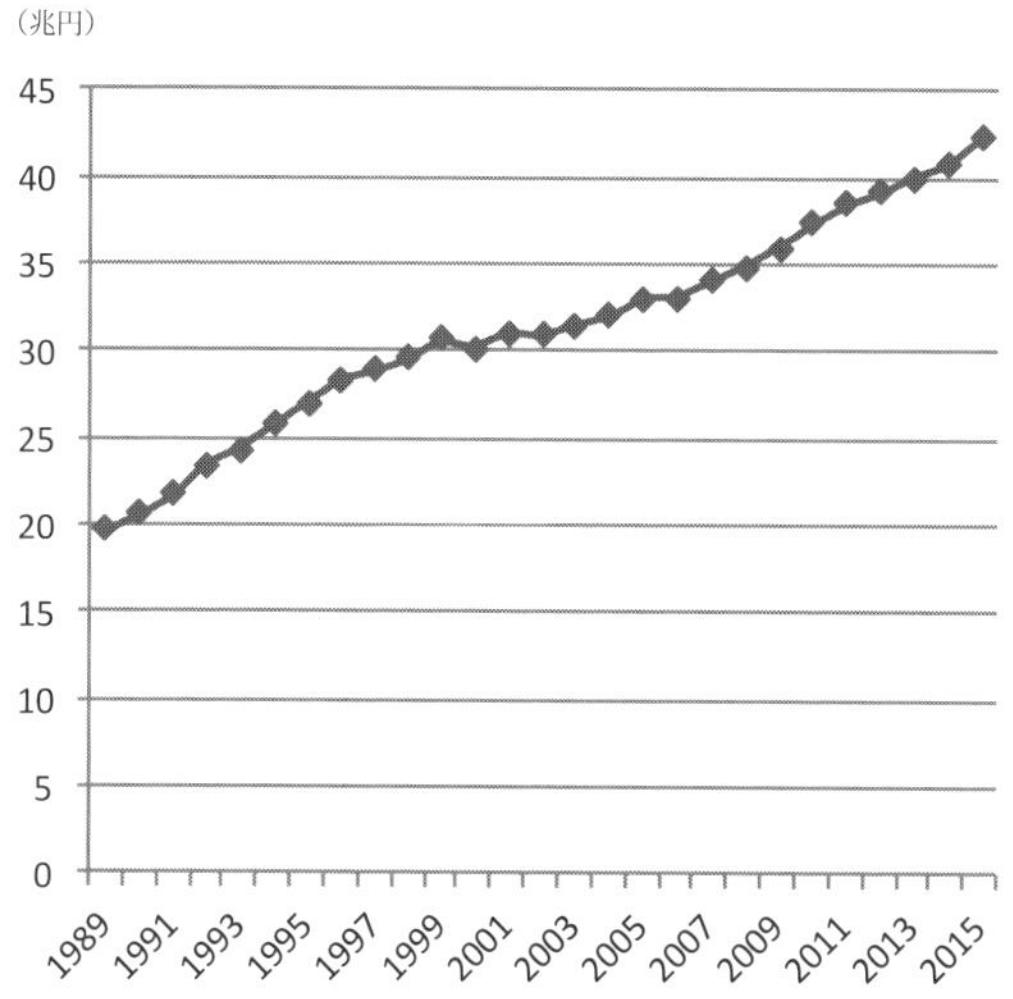

〈出典〉厚生労働省「国民医療費の年次推計」

人口動態の最大集団である団塊の世代全員が75歳以上の後期高齢者となります。後期高齢者の一人当たり年間医療費は約92万円で、国民平均約30万円の3倍です。25年問題により、国民皆保険の持続性が問われています。

国民保険制度の欠点は、①医療機関の過度な投薬や診療行為の無駄を生みやすい。②健康・不健康に係わらず保険料を支払う。③出来高払いで申請すると過度な診療行為や薬の投与につながる。④保険料の収入が増えず、高齢者の医療費増による赤字が拡大など構造的な要因となっています。

3　医療保険財政の破綻は防げるのか

医療費を抑制するためには、中長期的な視点が必要となります。医療費抑制の基本は、長期入院を減らし、病気を抑制することが実践的な対策になります。

例えば、生活習慣病は死亡原因の6割を占め、生活習慣病の医療費は10兆4千億円（2004年）を占めています。その医療費を抑制するために、メタボリックシンドローム対策。薬剤費の拡大を防ぐには、薬剤価格や過度な投薬の抑制とジェネリック薬品の更なる普及などが必要となります。

キーワード　高齢化と医療費／医療制度が破綻の瀬戸際

48

「公的年金制度の破綻」がいわれているが実態は？

ポイント

A　1970年代頃には、生産年齢人口8・5人で1人の高齢者を支える。
B　2017年には生産年齢人口2・2人で1人の高齢者を支える
C　2060年には生産年齢人口1・3人で1人の高齢者を支える。

1　公的年金制度の仕組み

公的年金制度は、社会保障制度（社会保険・社会福祉・公的扶助・保健医療・公衆衛生）の一つで、「国民皆年金」という特徴をもっています。20歳以上、全ての人が加入する国民年金と会社員が加入する厚生年金、公務員や私学教員が加入する共済年金により、いわゆる「2階建て」構造になっています。

公的年金制度は、現役世代が支払った保険料を仕送りのように高齢者などの年金給付に充てるという「世代間での支え合い（賦課方式）」を基本とした方式で運営されています。保険料収入以外にも積立金や税金が年金給付に充てられています。

2　公的年金制度の抱える問題

現在の年金制度の体系は、1961年に始まり、当初から税金投入を前提としています。少子高齢化により、生産年齢人口が減少、高齢者が急激に増加する社会になりました。70年代頃には、生産年齢人口8・5人で1人の高齢者を支える構造が、2017年には2・2人で1人、60年には1・3人で1人と推察されます。

制度の抱える問題として、①少子高齢化により、世代間扶養を前提とした「賦課方式」の運営が、現役世代が減る一方、年金受給世代が増加し、現在の年金制度の仕組みが揺らぐ。②保険料の未払い問題、会社員・公務員などは、事業者が年金を支払うため不払いは少ないが、国民年金の被保険者の年金保険料の未払い問題。③「マクロ経済スライド」制がとられ、物価変動や社会経済状況の変化により、想定より速いスピードで年金積立の切り崩しが進行など、様々な問題が生じています。

厚生労働省の「国民年金被保険者実態調査（２０１０年度）」によると、保険料の滞納理由で多いのは「保険料が高く、経済的に支払うのが困難」、次いで「年金制度の将来が不安・信用できない」、「納める年金料金に比べて十分な年金額が受け取れない」の順です。若い世代で公的年金制度に不満を感じる人が9割と多く、その理由として「保険料が払い損になるかもしれない」と考える人が多いようです。公的年金制度も世代間格差が生じ、「世代間の支え合い」が不公平といわれています。若い世代が「損している」という主張が「世代間格差論」です。

図表 48　高齢年齢階層人口と現役年齢回雄人口の比率

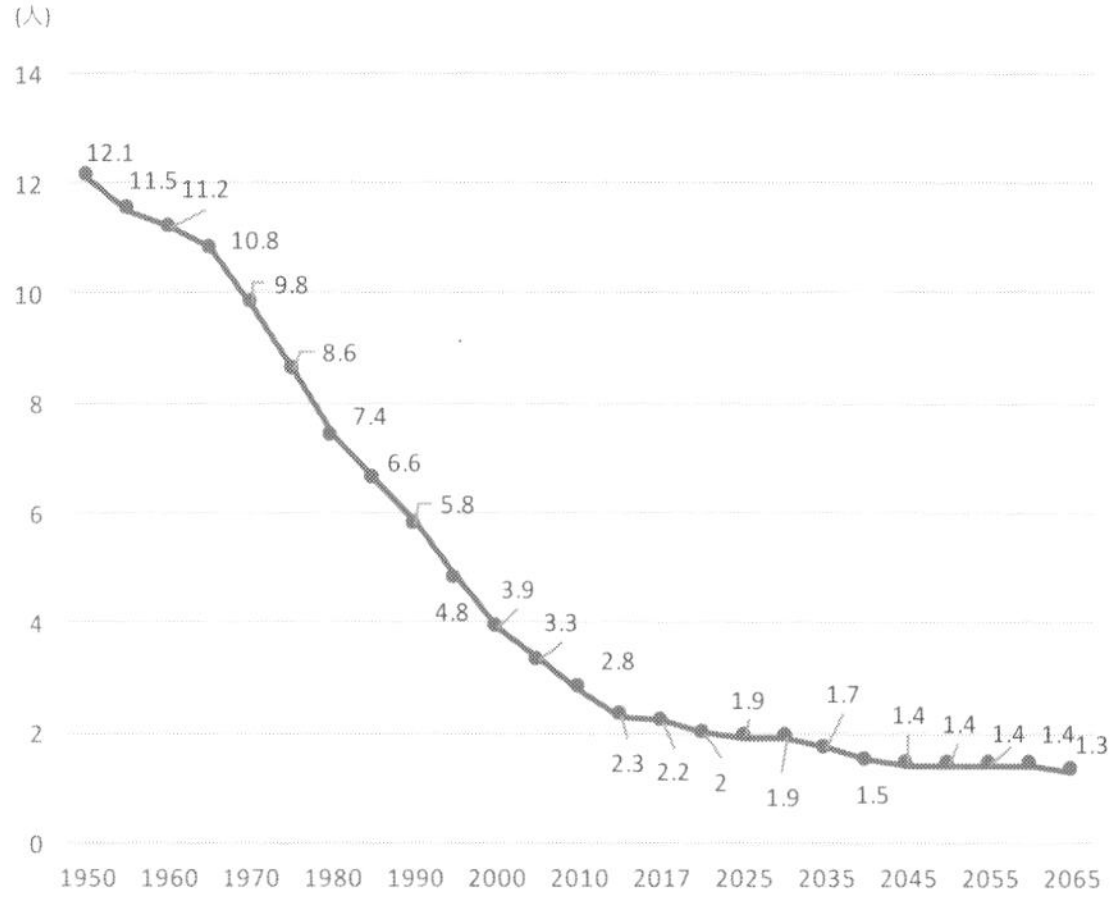

〈出典〉総務省「高齢社会白書」2018 年

世代間格差拡大に一定の歯止めをかける検討が行われ、04年に公的年金改革が行われました。改革の概要として、①将来の保険料負担の上限を固定。②基礎年金の国庫負担を3分の1から2分の1へ引き上げる。③現在年金をもらっている高齢者から将来世代まで、全ての世代の年金額を抑えるマクロ経済スライドが導入されました。

3　公的年金制度の維持は可能なのか

２００４年の制度改革により、マクロ経済スライドが導入され、給付額は抑制されています。そのことから推測すると、高齢者の増加、平均寿命の拡大、生産年齢人口が減少しても年金額の増え方に限界があるため、保険料や給付水準の改訂が常に実施されることが前提になっています。一方、国の国庫負担は14年度11兆8千億円に上昇。今後、国庫負担額の増加による財政問題や格差社会を前提に、セーフティーネットを維持するための「所得の再配分」のあり方も含め、抜本的な制度改革が求められます。

キーワード　年金の未払い／世代間扶養／国民皆年金の危機

49 人口減による自治体税収減少の状況は？

ポイント

A 住民税の増減率と人口の増減率とは相関関係にある。
B 固定資産税は、人口の減少と税収額との相関関係がほとんどない。
C 自治体の借金合計額は、2016年度末には約196兆円と増加傾向にある。

1 人口減少と住民税、固定資産税の関係

我が国の総人口は、2005年から人口減少に転じました。自治体の税収は2008年からら微減に転じ、その後は横ばいの状況となっています。

人口の減少とは働く人の減少であり、納税者の減少を意味します。住民税の増減率と人口の増減率とは相関関係にあります。人口の減少が大きい自治体ほど、税収の減収率も大きい傾向となります。

また、大都市と地方では賃金格差があります。地方税収入の人口一人当たりの税収額の指標を見てみると、全国平均を100とした場合、住民税の最大は東京が162、最少の沖縄は61・3、最も大きい東京都と最も小さい沖縄とでは約2・6倍の格差となっています。

固定資産税は、住民税などと異なり、人口の減少と税収額との相関関係がほとんどないといわれています。なお、税収の変動には、多くの要因が影響を与えます。特に大きな要素としては税収制度の見直しと景気の変動です。

加速する人口減少。とりわけ「生産年齢人口」の減少が自治体の税収減をもたらします。

2 地方税の減収がもたらす問題

自治体の収入は、自ら徴取する収入（自主財源）と、国など他の公共団体から受入れる収入（依存財源）とで構成されます。自主財源には住民税と固定資産税等（地方税）の他、使用料、分担金など。依存財源には地方交付税、地方譲与税、国庫支出金、地方債などです。自主財源の内、固定資産税と住民税の割合は、約45対43で、市町村にとって固定資産税は最も重

要な財源です。

自治体の予算は歳入・歳出で構成されます（自治体の一切の収入を歳入、一切の支出を歳出）。市町村の平均歳入の構成は、地方税33・7％、地方譲与税など1・3％、その他財源３％、地方債（借金）8・7％、国から交付される地方交付金16・5％、国庫支出金15％、その他21・8％です。歳入の内、自主財源は33・7％しかなく、不足する財源を借金で賄います。「生産年齢人口」が減少することにより地方税が縮小する問題が生じます。

税収が減少する中で、高齢者人口の増加による社会保障費の拡大や社会インフラへの再投資など、歳出圧力が強まり、財政逼迫を招きます。

3　税収を増加させる方法はありますか

自治体の借金合計額は、１９９８年度末では１６３兆円から２０１６年度末には約１９６兆円と増加傾向にあります。同年比の国と地方の借金総額は５５３兆円から１０６２兆円と、借金は増えつづけ、国と自治体の借金はこれ以上、次世代に付けを回すことは困難な状況です。

税収対策として、①若い世代の移住を促進し住民税や企業誘致を促進し、法人住民税や固定資産税の税収を上げる。②税を納めていない者（徴税率93・1％）から税を徴取し、未納率を改善。③法定外税で、地方税法とは別に自治体が独自に条例を定めて課す税。例えば、遊漁税や別荘等所有税など、現在55の自治体が実施している。④自治体の創意工夫による「ふるさと納税」。「納税」と言いますが、実際は寄付。「進学や就職で大都市に流出した人に、出身地の自治体に貢献する機会を与えようと」いう趣旨で国が始めた制度。この結果、ふるさと納税で税外収入を稼ぐ自治体が多く生まれている。⑤「命名権」という仕組みもあります。公共施設などの所有者である自治体が、施設などの命名権を企業に提供し、その売却益を受け取る仕組みです。その他にクラウドファウンディング（インターネットを通じて不特定多数から寄付を募る）などの税外収入もあります。

キーワード　三割自治／自治体の自立性／増える業務量

50 「ふるさと納税」の現状と問題は？

ポイント

A 受け入れ額の最も多かったのが大阪府泉佐野市で135億3300万円。
B 流出超過の最大は、横浜市の55億円。
C 都市部自治体は税収を失うことになり不満噴出。

1 ふるさと「納税」はどのような制度なのですか

「ふるさと納税」は、現に居住する自治体への納税に代えて、任意の自治体に寄付を通じて「納税」するというものです。この制度は地方間格差により、税収の減少に悩む自治体に対して、格差是正を推進する新構想として、福井県知事が2006年10月に「故郷寄付金控除」の導入を国に提言しました。その後、国が「進学や就職で都会にできた人に、出身地の自治体に貢献する機会を与えよう」という趣旨で、地方税法の改正が行われ、08年4月に制度化されました。

自分が応援したい自治体へ「寄附をする」ことで、寄附金に応じた税の控除を受けられる仕組みです。複雑な手続きは不要で、寄附金の使い道も指定できます。また、「お礼の品」として特産品を贈る自治体もあり、欲しい品を選択することができます。

2 地方自治体の財政問題とふるさと納税問題

人口減少、景気低迷により、住民税などが減少している一方で、社会保障費の増加、社会インフラ劣化への再投資の必要性から、自治体財政は慢性的に逼迫しています。公債費と人件費で自前の税収は消え、教育、福祉など、自治体経営の基本である公共サービスの費用は国からの地方交付税、委託料、使途限定の国庫補助金や借入金で賄われているのが現状です。税収の減少に悩む地方の市町村にとって、ふるさと納税は創意工夫を凝らし、寄付金を集められる第二の自主財源といえます。

総務省によると2017年のふるさと納税の納税額は、3653億円で、前年比28%増、納税申し込み件1730万件、前年比36%増加しています。一方、ふるさと納税に伴う経費の全自治体の合計額は2027億円で、寄付額の55・5%を占めています。

自治体別のふるさと納税の受け入れ額の最も多かったのが大阪府泉佐野市で１３５億３３００万円、宮崎県都農町の79億１５０万円、都城市の76億７４００万円の順です。例えば、都城市の17年度歳入計画によると、歳入総額８０４億６千万の内、地方税は１８５億円で、地方税相当額の約45％に当たる寄付を受けいれています。

図表 50　ふるさと納税の受け入れ額及び受け入れ件数

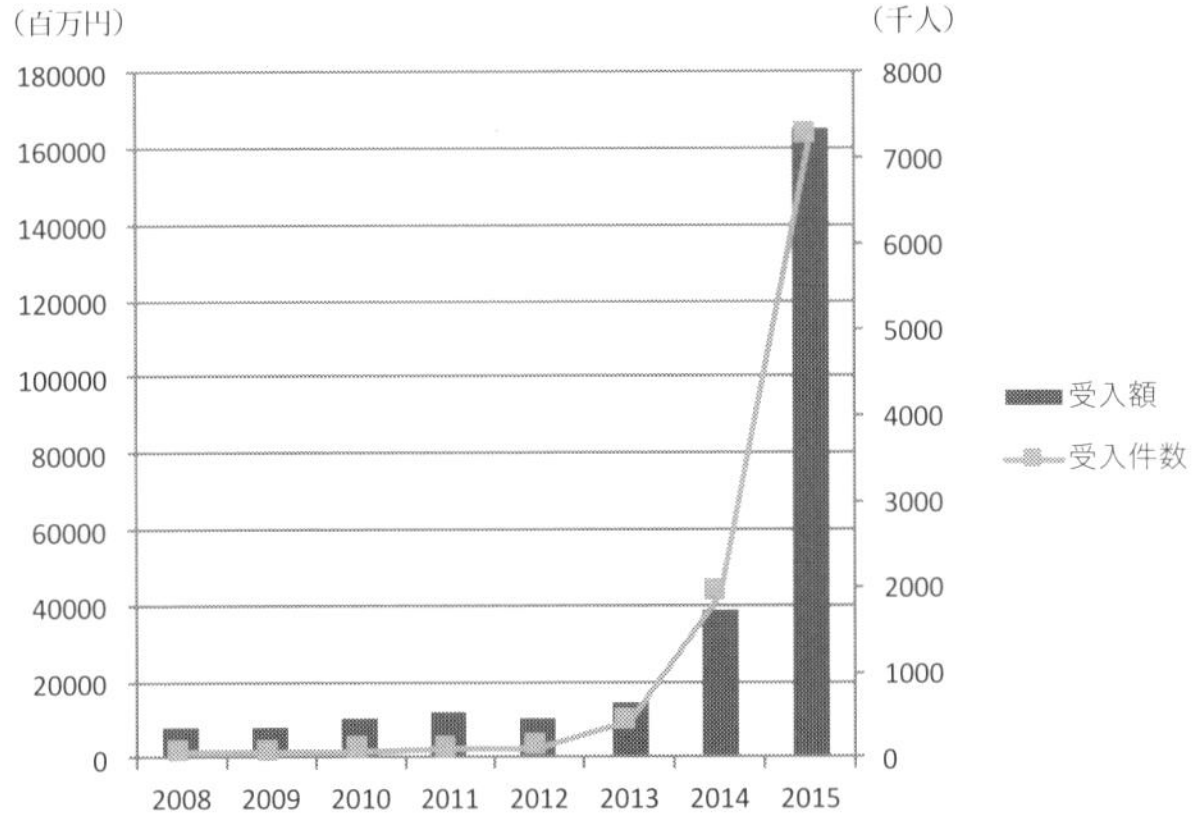

〈出典〉総務省「2017 年度ふるさと納税に関する実態調査」

一方、16年度ふるさと納税受け入れ額より控除額が多い、流出超過の最大は、横浜市の55億円、名古屋市31億円、東京都世田谷区30億円の順です。都市部自治体の反発は強く、税収を失う都市には不満があります。ただし、ほとんどの自治体の場合、寄付者の居住する自治体には、地方交付税で一定の補填があります。

3　よりよい「ふるさと納税」制度のあり方

ふるさと納税の課題は、①自治体間の歯止めのない特産品競争による経費額の上昇。②現住所と出生地が同じ人の割合は約８割で、創設時の主旨との矛盾。③高額所得者に有利な制度。④都市部自治体の住民に対する税収を減税する分だけ税収が減少するというデメリットなど、改善が必要です。国は加熱する返礼品問題を是正するため、２０１９年から、返礼品の比率は寄付額の３割までとする税制改正を行います。

地方の活性化に寄与する自然や文化、地域づくりに貢献する「体験型」や都市部と地方の交流を促進する返礼品の検討など「モノ（返礼品）」の競争から「コト（政策・施策）」の競争へシフトしていくことが求められています。

キーワード　返礼品合戦／都市部の税収減／自主財源格差

13

空き家問題

何がおこっているのか?

51　問題になる「空き家」とはどんな空き家か？

ポイント

A　日本の住宅全体の八軒に一戸が空き家。
B　人が住まないで放置され、今後も住む見通しの無い家。
C　売りたくても、買い手が見つからない空き家。

1　放置され今後も住む見通しの無い空き家が増えている

日本全国で、空き家がすごいスピードで増えています。最近（2013年）の統計では、日本全体で820万戸の空き家があり、住宅全体の8軒に1戸が空き家ということになります。空き家で庭の樹木が手入れされないで道や隣家に伸びたり、蚊の発生や鳥が集まったりと言うような状況が、マスメディアで報道されています。又、住人がいないので、不法にゴミを捨てたり侵入する人がいる、火事の火元になるなどが危惧されています。最近、刑務所からの脱走犯が、空き家を転々として逃走していた報道は、改めて、空き家で何が起こっているか知ることの難しさを考えさせられました。空き家は、住んでいる人がいない住宅ですが、その中には、①別荘やセカンドハウス等、常時住んでいないが、使用はしている家、②貸したくても借り手がいない空き家、③売りたくても、買い手が見つからない空き家が含まれています。これらの空家も、持ち主がしっかりと管理していないと、周囲に迷惑を及ぼすことがありますが、現在、話題になっているのは、④その他の空き家、です。人が住まないで放置されている、今後も住む見通しの無い家です。

2　個々の空き家の再生が少しづつ始まってきた

空き家が発生するのには様々な理由がありますが、所有者が死亡したり、高齢者が介護等の施設に入所したりして、それを受け継いで住む人が無い例が多いようです。先程の統計では、「その他の空き家」が、820万戸の内、318万戸あるとされています。しかも、五年前の調査から63万戸増えている空家の内50万戸が、このような空き家です。今後、住宅着工戸数が減少しても、数年でそれを上回るスピードで世帯数が減少するので、２０２３年（統計調査の10年後）には、空き家は5軒に1軒になりそうです。空き家の中には、朽ち果てて、倒壊しそうな家まで出てきて、国や地元市町村などの行政も放置して置けなくなり、昨年度から、住宅の所有者に代わって、公的に強制撤去できる制度が導入されました。又、

図表51　空き家数の将来予測（民間シンクタンクによる推計）

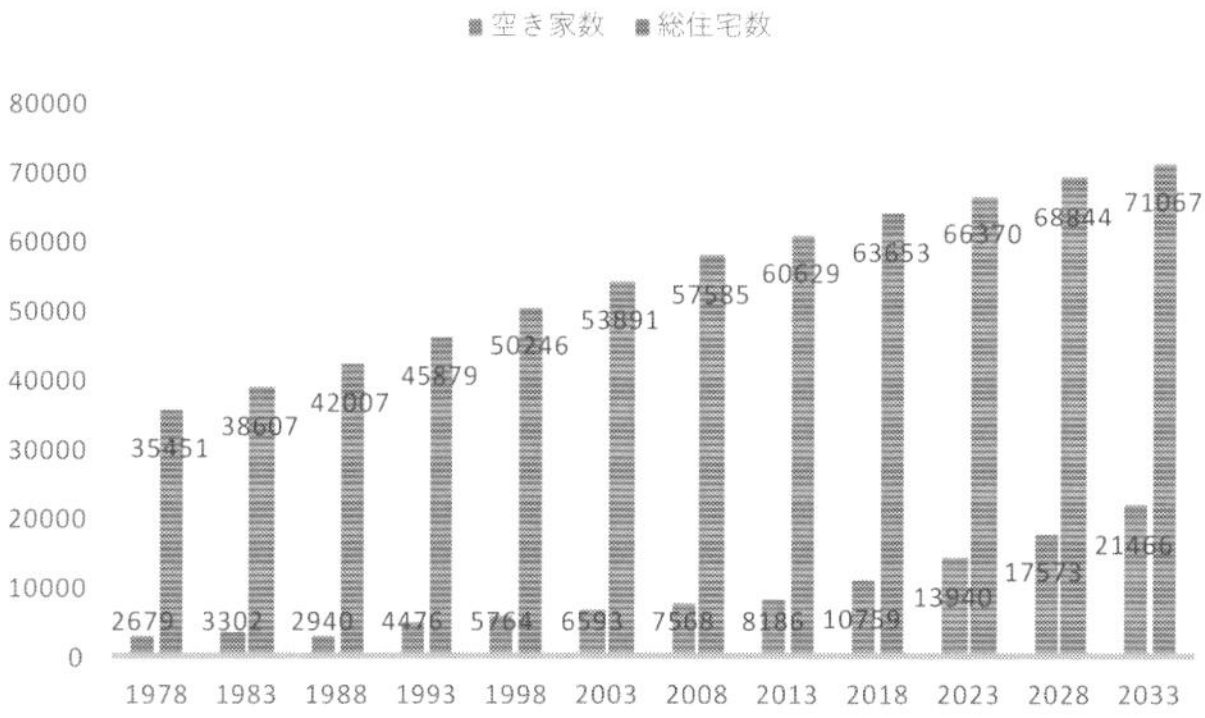

〈出典〉実績値は総務省平成25年住宅・土地調査。予測値は野村総合研究所 RELEASA(2015年6月22日)

民間の住宅事業者の中にも、空き家を買い取って改修（リノベーション）して、売り出すという事業も広がってきました。更には、様々な団体による空き家の活用も始まっています。例えば、一戸建ての改修を始める前に、庭で、樹木の苗を育てたり、改修して、高齢者から子供まで気軽に立ち寄れる居場所づくりをしたり、集会や社会教育の場、ボランティア団体の活動拠点、或いは、シェアハウスとして活用する等が進んでいます。

3　空き家問題は人口縮小社会の将来像を描くための課題の原点

空き家の増加は、人口縮小社会の将来像を描くために解決すべき他の課題も浮き彫りにしてきました。住宅を解体したり、活用するために空き家の所有者を探し当てるのに大変な時間と手間がかかる、或いは、どうしても見つからないという、所有者不明土地問題がクローズアップされてきました。具体的に活用事業を進めるには、土地所有者の承認や協働が不可欠です。又、空き家・空地が都市の中に、急速に、又、ランダムにできてくることによって、まちの魅力・コミュニティの存続、行政や民間のサービスの非効率化などの悪影響を及ぼすことが懸念されています。都市のスポンジ化と呼ばれ、都市の将来像とそれを実現するための都市計画などで考慮すべき大きな課題になっています。このように、空家の増加は、人口縮小社会の中心的な問題になってきました。

キーワード　所有者が住まない／公的強制撤去／空き家の再生・活用

52 放置されたリゾートマンションの現状は？

ポイント

A　バブル崩壊後、資産価値が急速に低下したマンション群が大量に出現。

B　減退した経済状況を反映して、新たに購入しようという人が現れない。

C　スラム化という悲惨な状況になっている所がある。

1　バブル崩壊後、資産価値が低下したリゾートマンションが大量に出現

リゾートマンションは、不動産としては、別荘として地方都市に建てられた分譲（区分所有）型のマンションを指します。

１９６０年代に熱海・伊東・箱根等の高台に眺望重視で、温泉やプール・フロントサービス等ホテル並みの設備を備えたマンションとして建てられ始めました。１９７０年代後半になると定住型マンションを提供していたディベロッパーも参入し、各地の避暑地や観光地、温泉街・ビーチ沿いに建設されバブル期に爆発的に増え、スキー場が集積する新潟県湯沢町周辺で建設ラッシュが起きました。しかし、バブル崩壊後、スキー場やゴルフ場の利用、観光客の減少による街の衰退に伴って、資産価値が急速に低下したマンション群が大量に出現しました。会員制のリゾートホテルやマンションは、会員権を譲渡したり買い戻してもらえますが、リゾートマンションの区分所有者は、第3者に売らない限り、管理費や大規模修繕費を毎月払い、固定資産税を納めなくてはなりません。又、年間、何度利用するかわからない建物の維持費も毎年50万円程かかると言われています。

2　リゾート地のブランドが下がると放置される

現在、リゾートマンションのストックは７万８千５５１戸（２０１５年度：㈱東京カンテイ）あります。すべてのリゾートマンションの資産価値が下がっているわけではありませんが、バブル期に集中的に建設された地域では、マスメディアにも取り上げられ、このままではスラム化するという悲惨な状況（放置されている）になっている所があります。全国のマ

ンション全体の老朽化がたどる危機的な状況が根底にありますが、リゾートマンションは、その成り立ちから問題を大きくしています。まず、地域が偏っており、建設された地域とは無関係（地元市町村に住んでいる人数とは関係なく、そこにやってくるスキーやゴルフ、温泉客への対応）に大量に供給されました。例えば、新潟県湯沢町は町の世帯数の約４倍の１万４千４００戸程のマンション（殆どリゾートマンション）のストックがあります。そして、これらのマンションの多くは日常生活のためのエネルギーや設備が十分ではないので、定住できる居住環境を持っていません。更に、減退した経済状況を反映して、新たに購入しようという人が現れません。

図表52　行政区別リゾートマンションストック戸数の内マンション化率の高い行政区

順位	都道府県名	行政区名	マンション化率	ストック戸数	世帯数
1	新潟県	南魚沼郡湯沢町	410.43%	14,369	3,501
2	群馬県	吾妻郡草津町	158.47%	5,209	3,287
3	山梨県	南都留郡山中湖村	119.47%	2,682	2,245
7	神奈川県	足柄下郡箱根町	74.11%	5,031	6,789
9	静岡県	熱海市	68.39%	14,401	21,056
18	北海道	勇払郡占冠村	49.76%	309	621
40	千葉県	夷隅郡御宿町	33.21%	1,210	3,644
44	静岡県	賀茂郡東伊豆町	32.62%	2,028	6,217
58	長野県	北佐久郡軽井沢町	29.84%	2,727	9,138
61	和歌山県	西牟婁郡白浜町	29.53%	3,281	11,109
71	群馬県	吾妻郡長野原町	28.30%	682	2,410

〈出典〉東京カンティプレスリリース ((株) 東京カンティ)2016年5月10日

３　更地売却など所有者が自ら対応することが望まれます

リゾートマンションのストックが突出している新潟県湯沢町では、スキー場の利用者が８００万人と言うピーク時に相次いで計画されて建設されてきましたが、現在スキー場利用者は３００万人を割り、１年に１回以下の利用しかないマンションが６割あります。又、購入時とは比較にならない価格で売り出されているマンションも、管理費が月２４０００円、維持費が年50万円かかるので、買い手が見つかりません。更に、放置されて管理費を滞納するような状況に対して、マンション管理組合の中には、自ら宅建業免許を取って、所有者に代わって競売、買い手がいなかった場合は、管理組合が所有して、売却完了までのゲストルーム利用などをしている所が出てきました。最終的には、立て替えの需要など無い建物の取り壊し、更地売却、管理組合の解散への準備など、当事者である所有者が問題解決して行かなくてはなりません。

キーワード　リゾート地のブランド価値の低下／定住できる環境がない

53 空き家への侵入と占拠の現状は？

ポイント

A 「空き家対策特別措置法」では、空き家の適正管理を所有者の努力義務と定めている。
B 不法占拠が原因で何か事故が起きれば、その責任を所有者が負う可能性もある。
C 不法占拠は住居侵入罪になる。

1 空き家問題で、空き家への不法侵入などによる治安の悪化への危惧が高まってきた

日本全体の住宅の八軒に一軒が空き家（２０１３年）と言う調査結果が大きな話題となっています。２０２３年には五軒に一軒に増えて行くのではないかと言う危機感なども相まって、空き家問題がマスメディアを賑わしています。特に、放置された空き家で、手入れをされない庭の樹木が隣家や道にのびたり、朽ち果てそうな住宅、蚊の発生や鳥が集まる、ゴミの不法投棄があるというようなことが、街のなかで人目に触れるようになり、多くの人達が現実問題として意識するようになってきました。そして、今は、まだ、眼に見える状況になっていませんが、人が出入りしない空き家は、第三者が不法に侵入したり、占拠（住んだり、不定期的に使用する等）される危険性を持っています。そのような危惧は、自治体の空き家対策で空き家の齎す問題について、「衛生環境悪化」「景観の悪化」についで「不法侵入などによる治安の悪化」が高い比率を占めているという調査にも見えます。

2 空家への不法侵入や占拠などの例が出てきた

チラシがポストの外にあふれている、窓ガラスが割れている、庭に雑草が茂っていると言うように、人が住んでおらず、管理者も居ないように見える空き家は、不審者のターゲットになります。空き巣による窃盗事件が起こりやすくなる、不法侵入者による住みつき、勝手に家財道具や水道・電気を使用していたり、破壊していたり、ゴミを放置して部屋を不衛生なままにする等がおこる可能性があります。更に、タバコの火の不始末や放火による火災発生も懸念され、何か起こっ

ても発見されるまでに時間がかかり、周囲を巻き込んで大変なことになります。不審者が侵入・占拠した住宅は、薬物売買に利用されたという例もあり、街の治安に多大な影響を及ぼす大きな問題になる可能性があります。

図表 53　空き家のもたらす問題

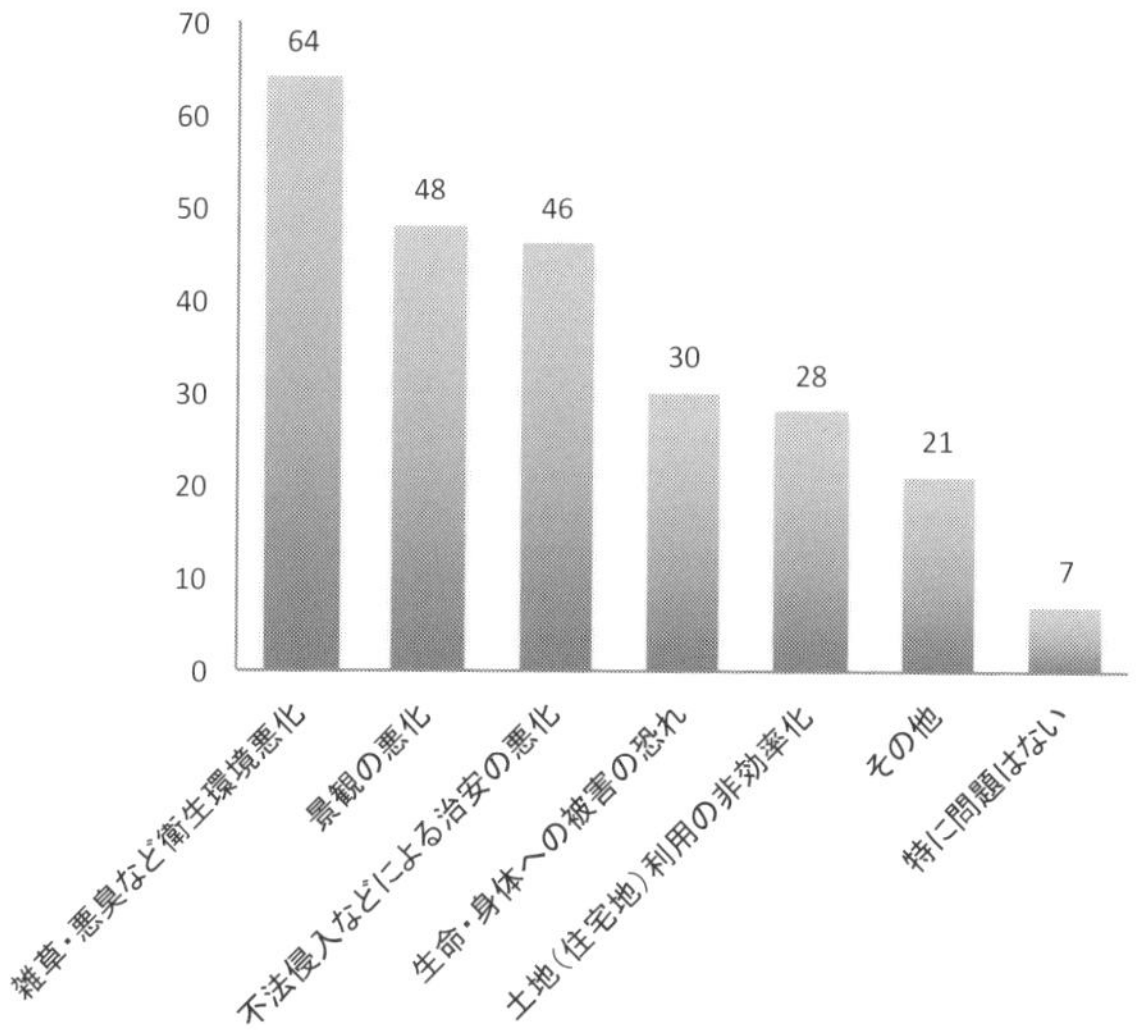

〈出典〉自治体への空き家対策に関する調査研究報告
（2014 年 3 月）（公財）東京市町村自治調査会

3　空き家を定期的に管理していくことが所有者の義務

空き家は、所有者が管理することが原則です。２０１５年に施行された「空き家対策特別措置法」では、空き家の適正管理を所有者の努力義務と定め、生活環境の保全を図るとしています。空き家を不法占拠されないためには定期的に管理するしかありません。不法占拠する人は長い間使われている気配が無く、人の往来がない空き家を狙っています。不法占拠されている場合は、住居侵入罪（住宅不法侵入、建物不法侵入）ですので刑事事件になりますが、不法占拠が原因で何か事故が起きれば、その責任を所有者が負う可能性もあります。建物は人が住まなければ、害虫やカビが発生したり、配水管が詰まったりと、急速に劣化していきますので、結果的に、不動産としての価値が維持できず、転売することも難しくなっていきます。そこで、最近は、空き家の管理を所有者から委託を受けて請け負う事業者が増えてきました。定期的に空き家のメンテナンスを実施して侵入や占拠を予防するとともに、建物の劣化を防ぎ、不動産の価値を保つことを売り物にしています。空き家が発生したら、所有者は放置するのではなく、このような力も借りながら、定期的に管理して行くことが求められています。

キーワード　不法侵入者／街の治安の悪化／定期的な管理

14

マンション問題

何がおこっているのか？

54 タワーマンションの抱える問題とは？

ポイント

A タワーマンションとは「高さ60M以上、20階以上の居住用超高層建築」とされています。
B 大規模修繕に伴う追加費用を嫌がり、所有者が退去、住民減少によって修繕費が捻出できなくなるかも。
C 修繕が実施できなければ資産価値が下がり、資産に余裕のない人だけがしがみつき、一気にスラム化する。

1 タワーマンションが増え続けている

2000年代初めから都心や駅に近い便利な場所にタワーマンションと言われる超高層マンションが建ち始めました。タワーマンションは、厳密な定義はありませんが、建設業や不動産業界では、「高さ60M以上、20階以上の居住用超高層建築」とされています。一般に、高層に行くほど分譲価格が高いのが通例です。これは、タワーマンションの魅力が駅から近いことと合わせて、眺望の良さが売り物になっていることに対応します。そして、住民となることのステータスが高いというイメージも挙げられています。タワーマンションの正確な戸数は、計画や建設中が多いので確定できませんが、全国で1000棟以上、30万戸程と推定されています。建設が始まったのが最近ですので、中古マンションの老朽化で問題となっている耐震設計基準が今の基準に適応していないという問題はありませんが、一般のマンションで危惧されている老朽化問題が、近い将来に確実にやってくることは間違いありません。

2 タワーマンション独自の問題点が指摘されている

タワーマンション独自の問題点について、現在、専門家を中心に周期の長い巨大地震との共振の可能性など構造上の問題、日常生活の場が高い場所にあることの住民の健康や心理に与える影響、エレベーターが停止した時の混乱等の研究が始まっています。それらに加えて、タワーマンションが抱える問題で注目を集めているのは、一般のマンションと異なる2つの事情があります。一つは、所有者の問題です。多くの都心のタワーマンションには、所有者が自ら住むために購入

図表 54　建築中・計画中のタワーマンション

虎ノ門・麻布台地区　B-1 街区	東京都港区	270m	63 階	2022 年度
虎ノ門・麻布台地区　B-2 街区	東京都港区	240m	53 階	2022 年度
西新宿三丁目西地区再開発	東京都新宿区	235m	65 階	2026 年度
虎ノ門ヒルズレジデンシャルタワー	東京都港区	221m	54 階	2020 年度
ザ・タワー横浜北仲	神奈川県横浜市中区	199.95m	58 階	2020 年度
月島三丁目地区第一種市街地再開発事業	東京都中央区	199m	59 階	2025 年度
勝どき東地区第一種市街地再開発事業 A1 棟	東京都中央区	195m	56 階	2027 年度
梅田曽根崎計画	大阪府大阪市北区	193m	56 階	2022 年度 3 月
浜松町二丁目 C 地区再開発	東京都港区	190m	47 階	2021 年度
月島三丁目地区第一種市街地再開発事業	東京都中央区	190m	50 階	2024 年度
豊海地区第一種市街地再開発事業東棟	東京都中央区	189m	56 階	2025 年度
豊海地区第一種市街地再開発事業西棟	東京都中央区	189m	56 階	2025 年度

〈出典〉ウィキペディア（2018 年 11 月 12 日）

するマンションに比べて、購入者の目的が多様（相続税対策、外国人や個人投資家、企業など）で、完成した時に入居者がいない住戸があります。又、このような居住していない所有者を含んだ管理組合の運営は複雑になります。特に、もう一つの問題である大規模修繕などを実施する時には、障害になると推測されています。

3　大規模修繕が難しい、資産に余裕のない人だけが残ってスラム化する、などが危惧されている

タワーマンションの最大の課題は大規模修繕です。10数年ごとに実施する必要のある大規模修繕がスムーズにできるかということが、専門家や不動産関係企業の間で議論されています。一般的に中高層マンションの大規模修繕工事費は、平均して、1戸当たり１００万円程と言われていますが、２０１５年に大規模修繕を実施した55階建て６５０戸のタワーマンションでは、工期2年、1戸当たり１８５万円かかり、２回目、３回目の大規模修繕は費用が幾らになるかは予測がつかないという報道が、テレビで話題になりました。①大規模修繕に伴う追加費用を嫌がり、所有者が退去、住民減少によって修繕費が捻出できなくなる、②修繕が実施できなければ資産価値が下がり、資産に余裕のある入居者や外国人投資家、法人購入分は売却できるが、資産に余裕のない人だけがしがみつき、一気にスラム化する、と言うような、最悪のシナリオも視野に入れた関係者、購入者の真剣な対策が求められています。

キーワード　展望の良さ／高所での生活の問題／大規模修繕が難しい

55 共同住宅（マンション）の老朽化で何が問題になるのか？

ポイント

A　建設後40年以上のマンションは、10年後には151万戸、20年後には296万戸になる。

B　空室率が高くなりスラム化する傾向がある。

C　管理費や修繕積立金を滞納する傾向が高くなる。

1　老朽化したマンションでは居住者の高齢化や空室の増加が進んでいる

空き家問題が大きく取り上げられてきましたが、その中に、近い将来深刻になってくることが予想されるのがマンション（特に分譲）の老朽化です。建物が劣化してくるだけではなく、それに伴って、居住者の高齢化や空室の増加が進み始めています。住みたい人が次々に表れることが期待される立地条件の良いマンションであれば、建て替えたり、再開発する可能性がありますが、それ以外のマンションはそのまま放置される可能性が高いと予想されています。日本では、1950年代半ば頃から分譲マンションが登場して、現在、全国に約644万戸（2018年末）あり、住んでいる人は約1510万人（2014年国勢調査の1世帯当たり2・33人で計算）に達します。

2　建設後40年以上のマンションが問題になる

以前から、中古マンションの売買取引の中で、地震に対する耐震設計との関係で、いつ建設されたかということが注目されてきました。全国のマンションの内、1981年6月に耐震設計の新しい基準（それまで基準とされていた旧耐震基準が震度5弱で倒壊しない基準であったものが震度6強から7弱程度でも倒壊しない構造基準になる）に変わる前のマンションが約106万戸（全体の17%）あります。更に、このようなマンションを中心とした老朽化が激しくなるとされている建設後40年以上のマンションは、このままでは、10年後には151万戸、20年後には296万戸になるという予測もされています。マンションの老朽化問題は、住んでいる人（区分所有者）の高齢化が進んで行くことによって問題を深刻化させています。新しい耐震基準以前に建設されたマンションでは、住んでいる人の50％が60才以上と言う統計もあり、住民の高齢化の進行は、住民の新陳代謝が進まないことにも結びつき、老朽化したマンション程、空室率が高くなる傾向になっています（1970年以前に建設されたマンションでは15％以上の空室があるマンションが増えている）。

3　どのように対応したら良いかと言うことを具体的に議論する必要がある

又、マンションを維持管理して行くために必要な管理費や、修繕積立金を滞納する住戸が古いマンション程高くなっています。古いマンションには管理組合が無い所もあり、あったとしても住民が高齢化して理事の成り手が無いというような状況が進み、スラム化するマンションも出て来ました。望ましい対応としては、建て替えることがあげられますが、敷地に対して建てられる床面積（容積率）に余裕があって、現在よりも多くの部屋を作り、それを売ることにより、少しでも建設費の負担を少なくするということが必須条件になります。しかし、増加した部屋が期待した価格で売れるかどうかは、人口縮小社会では、よほど立地条件が良い場所でないと難しくなります。又、そもそも、容積率の余裕がない所では、建設を引き受ける会社はありません。更に、具体的に計画を進めるために、住民（区分所有者）の5分の4の賛成を得るというのも、実際には大変難しいのが現状です。そして現在、確実に進行する事態に対して、フランスで行われたスラム化したマンションを行政が買い取って取り壊すというような選択肢も含めて、待ったなしの具体的な議論が、急速に進んでいます。

図表55　マンションの老朽化・築年数別の戸数

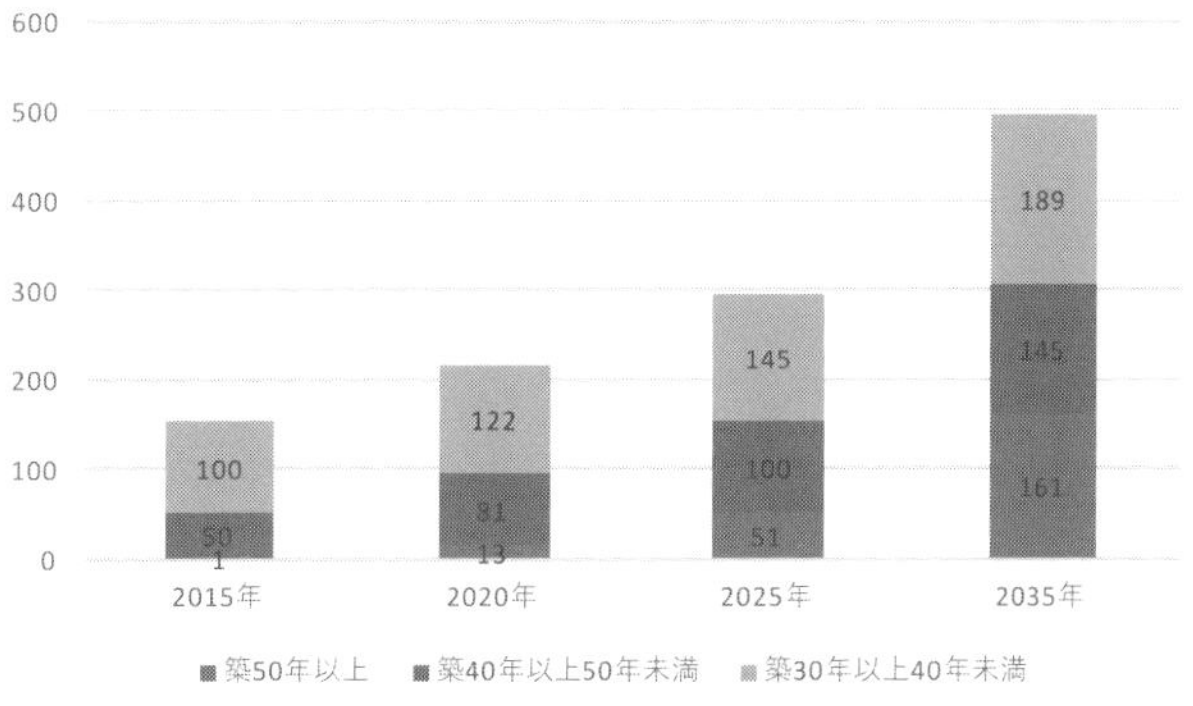

〈出典〉富士通総研経済研究所 2017年1月11日

キーワード　老朽化と居住者の高齢化の同時進行／難しい建て替え

15

土地問題

何がおこっているのか?

56 所有者が不明な土地の何が問題なのか？

ポイント

A 所有者が判明しないために、用地買収や事業実施の合意が得られず事業の長期化、中断が起きている。
B 所有者不明の土地・建物は、手入れが不十分なことが多く、ごみの投棄や草木の繁茂により環境・景観上問題を起こす。
C 裁判所が不在者財産管理人や相続管理人を選任し諸手続きを可能にする制度がある。

1 所有者不明の土地とその状況は

元々、私たちの土地や建物は、不動産登記法という法律によって、不動産登記簿に所在・面積・所有者などを記載、公開して、権利関係などの状況を誰でもわかるようになっています。土地取引を円滑、安全に行うためです。

しかし、登記には法的義務がないため、相続などの所有者の状況変化に伴う対応が不十分で、所有者が分からない土地が発生し、全国で約410万ha（2016年推計）に達し、九州地方の面積（約368万ha）に匹敵する土地が所有者不明とされています。それは、農地や山林にもわたっています。

今後の高齢化や少子化を踏まえた時、相続に伴う登記変更の不徹底、さらには相続に伴う土地・建物の利活用の困難さなどにより所有者不明土地の増加が予想され、2040年には、北海道の面積（約に780万ha）に匹敵する約720万haまで増加すると言われています。

また、空き家・空地も増加傾向にありますが、これは所有者が特定できないものも多く含まれるという問題もあります。

2 所有者不明の土地の問題点

こうした所有者不明の土地は、道路の新設・拡幅等の公共事業や民間による開発事業、農地・山林の整備などの円滑な事業推進上の問題、さらに、河川やがけ崩れ対策などの治山治水対策などの防災上の問題を引き起こしています。

それは、所有者が判明しないために、用地買収や事業実施の合意が得られず事業の長期化、中断という形で起きています。また、

図表56　所有者不明土地等の状況

項　目	面積・率	備　考
所有者不明土地	○ 2016 年：約 410 万 ha ・不明率：20.3% ・宅地：14.5% ・農地：18.5% ・林地：25.7%	所有者不明土地問題 研究会資料 （2017.10.26）
空き家	○ 2040 年：約 720 万 ha （310 万 ha 増）	株式会社 野村総合研究所
空　地 （「農地」「林地」「道路用地」等以外の「宅地など」の土地のうち、「特に使用していない土地」）	○ 1998 年：124,512ha ○ 2003 年：130,687ha	資料：「土地基本調査」 （国交省土地・水資源局）

所有者不明の未利用の土地・建物は、手入れや管理が不十分なことが多く、ごみの投棄や草木の繁茂により環境・景観上の問題、さらには不法利用による防犯・防火上の問題も懸念されています。

そしてこうした問題は、周辺地域の魅力の低下、ひいては不動産価値の低下へと連動し、地域の衰退という負のサイクルを引き起こすということにも繋がります。

現在、土地所有者が不在であることに対して、裁判所が不在者財産管理人や相続管理人を選任し諸手続きを可能にする制度があります。しかし、手続きの煩わしさや土地活用の緊急性が低い地域での制度利用の必要性の問題もあり制度の限界も見られ、「所有者不明土地」を発生させてしまうという危険性もあります。

3　今後、どうして行くのか

土地や建物は大切な財産です。それを守るために相続や売却等に伴う権利変更などの手続きは複雑で厳密です。そのことに起因して所有者不明土地が発生している事実もあります。また、相続後の土地等の有効利用が想定し得ないために手続きに踏み切れない状況もあると思われます。

既存制度の改善や手続きの簡易化を行いつつ相続登記の推進、義務化を進めるとともに、空地、空き家、遊休農地、放置森林等の有効活用と情報の一元化を進める必要があります。併せて、土地所有についての公共的意識、自覚を高めていくことなどを通して所有者不明土地の解消を図っていくことも必要です。

キーワード　不動産登記／環境・景観／有効活用

57 農地（田・畑）面積の減少の何が問題なのか？

ポイント

A　食料自給率の低下を招き、輸入依存度が増す。
B　農地の災害を防ぐ機能が減退する。
C　「かい廃農地」、「荒廃農地」が周囲の農地へ悪影響を及ぼす。

1　農地面積の現状～「かい廃農地」、「荒廃農地」の増加

日本の農地面積（田・畑）の状況を見てみますと、平成29年度で、444万4千haです。前年に比べ2万7千ha、0・6％の減少で、この傾向は1961年の608万6千haから一貫して続いています。その要因は、「かい廃農地」、「荒廃農地」の増加にあります。「かい廃農地」とは、農地以外の利用方法に転換し、農作物の栽培が困難となった土地をさし、自然災害、人為かい廃（植林、宅地化するなど）によるもので、耕作放棄地は人為的かい廃のひとつです。また、荒廃農地は、客観的にみた時に農地として再生することがやや困難な土地を言います。

かい廃農地は、ここ10年で約8千haも増加し、荒廃農地も約1万haも増加しています。一方、荒廃農地の開墾や、東日本大震災などからの復旧などにより農地の増加も進んでいますが、全体として、農地の減少が進んでいます。こうした背景には、第一次産業から第二次・三次産業への産業構造の変化に伴う農業従業者の減少や都市・市街化の波、そして後継者や高齢化問題などの要因が働いていることは言うまでもありません。

2　何が問題、農地の減少～食糧問題や周辺の農地への悪影響

特に、農家の高齢化の問題は深刻で、今後、5～10年でリタイヤする農業者が急増する地域や集落が増加すると予想され、土地持ち非農家を中心に耕作されない農地がさらに増大すると思われます。このことにより国内の農業生産が減少し、食料自給率の低下を招きかねません。自給率の問題は、農地問題だけではありませんが、耕作地の減少が輸入への依存という問題につながってくることは十分に予想されます。その他、農地の放置や十分な管理が行われずに、雑草が生えたり、害虫が発生したり、景観の悪化や周囲の農地への悪影響になっ

たりします。さらに、農地には、洪水などの災害を防ぐ機能がありますが、防災の観点からも、耕作放棄地の発生防止や解消に努めることが求められます。また、廃棄物の不法投棄の原因や、中山間部ではシカやイノシシなどの野生動物がエサ場とするようになり、周囲の農作物への被害も起こっています。

3 これまでの対応～農地の集約化と活用、担い手の確保

このように、「かい廃農地」や「荒廃農地」の増加は、周辺の農地や環境も含め深刻な問題となっています。そのため、農地法の改正や新しい仕組みづくりを進めています。例えば、一般法人の参入規制の緩和や農地の流動化に向けての農地中間管理機構（農地集積バンク、都道府県に一つ）を設置し基盤整備を通してまとまりある農地として新たな担い手に貸し付けを行う、また農業委員会による定例的な実態調査と指導、さらには遊休農地への税制見直しなどを進めています。このように、国をはじめ、自治体や農業者団体、さらに企業の参加のもとに、農地の活用を通した荒廃農地の発生防止や解消などの取り組みがなされています。

図表 57 耕地の増加・減少要因別面積の推移

(ha)

	平成 20 年度	平成 24 年度	平成 28 年度	平成 29 年度
かい廃（減少要因）	23,900	17,400	29,900	32,500
荒廃農地	9,760	6,940	16,200	19,300

〈出典〉農林水産省「耕地及び作付け面積統計」

※「かい廃」とは、田又は畑が他の地目に転換し、作物の栽培が困難になった状態の土地をいう。

4 今後、どうして行くのか

今後とも、農地の転用や荒廃農地の発生が見込まれ、農地面積が減少すると見込まれていますが、まずは、農業就業者の高齢化を踏まえつつ新規就業者の定着化、農地中間管理機構の活用等により荒廃農地を再生利用する取り組みを推進する必要があります。特に、地元農業生産法人による荒廃農地の再生・新規農業への取り組み、新規就農者の参入促進、あるいは、国の支援制度～荒廃農地等利活用促進交付金等の活用によって再生作業、営農定着、加工・販売の試行、施設等の整備などを総合的に行い、農地の縮小化に立ち向かう必要があります。

キーワード 産業構造の変化／周辺環境問題／再生利用

16

限界集落

何がおこっているのか？

58

「都市型限界集落」の何が問題なのか？

ポイント

A　限界コミュニティは、65才以上の高齢者人口が40%を越えた地区を指して使われています。
B　コミュニティの崩壊が進み、孤独死等が頻繁に起こるようになる。
C　高齢者同士の支え合い（福祉支援活動の低下）、有事の際に自力で避難することが困難になる。

1　高齢者の比率が都市内のコミュニティの崩壊に繋がる

最近、都市型限界集落と言う言葉が、マスメディアで使われるようになりました。孤立した集落ではなく、都市内のある区域で住んでいる人の50%以上が65才以上ではないかと言う地域を指しています。都市内の同じ番地の地域や計画的に開発された住宅団地など区域がはっきりしている地域以外は、明確に65才以上の人の比率がつかめない統計的には曖昧な概念です。都市内の地域で、局地的な高齢化が進んできて、コミュニティでの日常生活に様々な障害が出てきたことへの危機感に裏付けられています。そして、都市型限界集落の問題は、同じような意味を持った「限界コミュニティ」と言う考え方に明快に見られます。限界コミュニティは、町内会・自治会などを最小単位として、65才以上の高齢者人口が40%を越えた地区を指して使われています。①家族や住民同士の絆やふれあいなど人間関係の希薄化が進む、②コミュニティの崩壊が進み、日常レベルでの共同生活が困難になり、孤独死等が頻繁に起こるようになる、③自治活動が維持できなくなる、④高齢者同士の支え合い（福祉支援活動の低下）、災害やテロなどの際に自力で避難することが困難になる（地域防災力の低下）、⑤地域伝統文化の維持・継承が困難になる、など限界集落と共通することだけではなく、都市内のコミュニティ特有の問題も挙げられています。

2　都市型限界集落は地方の限界集落より人間関係が希薄

いくつかの大都市の調査から、都市型限界集落や限界コミュニティになっている地域は、①急な坂や階段の多い地域、或いは山間部、②公営住宅がある地域、③中心市街地、特に商店街のある地域（商店を閉めた店主が郊外に転居して、高齢者だけが残る）、④郊外の一戸建て住宅が立ち並ぶ地域で、家族内の子供が独立し、老親がそのまま残っているようなニュータウン・開発団地、などに多くみられます。限界集落に住んでいる高齢者は、地域に対して強い愛着を感じていますが、都市型限界集落や限界コミュニティでは、現在住んでいる地域に対して愛着を感じている人は少なく、又、人間関係も希薄であることは否めません。このことが孤独死や自殺等が取り上げられる要因になっています。

図表 58　東京圏の距離帯による高齢人口密度

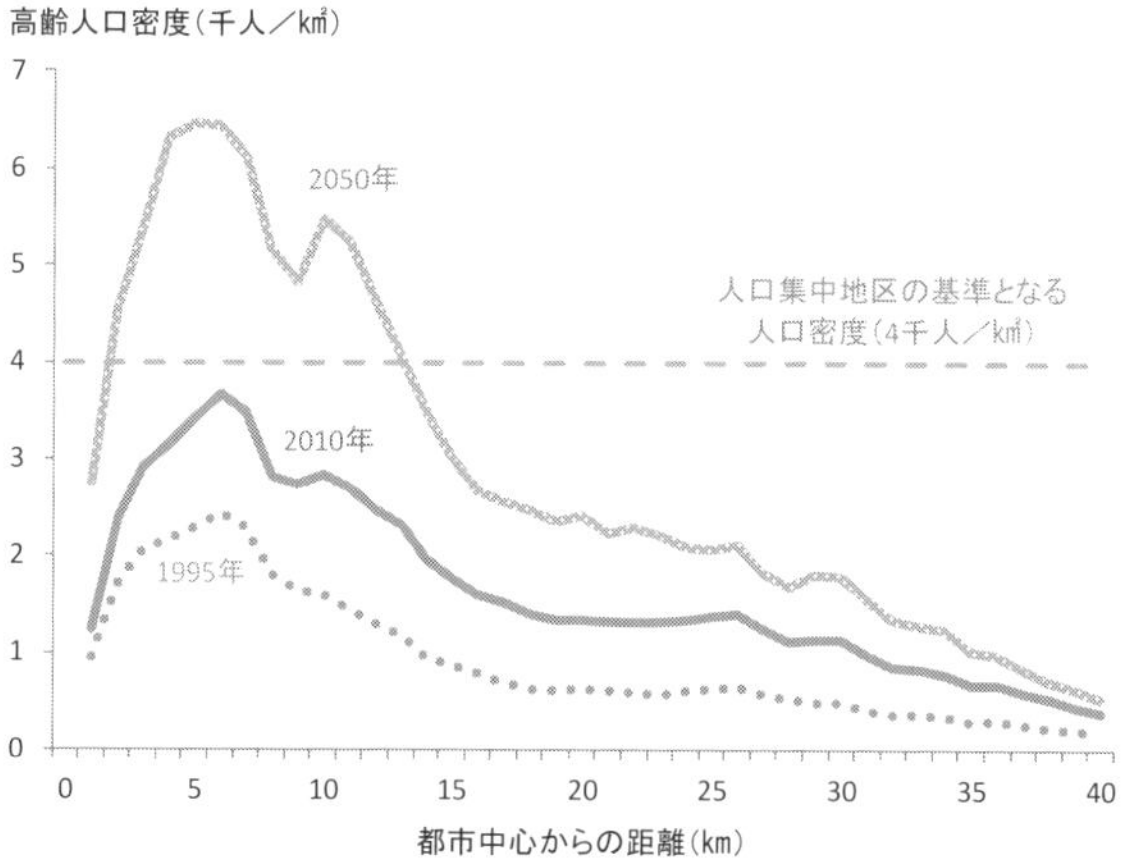

注）1. 高齢人口密度は書く距離帯における 65 歳以上人口の人口密度
2 都市中心からの距離は、JR 東京駅、JR 新宿駅、JR 渋谷駅までの最短直線距離を表す。
〈出典〉2050 年の大都市圏　都心の限界集落化？ 2014 年 8 月 26 日
（株）三井住友トラスト基礎研究所

3　大都市圏の急速に進む高齢化に備える必要がある

更に、都市型限界集落問題が、にわかにクローズアップされてきた背景には、大都市圏で人口の高齢化が進んで行くという将来予測が明らかになってきたことです。大都市圏（東京・大阪・名古屋・福岡・札幌・仙台）は２０１０年までは郊外部ほど高齢化率の上昇率が大きかったが、これから２０５０年にかけては、一転して、都心部ほど高齢化の進展が顕著になると予測されています。若い人達が通勤・通学等の利便性の高い都心居住を進めて来て、これまで都心部の高齢化を抑制してきたが、この世代が高齢化し、同時に、少子化に伴って若い人の都心流入ペースが低下、更には、都心部での極めて低い出生率等が都心の高齢化を加速する（東京都心部では高齢化率が45%を越える）と予測されており、今から対策を考えて行く必要があります。

キーワード　都市内の限界コミュニティ／大都市圏の高齢化の進行

59 「限界集落」の何が問題なのか？

ポイント

A　耕作放棄地が増えて食料自給率が下がる。
B　空き家や空き地が増えて侵入や不法占拠などの治安や火事などの災害リスクが上がる。
C　上下水道や電気など生活の基本的なインフラの更新や維持コストの負担が増える。

1　限界集落は過疎と言う言葉だけでは実態を捉えられない消滅の可能性が高い集落を指す用語としてできた

限界集落という言葉は、１９９１年に、当時高知大学教授だった社会学者の大野昇氏が提唱しました。大野氏は手入れの行き届かなくなった人工林の荒廃、更にはそれを担っていた集落の消滅などの現状を指摘するために、65歳以上の高齢者が総人口の過半数（50％以上）を占めている自治体を限界自治体と名付けました。限界集落はこの定義を集落単位に細分化したものであり、集落とは「一定の土地に数戸以上の社会的なまとまりが形成された住民生活の基本的な地域単位であり、市町村行政に於いて扱う行政区の基本単位（国土交通省）」とされています。そして、最近は、限界集落の段階として、55才以上の割合が半数を越えたら「準限界集落」、65才以上の割合が75％を越えたら「危機的集落」、それ以上深刻になったら「超限界集落から消滅集落」とも言われています。

2　65才以上が過半数の限界集落が20％以上ある

限界集落の数は、２０１７年の国の調査で、１万５５６８地域、全集落の20・６％になってきました。限界集落になる原因は、根本的には、①日本全体の人口縮小、少子高齢化、②東京を中心とした大都市への人口集中を背景とした集落からの若い人の流出、③それを補う人口の地域内への移動が無いということに起因します。そして、中でも、なりやすい条件として、①50人未満（30世帯未満）、②山間地である、③広域的に人口が減少傾向にある、④地形的に平地から離れた山裾等奥ある、⑤役場から10㎞以上離れている、等が挙げられています。限界集落になると、農業で耕作放棄地が増えて食料自給率も下がる、山が荒れて崖崩れ等が発生する（山が荒れると海への栄養分が減り、漁獲

図表59　集落人口に占める75歳以上人口割合別集落数

集落人口に占める75歳以上人口割合別集落数をみると、全体では75歳以上人口割合が50%以上の集落数は4.6%であり、100%（集落住民全員が75歳以上）という集落も306集落（0.4%）みられた。
地方ブロック別でみると、四国圏及び中国圏においては75歳以上人口割合が30%以上と高い集落の構成比が高い一方、東北圏や北海道、沖縄県では75歳以上人口割合が比較的低い集落が占める割合が他のブロックより高くなっている。

集落人口に占める75歳以上人口割合別

全体	集落人口に占める　75歳以上　の割合								【再掲】75歳以上割合		
	0%	1〜9.9%	10〜19%	20〜29%	30〜49%	50%〜	無回答	計	50%未満	50%以上	(うち100%)
1 北海道	74 (1.8%)	242 (5.9%)	1,477 (35.7%)	1,528 (36.9%)	568 (13.7%)	103 (2.5%)	144 (3.5%)	4,136 (100.0%)	3,889 (94.0%)	103 (2.5%)	8 (0.2%)
2 東北圏	161 (0.9%)	941 (5.3%)	6,893 (39.0%)	6,984 (39.5%)	1,939 (11.0%)	359 (2.0%)	398 (2.3%)	17,675 (100.0%)	16,918 (95.7%)	359 (2.0%)	30 (0.2%)
3 首都圏	12 (0.4%)	93 (3.2%)	886 (30.1%)	982 (33.4%)	384 (13.1%)	111 (3.8%)	473 (16.1%)	2,941 (100.0%)	2,357 (80.1%)	111 (3.8%)	4 (0.1%)
4 北陸圏	40 (1.3%)	186 (5.9%)	1,052 (33.5%)	1,099 (35.0%)	457 (14.5%)	148 (4.7%)	159 (5.1%)	3,141 (100.0%)	2,834 (90.2%)	148 (4.7%)	30 (1.0%)
5 中部圏	67 (1.3%)	212 (4.1%)	1,524 (29.4%)	1,771 (34.1%)	1,011 (19.5%)	251 (4.8%)	350 (6.7%)	5,186 (100.0%)	4,585 (88.4%)	251 (4.8%)	24 (0.5%)
6 近畿圏	24 (0.6%)	150 (3.5%)	1,260 (29.1%)	1,563 (36.2%)	757 (17.5%)	221 (5.1%)	348 (8.0%)	4,323 (100.0%)	3,754 (86.8%)	221 (5.1%)	16 (0.4%)
7 中国圏	371 (2.7%)	714 (5.2%)	3,335 (24.2%)	5,003 (36.3%)	3,304 (24.0%)	926 (6.7%)	119 (0.9%)	13,772 (100.0%)	12,727 (92.4%)	926 (6.7%)	86 (0.6%)
8 四国圏	116 (1.5%)	326 (4.3%)	1,826 (24.0%)	2,573 (33.9%)	1,789 (23.5%)	767 (10.1%)	204 (2.7%)	7,601 (100.0%)	6,630 (87.2%)	767 (10.1%)	72 (0.9%)
9 九州圏	188 (1.1%)	818 (4.9%)	4,966 (29.9%)	6,135 (36.9%)	3,056 (18.4%)	568 (3.4%)	873 (5.3%)	16,604 (100.0%)	15,163 (91.3%)	568 (3.4%)	36 (0.2%)
10 沖縄県	1 (0.4%)	35 (12.4%)	133 (47.0%)	64 (22.6%)	15 (5.3%)	3 (1.1%)	32 (11.3%)	283 (100.0%)	248 (87.6%)	3 (1.1%)	0 (0.0%)
合計	1,054 (1.4%)	3,717 (4.9%)	23,352 (30.9%)	27,702 (36.6%)	13,280 (17.6%)	3,457 (4.6%)	3,100 (4.1%)	75,662 (100.0%)	69,105 (91.3%)	3,457 (4.6%)	306 (0.4%)

：各区分において該当集落数の割合が最も大きい地方ブロック
：各区分において該当集落数の割合が2番目に大きい地方ブロック

〈出典〉過疎地域等条件不利地域における集落の現況調査・国土交通省 2016年9月

量が減るという広域的な影響も危惧されています）、空き家や空き地が増えることにより、侵入や不法占拠などの治安や火事などの災害リスクが上がる、ことなどが進行します。

3　現在住んでいる人を中心として様々な関係者が地域を支え、新しい可能性を見つけて行くことが必要

また、大きな問題となっているのが、上下水道や電気など生活の基本的なインフラの更新や維持コストの増加です。財政的に余裕が無くなってきた地方自治体や公共事業者にとって、このようなコストの増大を限界集落に住む高齢者に負担させるのは難しい。現実には、「実質的集落消滅」に至る前段として、①居住者が居ない状況、②通勤農業・季節限定居住・一時帰郷・定期的継続的帰郷、③元住民の懐古的・回帰的居住、④他地域の人のセカンドハウス、セカンドライフの場（定期的・不定期的・短期的・長期的に居住）、と言うような「形式的集落消滅」と言う段階があるといわれています。家族・友人・知人を含めた広域的な家族が頑張って地域を支え、このようなプロセスも踏まえながら新しい可能性を呼び込むことが持続の鍵になります。

キーワード　限界集落から消滅集落へ／広域的な家族との協働

60 サービス施設縮小の現況は？

ポイント

A　人口縮小はサービス施設の縮小を加速させ、日常生活の利便性を低下させる。

B　地方圏では人口減少が地域の雇用機会を減らし、更に人口減少、サービス施設の縮小という負の連鎖を引き起こしている。

C　人口規模が、5千人以下では一般病院や銀行などの提供主体の立地が難しくなると言われている。

1　人口縮小がサービス施設の縮小を加速させている

人口減少は、私達の生活に様々な影響を及ぼしてきましたが、中でも、これまで当たり前に享受してきた日常のサービスが滞ることが実感されるようになりました。まず、小売・飲食店や娯楽、医療機関などの生活関連サービス施設が縮小してきました。更に、これらのサービス施設の縮小は、日々の生活が不便になるだけではなく、地方圏では雇用の約6割を占めている第三次産業の衰退を齎して地域の雇用機会を減らし、更なる人口減少を、更にサービス施設の縮小をという、負の連鎖を引き起こしています。同時に、経済・産業活動の縮小は、地方公共団体の税収入を減少させます。高齢化の進行から社会保障費の増加が避けられない状況が続けば、これまで受けていた行政サービスが廃止又は有料化されるということも予想されます。

2　サービス施設の立地が難しくなる傾向は続く

サービス施設の立地は、圏域の人口総数だけではなく、人口密度に連動した一定の需要密度が必要です。人口密度の目安と成る人口集中地区（DID地区：haあたり40人以上の人口密度が概ね連担して5000人以上いる地区）は、地方都市では地区数・規模も縮小傾向です。国土交通白書では、日常生活に最も密接な関係にある飲食料品店や飲食店、郵便局、一般診療所は徒歩圏に500人以上集まれば80％の確立で施設の立地が可能ですが、将来人口（2040年）を踏まえると、3大都市圏を除く地方の市町村では、百貨店は30％、大学・有料老人ホーム、ハンバーガー店は20％を超える市町村で施設が無くなる可能性があると予測されています。更に、人口規模1万人以下の市町村では、救急病院や介護施設等が、５０００人以下では一般病院や銀行などの提供主体の立地が難しくなると指摘しています。施設立地の密度が低下すると、サービス施設に行く所要時間が長くかかるという利便性の低下を引き起こします。

図表60　「希望する所要時間」から「現在の所要時間」を引いた「乖離時間」

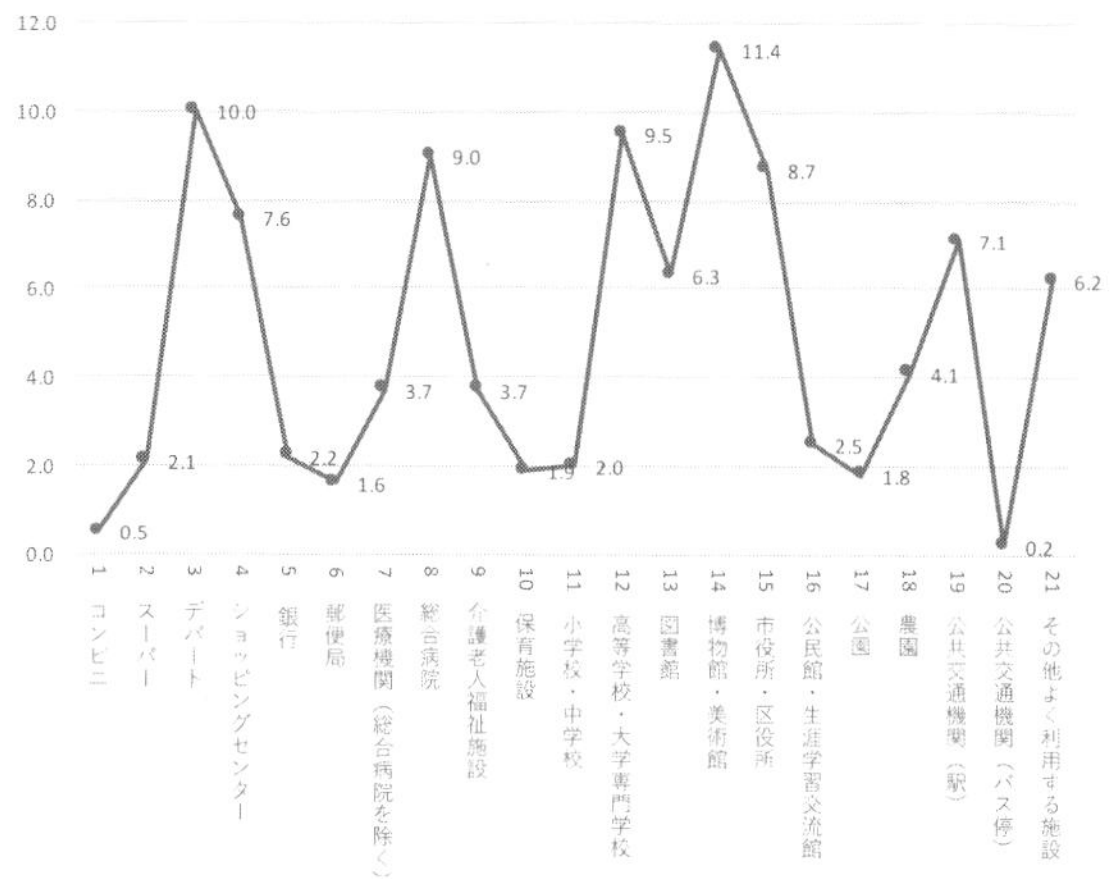

〈出典〉静岡市市民意識調査（平成27年度）生活サービス施設について

「希望する所要時間」から「現在の所要時間」を引いた「乖離時間」が、生活関連サービス施設の全てでマイナス（希望時間より長い）と言う調査（静岡市市民意識調査平成27年度：生活サービス施設について）もあります。

3　民間事業者も地方自治体でも、状況を打開するための動きが始まっている

一方、このような状況を打開するための動きも出てきました。まず、これまで提供してきたサービスを立地に限定されずに提供する環境整備として、既に、小売業や金融保険業などを中心に定着しつつあるITやネット技術を、医療・介護サービスで、遠隔サポートなどに利用する試行もあります。更に、生活サービスの主要な提供主体である地方自治体でも、施設の統廃合や民間事業者も含めた利活用、各種公共サービスの官民を越えた地域に相応しいビジネスモデルの構築と業務の効率化等をあわせた「公共施設オープン・リノベーション（総務省）」が進んでいます。更に、地方自治体では、税収入や国の扶助費等の減少が見込まれ中で、公共施設の更新や修繕に合わせて、保有する全公共施設を総合的に把握し、財政運営と連動させながら管理・活用する仕組みとして「公共施設マネジメント」も始まりました。

キーワード　人口密度低下が施設を縮小／公共施設の効率的管理・活用

61 「買い物難民」の現状は？

ポイント

A　買い物難民は過疎地域のみならず、都市部に於いても増加しています。
B　社会的弱者の間で問題が発生し、深刻化する可能性がある。
C　ビジネスチャンスとみて、新しい社会の仕組みが構築されつつある。

1　全国で700万人から800万人の買い物難民がいる

買い物難民は、地域の日常生活を支えていた店舗が閉店する、郊外の大規模店などに通うための鉄道やバス等の公共交通機関が廃止、あるいは縮小されることによって、住民が食料品を始めとする生活用品の購入が困難になる（自分で車を運転して移動できない）ことを指す言葉として使われています。加えて、買い物だけではなく、病院への通院や役所での手続きなどに代表される社会サービスにおける不利益にさらされる（一部の生存権の行使を拒否される）と言う広い意味の交通難民に含まれることもあります。又、行政（農林水産省・経済産業省）では、「買い物弱者」と位置付けて、現状の把握や対策の対象としています。農林水産省では、買い物弱者の現状として、「店舗まで500m以上、且つ自動車利用困難な65才以上の人達を食料品アクセス困難人口」と定義して、2015年に約824万人いるとしています。経済産業省も別の定義で700万人程度としていますので、日本全国で買い物難民は700～800万人いることになります。

2　過疎地域だけではなく、都市部の増加が加速

買い物難民は過疎地域のみならず、都市部に於いても増加しています。食料品アクセス困難人口の調査でも、2005年調査から2015年の調査までに、全国の増加が21・6%ですが、地方圏では7・4%しか増加しないのに対して、三大都市圏で44・1%増加、特に東京圏では59・35%の増加となっています。①農村地域では過疎化が進むため、買い物弱者の母数自体は減少するが問題は継続する、②大都市、ベットタウン、地方都市では高齢化が上昇するため自動車での移動が出来なくなり、買い物弱者化する高齢者が増える可能性がある、③核家族による

図表61　食料品アクセス困難人口（地域別）

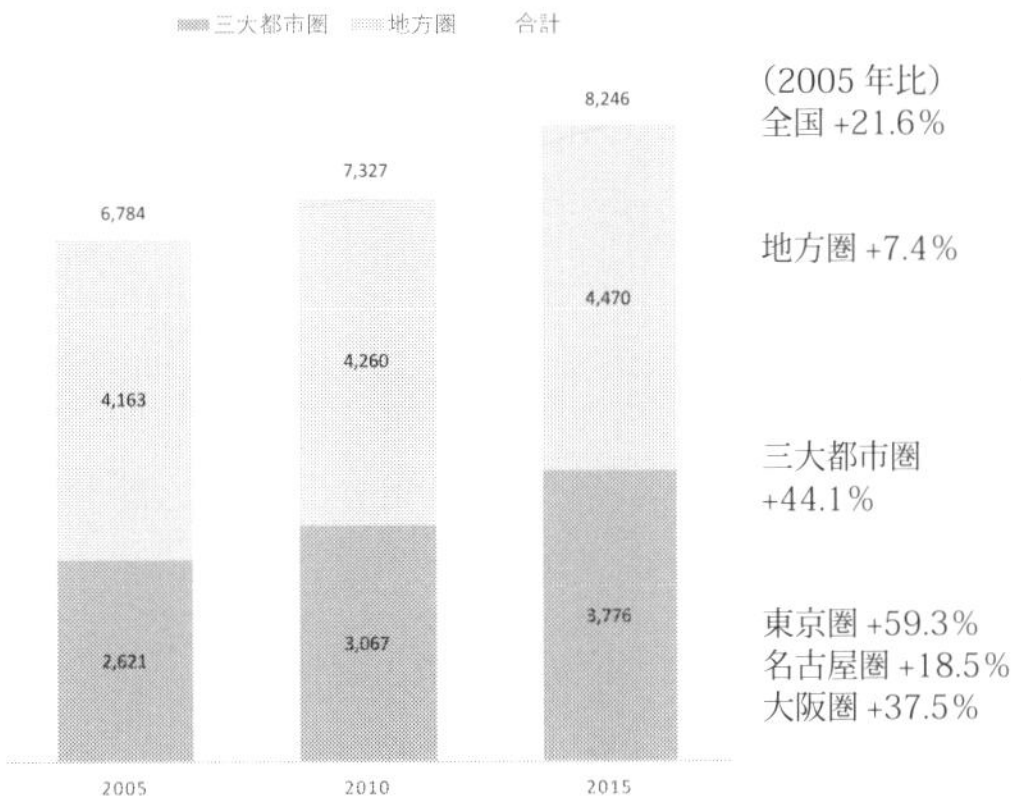

〈出典〉食料品アクセス困難人口の推計　農林水産省

子育て世帯や単身高齢者世帯、非正規雇用者といった社会的弱者の間で問題が発生し、深刻化する可能性がある、と言うことが問題化しています。又、特に生鮮食料品を容易に得ることが出来なくなることを、フードデザート化として、買い物難民の栄養状態や健康に問題が生じることが危惧されています。

3　行政を中心に、民間事業者も参入して、様々な対策が始まった

一方、買い物難民問題は、2000年代に入るとすぐ、地方都市に於いて都市の中心の地元小売業の廃業やシャッター街の出現に対して取り上げられるようになり、多くの地方自治体や当事者である買い物難民が外部の人達のサポートも得ながら活動をしています。①定期的又は随時に注文を受け、食事や弁当を配達する「配食」、②依頼を受け、商店街やスパーマーケットなどで依頼主に代わって買い物し、自宅まで配達する「買い物代行」、③店舗が電話やインターネットなどにより注文を受け、自店舗の商品を顧客の自宅まで配送する「宅配」、④移動販売車により、地域を巡回して食料品等を販売する「移動販売」、⑤地域外部や買い物難民の有志が出張販売所や青空市、臨時店舗、更には常設店舗を開設する「店舗開設」、⑥コミュニティバスやデマンドタクシーの運行、店舗への買い物バスの運行など、⑦その他「配達」「買い物付添」「買い物ツアー」、など多岐にわたっています。移動に関わる「交通」は行政や公共事業者の支援が不可欠ですが、最近は、ビジネスチャンスと見て民間事業者が、「宅配・御用聞き・買い物代行・サービス」や「移動販売車の導入・運営」に参入する例も多く、新しい社会の仕組みが構築されつつあります。

キーワード　交通難民の主要素／過疎地の増加の低下・都市部の激増

62 「医療難民」とは?

ポイント

A 医療機関へのアクセスが困難になった高齢者などをいう。
B 医療難民は医療費の増加に対応する医療システム再編としての病床削減策との関連もある。
C 高齢者はこれまでと同じような気持ちで医療に付き合っていると思わぬ形で医療難民になる可能性がある。

1 医療難民は、日本の医療費の増大と連動している

医療難民は、医療サービスの十分な享受が出来ない人々のことを言います。買い物難民と同様に、医療機関へのアクセスが困難になった高齢者などを指すことが多く、公共交通の駅周辺などの拠点(中心市街地)から病院が移転して、通院が困難なった人々が生じた地域は多くなっています。

2000年から2010年までに建設された病院等の医療施設(3000㎡以上)の18%は、中心市街地から郊外に移転されたものであるというデータ(国土交通省)もあります。病院のシャトルや地方自治体のコミュニティバス等の対策が進んでいますが、高齢者にとってのサービス水準が低下しているのは否めません。更に、医療難民は、これに加えて、医療費増大との関連と言う特殊な側面があります。医療施設の立地やサービスの質は、毎年増加している医療費を抑制するために、医療施設の機能の細分化や、地域的な分布などに応じた対策に影響を受けています。

2 医療サービスを受けたくても受けられない医療難民が増えていきます

わが国の国民医療費は、2015年度で42・3兆円で、対GDP比で8%を占めています。このまま増加すると2025年には57・8兆円に膨らむという試算もあります。特に、75才以上に対して使った構成比が36%、65歳から75歳が約20%で、高齢者のための医療費が全体の半分以上と言う数字が大きな問題となっています。一方で、日本の現在

の病床数（約128万床）は世界的に突出しています。人口1000人当たりの病床数は13・3床で、OECD加盟国で最も多く、平均の4・8床を大幅に上回っています（地域医療構想の成果と課題：東京財団2017年8月）。従って、現実に平成27年度には、調査した643病院のうち、黒字だったのは28・5％でその他は赤字であったという調査もあります（平成27年度病院運営実態分析調査の概要：一般社団法人公私立病院連盟）し、国（厚生労働省）の施策は病床削減を目指している傾向があり、削減率が30％を越えている府県も出てきました。このまま病床数の削減と医療施設の減少が進むと、地域によっては、医療サービスが不十分となり、医療難民が増えることが危惧されています。

図表62　医療費の伸び率の推移

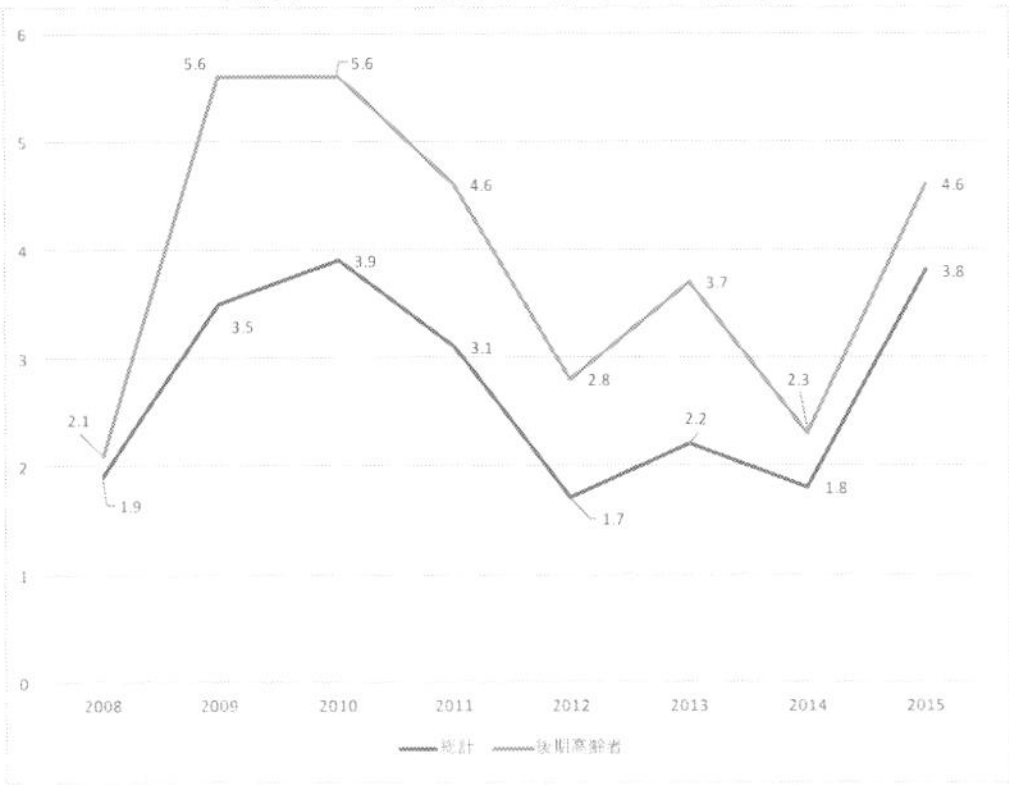

〈出典〉厚生労働省資料 2016年9月

3　高齢者も、医療に関する知識を持ち、あらかじめ医療サービスとの付き合い方を考える必要がある

医療費の抑制と、医療難民対策は、高齢者の医療サービスをどのようにするかが大きな要因となります。医療サービスの機能について、厚生労働省は「高度急性期」「急性期」「回復期」「慢性期」に分けて対策を進めています。又、外来機能を分離して、外来患者が最初に診療を受ける（ファーストアクセス）を「かかりつけ医」、二番目の医療提供を「在宅医療」と言うシステムの構築も始まりました。更に、2025年からは、「介護」と「後期高齢者医療」を一体化する構想も出来ました。高齢者を巡る医療環境は急速に変化しているので、これまでと同じような気持ちで医療に付き合っていると、適切な医療サービスを受けられない医療難民になる可能性があります。健康な内に、信頼できる医師を見つけたり、自分の住んでいる地域の医療サービス体制を知り、いざというときに最適な医療サービスにアクセスできるよう備えるのが、医療難民にならないために、最も重要です。

キーワード　医療費増大・立地やサービス／高齢者医療システム

17

制度・政策

何がおこっているのか？

63

地方議員のなり手不足の現況は?

ポイント

A 小さな町村だけの問題でなく全国的な市町村の問題。
B 全ての町村議会議員の約5分の1が無投票で当選。
C 国の研究会が少数精鋭の「集中専門型」と多くの人が掛け持ちできる「多数参画型」を提案。

1 選挙権と選挙制度

選挙権は、明治時代以降、人々が闘い勝ち取ってきた権利で、現在は18歳以上に引き下げられています。まさに、民主主義を実現するための「重要な参加する権利」です。

選挙制度は、「国政選挙と地方選挙」があります。国政選挙は総選挙(衆議院議員総選挙)と通常選挙(参議院議員通常選挙)。地方選挙は一般選挙(都道府県や市区町村の議員選挙)と地方公共団体の長の選挙です。

国会と地方議会は仕組みが異なります。国は「議院内閣制」で、執行部として内閣は議会の信任を得て成立し、内閣は議会に責任を持つ制度(議会の多数派が内閣を構成)です。地方は「二元代表制度」で、行政の長たる首長と議員はそれぞれ住民が別々の選挙で選びます。執行部と議会の意思が常に一致するとは限らず、緊張関係を保つことになります。

2 危機にある地方議会の問題

小規模な市町村の多くは、住民の高齢化と人口減少を背景に地方選挙に立候補する人が減り続けています。2015年の統一地方選挙では、全ての町村議会(927団体)議員の内、約5分の1(21・8%)の議員が無投票で当選。立候補者数が定数を下回り、定数割れとなった町村議会が4団体でした。政治的競争の欠如は、議会構成の多様性のなさを更に高め、民主主義が十分に機能しない状況は、地方自治の根幹である「二元代表制度」の危機といえます。

地方議員のなり手不足は顕在化し、小さな町村だけの問題でなく、全国的な市町村の問題となっています。地方議員のなり手不足の理由として、①過疎化、人口減少により地域から議員のなり手が減少。②組織、地区の推薦を得られない新人にとって、当選するハードルが高い。③責任や活動実態に比べて議員報酬が低い。④議員の仕事、役割が良くわからず、やりがいや誇りを感じないなどが挙げられます。

図表63　地方議会のあり方に関する研究会報告書（概要）

Ⅰ　地方議会を取り巻く環境の変化
少子高齢化、人口現象社会の到来
地方分権改革の進展
→ 地方議会の役割がこれまで以上に重要になっている
→ 民主制の理念に立ち返り、議会の存在意義を再確認

Ⅱ　地方議会のあり方

想定される検討課題

・大規模な地方公共団体における選挙区の設定や政策競争のある政党本位の選挙制度の導入をどう考えるべきか
・サラリーマンの立候補や議員活動のための休暇制度、議員の任期終了後の復職制度等の導入は、国民的議論が必要
・女性議員の割合を増加させるという視点も重要
・公務員の立候補制限や地方議会議員との兼職禁止の緩和等については、社会的理解が前提となる。

Ⅲ　地方議会議員のあり方

想定される検討課題

・議会の本質的な役割として議決事件は何かという観点に基づく地方自治法第96条の再構成
・議会の独自の情報ルートなど議会の意思決定を支援する機能の充実
・公聴会や参考人制度の活用による民意の的確な反映・
住民参加の拡充
・審議状況等の一層の情報発信や議会活動に対する評価の仕組みの構築による住民の関心・信頼の確保

〈出典〉総務省「地方議会のあり方に関する研究会」2014年

3　高知県大川村が提起した「町村総会制度」の難しさ

山間地や離島の自治体では、議会が存続の危機に瀕しています。

高知県大川村の村議会（議員定数6人）では、村長が「村民総会」の設置を検討することを表明しました。人口が406人で、2019年4月の議員の任期満了後、議会が存続できない可能性に備えるためです。「町村総会」は地方自治法に規定され、全国で設置実績は1950年代の1例のみです。検討の結果、大川村は高齢化と集落が広域に点在することから住民が一堂に会する「村民総会」は困難と判断しました。大川村の選挙制度問題の提起は、人口減少、高齢化と過疎化に悩む、自治体における「二元代表制度」の危機と「町村総会制度」の非現実性を改めて浮き彫りにしました。

4　地方議会の抜本的な制度改革

総務省は人口減少で地方議会が組織できなくなる事態に備え、有識者による研究会を設置し、時代の変化に適合せず制度疲労をおこしている制度の見直しが検討されました。その結果、議員数を絞る少数精鋭の「集中専門型」と、議員の負担を減らし多くの人が掛け持ちできるようにする「多数参画型」が提案されました。報告書を受け、政府は地方自治法の改正を視野に入れ、首相の諮問機関である地方制度調査会で対象自治体の規模など詳細を詰める方針を明らかにしました。一方、北海道浦幌町議会で「地方議員のなり手不足を解消するための環境整備を求める意見書」を議決しています。議会制度に一石を投じる抜本改革案だけに、地方の意見を踏まえた対応が求められます。

キーワード　議員のなり手不足／被選挙権の引下げ問題

64 選挙権の年齢を18歳に引き下げる必要性は？

ポイント

A　世界的に見ると18歳以上に選挙権がある国は多い。
B　社会的な責任感が育ち、若者の政治離れに歯止めがかかる。
C　年齢など世代間の不公平や将来の負担増について、多様な意見が政治に反映される。

1　選挙権を18歳に引き下げる理由

2014年6月の「国民投票法（憲法改正のための国民投票）」の改正により、投票できる年齢が18歳に引き下げられました。その時、選挙権の年齢もできるだけ早く18歳に引き下げることを与野党間で約束しました。

選挙年齢を引き下げる理由として、①世界的に見ると約190の国が18歳以上に選挙権があり、国際的な基準の仲間入りを果たす。②社会的な責任感が育ち、若者の政治離れに歯止めがかかる。③年齢など世代間の不公平や将来の負担増について、多様な意見が政治に反映される。また、少子高齢化も選挙年齢の引き下げを後押しし、選挙年齢を18歳に引き下げる「公職選挙法改正案」が15年6月に全会一致で可決されました。

2　選挙権引き下げに伴う「成人年齢」の引き下げ問題

国民投票の選挙権を有する者の年齢が18歳以上に改正され、「成人年齢（人間が完全な行為能力を有すると見なされる年齢、日本の現行法では満20歳から）」の引き下げが議論となり、選挙の公正などの観点における18歳以上、20歳未満の者と20歳以上の者との均衡などを勘案して、民法、少年法などとの整合について検討が行われました。

年齢要件のあるそれぞれの法律を規制したり、保護したりする対象は多様で、目的も意義も異なり、「選挙権を18歳以上に見直したから、他の法律もそろえる必要がある」と機械的に判断する問題ではありません。例えば「喫煙・飲酒と選挙権は本来何の関係もない」健康や依存症などの観点から検討するのが筋です。少年法の年齢引下げも慎重に検討する必要

図表64　年齢別投票率

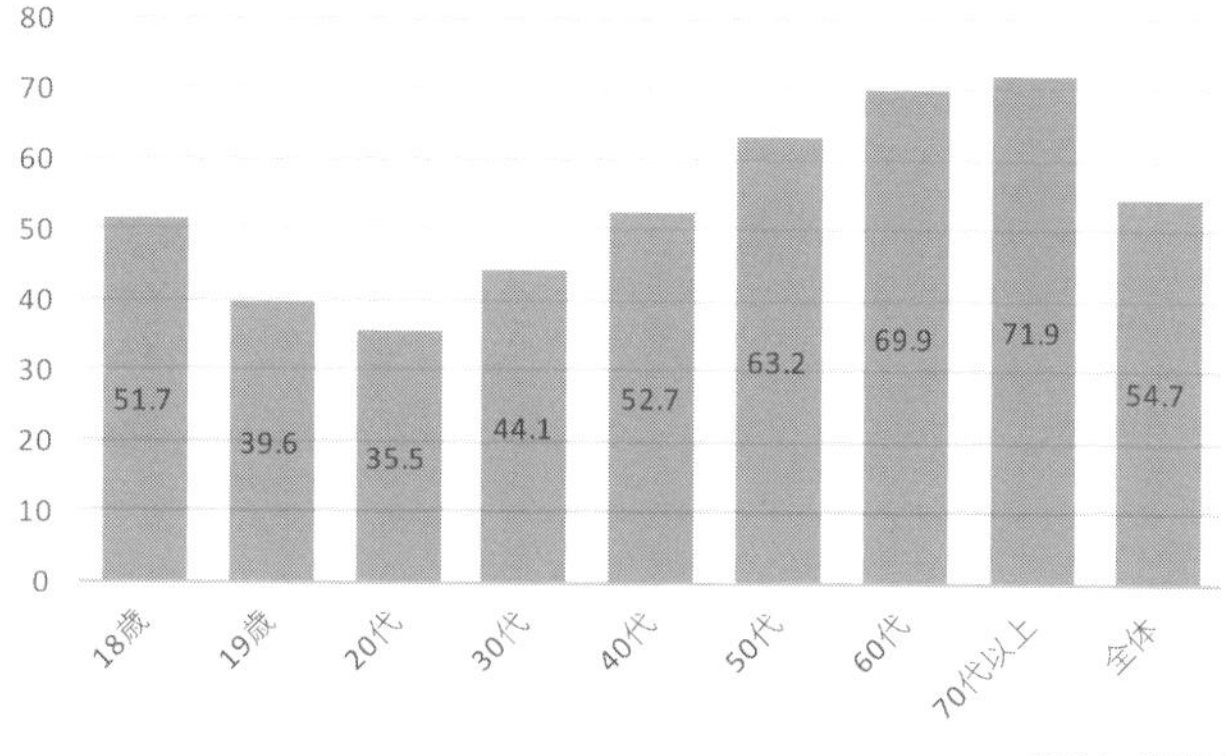

出典）総務省

があります。選挙年齢が引き下がっても、民法が規定する「成人」の年齢は20歳のままでよいのか否かを巡る検討が行われ、2018年6月に成人年齢を18歳に引き下げる民法改正がおこなわれ、22年4月1日から改正民法が施行されます。

選挙権を18歳に引き下げられた、2016年の参議院選挙の投票率の動向（総務省）によると、全世代による投票率は54・7%、18歳投票率が51・7%で全世帯と比較しても遜色にない投票率でしたが、19歳の投票率は39・6%と平均より下回る結果でした。10代の投票率は45・4%で、20歳代の投票率35・5%よりは高い結果となりました。

20~30歳代の若者の投票率が低調で、大人が選挙に対する考え方をあらためて、「選挙参加は大人の義務」との、認識を若い世代に示す必要があります。

3　「成人年齢」引き下げに伴う社会状況の変化

「成人年齢」を18歳に引き下げられると、18~19歳を取りまく、社会状況に変化が生じます。民法上で成人年齢が18歳になると「完全な行為を有する成人」と見なされ、説明責任が常に問われてきます。例えば、金融関連の緩和が行われ、親の同意なくクレジット・ローン、携帯の契約について責任を自分で負うことや民事告訴ができるようになります。一方、飲酒や喫煙は健康面の影響などを踏まえ年齢が変更されません。競馬や競艇等の公営ギャンブルも20歳未満は禁止となります。また、少年法の適用年齢のついては18歳未満に引き下げるかどうか政府の審議会で検討さています。社会状況の変化による自己責任のあり方について若者に早い段階で成人としての自覚を促す必要があります。

キーワード　若者の政治離れ／投票率低下／高齢者優遇政治

18

人手不足

何がおこっているのか？

65 労働力人口の減少による人手不足の実態は？

ポイント

A　労働力人口と労働力率は、2060年には加速度的に減少する。
B　非正規社員が「不足している」企業は「飲食店」が最も多い。
C　専門的・技術的職業と対人的なサービス、運輸・倉庫、建設など現場業務への二極化が進行している。

1　労働力人口の動き〜長期的な労働力人口の減少

労働力人口とは、15歳以上の人口のうち、「就業者」と「完全失業者」を合わせたもので、働く意思と能力を持つ人の総数で、国の経済力を示す指標の一つとされています。2017年の労働力人口は、6千720万人、労働力率（15歳以上人口に占める労働力人口）は60・5％（総務省）になっています。近年、労働力人口は微減から微増の傾向を示していますが、人口減少・高齢化と相まって労働力人口と労働力率は、30年5千880万人、55・5％、60年には4千157万人、同49・9％へと加速度的に減少するという、厳しい予測がなされています（みずほ総合研究所推計）。

2　正規・非正規就業者の増加〜女性・65歳以上の増加

こうした状況の中で、17年の就業者（6千530万人）を見ると、一時期の減少傾向から増加（65万人・以下対前年）に転じ、特に女性の増加（49万人）が目立っています。正規の職員・従業員（3千432万人）では男女ともに増加（56万人）し、65歳以上では10万人の増加となっています。また、非正規（2千036万人）では、13万人の増加で、男性が減少し、女性が16万人増加しています。そして、就業者が年齢別では65歳以上が15万人増加しています。

最も増加した産業は「サービス業(他に分類されないもの)」、「卸売業、小売業」で14万人、12万人の増加となっています。地域別では、南関東（30万人）、近畿（13万人）での増加が目立っています。

3　人手不足の現状〜「情報サービス」「運輸・倉庫」、非正規では「飲食店」などサービス業で顕著

改善傾向にある就業状況の中でも、深刻な人手不足が続いています。特に、大手企業をはじめ人気企業は競争率が高く、中小企

図表65　労働力人口の推移

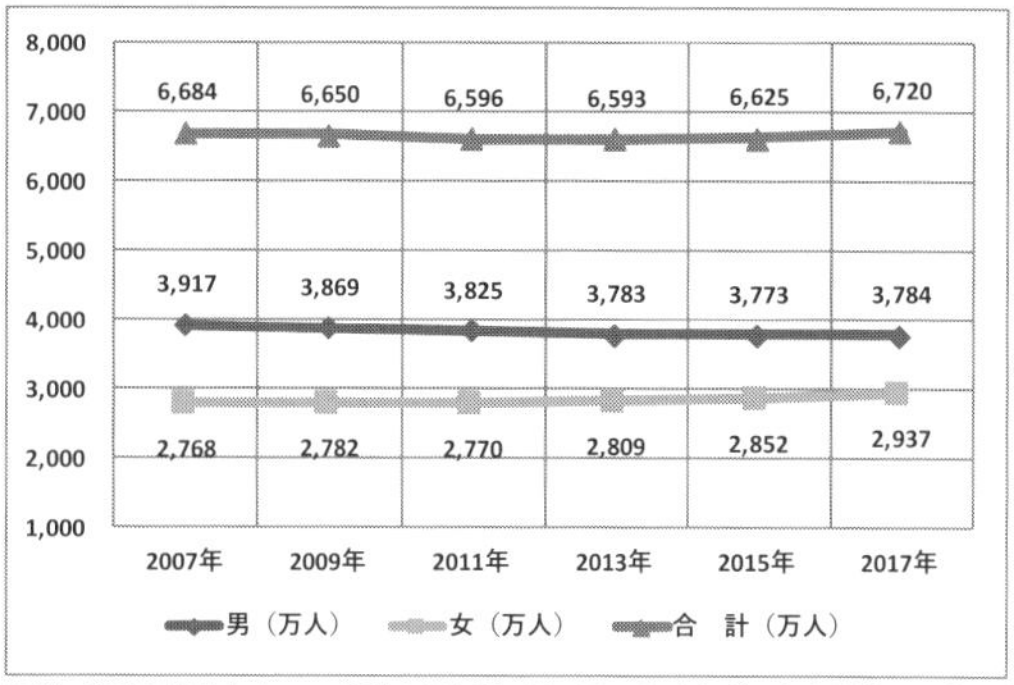

出典）総務省労働力人口　合計は男女別四捨五入のため必ずしも合計値と一致せず

業の業界や職業によっては「人手不足」の職業もあれば「人手不足倒産」という状況も発生しています。

帝国データバンク（「人手不足に対する企業の動向調査」２０１８年４月時点２万３千１１８社対象９千９２４社回答）によれば、正社員が「不足している」と答えた企業は、年々増加し49・2％に達しました。業種別では、「情報サービス」（69・2％）を筆頭に、「運輸・倉庫」、「建設」、「飲食店」、「放送」の順で60％台と続いています。また、非正規社員が「不足している」と答えた企業は32・1％。で、業種別では「飲食店」が最も多く、「飲食料品小売」が続き、両業種では人手不足を訴える割合が7割台で人手不足感が強まっています。

全体として見ると、相対的に高付加価値の専門的・技術的職業と対人的なサービスの職業や運輸・倉庫、建設など現場業務への不足の二極化が進行しています。

4　今後、どうなって行くのでしょうか～2極化の流れや労働意識の多様化を踏まえた幅広い対応

長期的な労働力人口の減少、そして深刻な人手不足の中で、慢性的な人材不足の解消に向けた努力（企業業種の認知度ＵＰ、若い世代への業界に対する興味喚起、海外からの人材獲得、女性登用、活用、ＡＩ・ロボット化等）が進められます。一方、国では、「働き方改革」として、「一億総活躍社会」を実現するため、長時間労働、非正規と正社員の格差、労働人口不足（高齢者等の就労促進）などを主要な課題として、多様で働きやすい環境の整備を進めようとしています。実施に向けてより一層、検討・充実されなければならないでしょう。しかし、実勢としての求人の２極化の流れや労働意識の多様化を踏まえると、求人・求職のマッチングや時代状況を踏まえた働き方に向けた、企業業務慣行の見直しなど幅広い取り組みが求められます。また、求職側においても多様な雇用機会に向けての意識改革やそのためのスキルアップ等も求められるでしょう。

キーワード　人口減少／高齢化／人手不足

66 農業従業者の減少で何が起きているのか？

ポイント

A 農地の維持困難や放棄。

B 農業生産の減少。

C 食料自給率のダウン。

1 農業従事者の減少

日本の産業構造は戦後、第1次産業から、第2・3次産業主体へ構造へと大きく変化してきました。産業3部門（第1・2・3次産業）別就業人口を見るとそれは明らかです。戦前は、第1次産業就業者が40～50％台でしたが、1960年には32・7％、2・3次がそれぞれ、29・1％、38・2％と全体として均衡し、その後、特に3次産業化が進み、2015年では、それぞれが、3・8％、23・8％、67・2％という就業構造になってきました。こうした動きは、ライフスタイルの変化を含めた都市化の流れ、そして都市部への人口集中・市街地の拡大と相まって起こりました。さらに、就学・就労の機会を求めて若年層の都市部への流出が続き農山村部では後継者不足も含めて高齢化問題が発生しています。その動きは、00年の農業就業人口、389万1千人で65歳以上が52・9％、11年で260万1千人、60・7％（農林業センサス）と就業人口の減少と高齢化が進んでいます。さらに、食料や環境上の視点から農業への関心が高まりつつある中でも農業への3K（きつい・汚い・危険）イメージも一部にあり、新卒者の就職選択肢になりにくいという現実もあります。

2 何が問題か～農地の維持が困難、農業の継続性の問題

農業を取り巻く状況は、牛肉・オレンジ輸入自由化（平成3年）を始めとしてTPP交渉の合意等、我が国の農業は国際的な競争に直面しています。また、米消費の大幅な減少に象徴される国民の食生活の変化、食品の安全・安心に対する消費者の関心の高まり等、農業生産を取り巻く環境は厳しさが増しています。このような厳しい環境が農業就業者の減少を加速している側面もあると思われますが、結果として、農地の維持困難や放棄への流れを引き起こし、地域によっては農業の継続性さえ危ぶま

れる状況が生まれ、ひいては、食料自給率の低下、国土保全・地球環境上の問題を引き起こしかねません。

また、農業は地方都市の主要産業として、あるいは農業従事者は地域の担い手としての役割を果たしてきていましたが、その縮小、減少により、地域経済と農村社会の低迷を招きつつあります。

図表66 農家数と農業従事者の推移

〈出典〉農林水産省「農林業センサス」、「農業構造動態調査」
※農家数：総農家数
農業就業人口：自営農業のみに従事、又は自営農業とその他の仕事の両方に従事した者のうち自営農業が主の者

3 これまでの対応～経営規模の拡大や高付加価値化等

このような中で、稲作等の経営規模の拡大や野菜・米麦・果樹部門への企業参入の促進、情報通信技術を活用した生産管理システムと栽培技術の連携による農産物の高付加価値化・収量増加、さらに農産物の輸出拡大への取り組みがなされてきました。国においては、食料・農業・農村基本計画を定め、様々な施策、事業等を通した支援策を実施しています。こうした中、17年の新規就農者が7万9千人となり、10年前と比較すると64%の増加となっています。農業従事者の高齢化や耕作放棄地など、農業を取り巻く問題は多々ありますが、一方でこのような動きも出てきています。

4 今後、どうして行くのか

農業従事者の減少問題は、一方で農業に対する夢やビジョンの問題でもあります。夢と期待をもって農業に関わっていく担い手をどう育成し、確保して行くかです。農家数の減少や高齢化の動きを逆に経営規模の拡大や生産システムの高度化等へのチャンスとして捉えること。さらに海外市場にも目を向けた農産物の高付加価値化等々を進めるとともに、中山間地域をはじめとした農村地域の、現に居住する人々を大切に支える生活サービス、福祉施策、さらに意欲的な地域づくり活動等の展開など、持続可能な地域としての総合的な取り組みを進めるなど、豊かな地域社会の形成を図ることも大切な視点です。

キーワード 厳しい生産環境／新規就農者

67 不在地主が増える原因は？

ポイント

A　民有林の24％（２００５年）が不在地主で今後も増加が予想。
B　相続登記の未実施による所有者の不明化。
C　農山村部の過疎化による不在地主化。

1　不在地主の増加～不在地主とは、そしてその動きは

不在地主とは、所有する土地からはなれた遠隔地に在住する地主のことをさします。また、主として、農地に対する不在地主という使われ方が多かったのですが、近年では、林地や住宅地等についても言われるようになりました。

農地の不在地主化の状況を見ると、農地所有世帯数と総農家が減少し土地持ち非農家数が増加しており、農地が残されたまま地域に所有者がいなくなる、いわゆる「土地持ち非農家の不在地主化」が急速に拡がりを見せています。また、森林については、不在地主の所有面積は３２７万haで、民有林面積の24％を占め（05年・農林業センサス）、今後も増加すると予想されています。因みに、この内の40％が都道府県外在住となっており、管理の難しさを想像するに難くありません。

2　どうして起き、何が問題か、そして今

こうした背景には、相続制度の問題、投機目的、過疎化・離村の問題などが挙げられます。相続制度の問題では、相続が子・孫に受け継がれ、さらに細分化されて不在地主化が進みます。その上で、相続登記の未実施により、所有者・所有地が不明になったり、相続地の利用価値が低い場合などは所有意志が希薄になり、所有者不明土地化が一層進むなどの傾向があります。また、バブル時代には、値上がりを見込んだ土地投機が行われましたが、その土地は利用目的でないため、当然、不在地主となります。結果、保全・管理がおろそかになるなどの問題も指摘されました。さらに、第1次産業の継続が厳しく、就業機会が得にくい農山村部からの人口流出に伴う過疎化により、不在地主化が進行してきました。

こうした不在地主の増加の動きは、土地の管理や保全に関

わる環境問題や、道路・農地整備、防災上の対応などの面で連絡・調整等に多くの時間や手間がとられ、さらには連絡が取れずに事業が進められないなどの状況を引き起こすなどの問題が挙げられています。

図表67　農地所有世帯の推移（千戸）

	農地所有世帯数 ①＋②	総農家 ①	土地持ち非農家数 ②
2000年	4,218	3,120	1,097
2005年	4,050	2,848	1.201
2010年	3,902	2,528	1,374
2015年	3,569	1,330	1,414

〈出典〉農林業センサス

3　これまでの対応は～農地の活用、山林所有の実態把握

このような中で、農業においては、耕作放棄地解消に向けての取り組みや農地の集積化に向けた流動化と新たな担い手育成等により農地の活用を進め、間接的ですが不在土地の有効利用を図ることによってその縮小化を狙っています。しかし、不在地主の農地は荒れる傾向にあり、その保全管理を市町村が代執行できることになっていますが、財政上の問題から実効性を持ち得ていない状況でもあります。林業においては、未だ、登記簿上の所有者不明率が高く、地籍調査の実施率が45％（平成29年3月）と低い状態で、境界が不明確な状態にある山林が存在するなど、土地所有の実態の整理、確認・確定をまず進める段階にあると言えます。

4　今後、どうして行くのか

不在地主の問題は、一層の対応が求められる大きな課題となっていますが、基本はその土地の利用価値をいかに高めるかという問題に繋がっています。

まずは、農地、林地、宅地等の相続に伴う登記化に努めつつ、所有の細分化から始まる不在地主化の把握を進め、所有者不明土地化の防止を図ること。併せて、目的別に把握されている土地（不動産登記簿謄本・固定資産課税台帳・農地台帳等）の所有と利用の実態を総合的、一体的に把握するための情報基盤を整備・強化するよう努めること。その上で、不在地主の増加に伴い発生が予想される諸問題に、その有効活用という視点からの取り組み、例えば、農地・林地所有者と意欲と能力のある農林業経営者を繋ぐなどのシステムを強化しつつ、国や市町村の支援と所有者、民間、事業者等の連携により進める必要があります。

キーワード　相続／土地持ち非農家数／利用価値

68 鳥獣被害はどうして多発しているのか？

ポイント

A　里山、森林管理の粗放化により野生鳥獣の生息環境が拡大。
B　荒れた山や里山がさらなる鳥獣被害を招くという悪循環を生じさせる結果。
C　狩猟者の高齢化で、狩猟による捕獲が厳しい状況。

1　野生鳥獣害の多発～その現状

野生鳥獣のよる農作物被害額は、2010～12年度の230億円から170億円台へと推移してきています。その約7割がシカ、イノシシ、サルによるものです。地域別にみると、北海道（44億4700万円）、関東（33億5300万円）、九州（26億4600万円）、中四国（21億100万円）等（16年）で被害額が大きくなっています。

また、森林の被害面積は全国で年間約7千ha（16年度）、この内シカによる被害が約8割を占めています。さらに、河川・湖沼ではカワウによるアユ等の捕食、海面ではトドによる漁具の破損、その他、野生生物侵入による家屋被害や獣に噛まれる、あるいは獣が害虫や病気を媒介して間接的に受ける被害など、野生鳥獣害による被害は多義にわたっています。

こうした鳥獣被害は、中山間地での零細の農家等において特に顕在化しており、結果、営農意欲を低下させ、耕作放棄、さらには離農という形に一部、追い込いこんでいます。また森林においても、樹木や希少植物の食害、さらには車両との衝突事故等の被害をもたらしており、被害額以上に農山漁村に深刻な影響を、それも鳥獣の移動性から広範囲にわたり及ぼしています。

2　どうして起きたか～何が問題か、そして狩猟者の現状は

こうした問題の背景には、農山漁村の過疎化や高齢化の進行と耕作放棄地の増加、そして集落や里山等における住民と生活・生産活動の減少、さらに、里山、森林管理の粗放化等により、野生鳥獣の生息環境が拡大したこと等が考えられます。耕作放棄地の増加や、また、荒れた山や里山がさらなる

図表68　野生鳥獣による農作物被害金額（億円）

	カラス以外の鳥類	カラス	サル、イノシシ、シカ以外の獣類	サル	イノシシ	シカ	合計
26年度	21	17	20	13	55	65	191
27年度	19	17	20	11	51	60	176
28年度	19	16	19	10	51	56	172

注：四捨五入の関係で合計が一致しない年度がある。　〈出典〉環境省（都道府県報告）

鳥獣被害を招くという悪循環を生じさせる結果となり、加えて、食物の不用意な廃棄や空き家の管理上の問題が鳥獣被害の拡大を助長しています。

また、鳥獣被害に対して捕獲を行う狩猟者の状況を見ると、一時期の29万人（平成2年）から減少し、近年、新規免許取得者が増加傾向にありますが、全体としては19万人（平成27年）前後で減少、安定化しています。しかし、高齢化（60歳以上が約63％）の傾向にあり、狩猟による捕獲がなかなか厳しい状況のようです。因みに、環境省によると、この25年間でシカで約10倍、イノシシで約3倍増加していると言われており、これまで以上の対応が求められています。

3　これまでの対応～市町村による被害防止計画の作成

鳥獣被害の深刻化を踏まえて、平成19年に鳥獣被害防止特措法が成立、その後、被害対策の担い手確保、捕獲の一層の推進、捕獲鳥獣の利活用の推進等を図るための改正が順次行われ、現場に最も近い市町村が中心となり、被害防止のための総合的な取組みに向けた被害防止計画の作成等を進め対策を講じてきました。平成25年には、環境省・農林水産省が「抜本的な捕獲強化対策」を策定し、シカ・イノシシの生息頭数を10年後（平成35年）までに半減するという目標を持ち、種々の施策を展開しています。

4　今後どうして行くのか～地域からそして総合的な取組みを

広範囲にわたる野生鳥獣被害に対して、益々、総合的で広域的な取組みが求められています。

先ずは、地域関係者が一体となった被害状況とその要因の確認、対策に取組み、害獣を引き寄せない環境づくり、さらには捕獲従事者の育成も含めた捕獲事業の強化、そして処理加工施設整備の推進とジビエ利用拡大等鳥獣被害対策を収益に変える取組みなど、地域から、そして総合的な取組みを着実に進めていく必要があります。

キーワード　生息環境の拡大／引き寄せない環境

69 森林の整備不良の現況は？

ポイント

A　住宅着工件数の減少などから国内木材の需要が低迷。
B　森林の約4割を占める人工林の主伐や間伐、下草刈り等が適宜、行われないため「山が荒れる」状態。
C　保水機能の低下等による災害発生が目立ちはじめる。

1　森林の状態〜放置される森林

我が国の森林の面積は、国土の約3分の2にあたる2500万haで、所有形態別に見ると森林面積の69％が民有林となっています。また、人工林（民有林796万ha、国有林233万ha）は約1000万haで、その約半数が、主伐期（一定の林齢に生育した立木を用材等で販売するために伐採することをいう）を迎えようとしています。人工林の平均貯蓄増加量は年間4800万㎥、しかし主伐による原木供給量は1679万㎥（平成27）で、成長量の約6割が利用されていない状況です。

その上、所有形態が零細で、多くの森林所有者は森林の経営意欲が低く、林業従事者も長期的に減少傾向を示すとともに、高齢化が進んでいます。さらに、山村地域では、人口減少に伴い、不在村の森林所有者も多くなり、所有者や境界がわからないまま放置される森林が増えています。

一方、身近な森林としての里地・里山の状況を見ると、国土の約4割を占め、全国に広く分布しています。しかし、市街地の開発に伴って未利用、荒廃等が進み、豊かで身近な自然としての里地、里山が失われつつあります。

2　どうして起き、何が問題か〜林業の衰退、文化・環境問題へ

こうした状況は、木材の価格や供給量で競争力を持つ輸入材に押されたことや住宅着工件数の減少などから国内木材の需要が低迷したことなどによると言われています。さらに、林業従事者の減少・高齢化、後継者等の問題が挙げられています。結果、人工林の主伐や間伐、下草刈り等が適宜、行われていないなどの問題から「山が荒れる」状態になってしまうというのが現実で、林業・山村に関連する産業・生活文化

図表69　林業従事者数の推移 (万人、%)

	1985年	1995年	2005年	2015年
従事者数	12.6	8.2	5.2	4.5
従事者高齢化率	10	23	27	25
全産業従事者高齢化率	5	7	8	11

〈出典〉林野庁・総務省

の喪失につながっています。また、保水機能の低下等による災害発生が目立ちはじめ、ひいては地球環境問題にもつながる問題として危惧されています。

3　これまでの対応は～森林計画等の策定と実施、山を守る運動

林業を取り巻く状況や、森林所有者の経営意欲の問題がある中で、国・県・市町村では森林計画の策定・実施や森林所有者等による森林経営計画等に基づき、伐採・造林・間伐等の事業を実施してきました。また、製材業者・建設会社、ハウスメーカー等の木材需要者をつなぐなどの取組み、林業活動の基盤となる道路等の整備や管理などを行いつつ、多様で健全な森林に向けての整備が行われていきましたが、林業や森林管理を取巻く厳しい状況が続いています。

しかし近年、民間企業、団体、個人による資金提供や森林を活かし、守る活動などの開催によって、森林の大切さを知り、整備に貢献するなどの社会的な取組みも広がりつつあります。

4　今後、どうして行くのか～森林の価値を理解する

森林は、国土の保全、水源の涵養、地球温暖化の防止、生物多様性の保全、木材等の林産物供給などの多面的な機能を有しています。こうした森林の有する機能を維持することは、即ち、森林を守り、維持し活かすことであり、それは、森林所有者や林業経営者の努力にとどまることなく、広く地域や社会、そして個人が、その価値を理解し、生活や産業活動、環境づくり等に取り込んでいき、実践するところからはじめるべきでしょう。建築物等への一層の活用や森の維持・管理活動への市民参加や運動等は、すでにはじめられています。

キーワード　経営意欲／山が荒れる／森林の価値

70 物流の現況は？

ポイント

A　宅配便の取扱個数は、ここ10年で3割以上の増加。
B　全体の取扱い個数の約2割が再配達。
C　人件費も含めた物流コストの上昇をどうカバーしていくかが各社の大きな課題。

1 宅配便の値上げ～取扱い量の増加

宅配業界では「値上げ幅を大きくしないと仕事が減らせない」という状況が起きていました。それは、業界全体の荷物量が圧倒的に増加したために、値上げしなければ、他社から客が流れ込んできて処理しきれなくなってしまうということで、扱う荷物量の減少を図るための手立てとして繰り出された方法でした。

現在の宅配便のサービス形態が開始されて、約40年が経過したと言われています。２００８年度は約32・1億個だった取扱個数は、17年度には約42・5億個と、10年で3割以上の増加と、急速な伸びを示しています。また、インターネットの普及により食料品や日用雑貨の購入に利用する例も増えており、日常の買い物の一部を代替する状況にもなっています。しかし一方で、全体の取扱い個数の約2割が再配達になっているという調査結果も出ており、再配達のコストも発生しています。

2 何が問題か～人手不足、コストの増大、地球環境問題

17年の調査（帝国データバンク「人手不足に対する企業の動向調査」）によれば、「運輸・倉庫」業の60・9％の企業で正社員が不足しています。この状況は、宅配便の取扱量の増加、再配達に対応するコスト増に伴い一層深刻化すると思われます。

一般に、物流コストといった場合、資材等調達のための物流、企業内の拠点間の物流、顧客への販売物流など、幅広い内容を含み、特に、近年の生産・流通システムの多様化によって物流の重要性は大きくなってきています。しかし、物流業界の主流であるトラック運送事業は、従業員１８５万人、営業収入が約14兆6千億円と物流事業業界で一番の規模となっていますが、中小企業率が90％強という状態で、中小企業ゆえの構造的ともいえる人手不足は、人件費等のコスト増をま

図表70　宅配便の取扱個数の推移　（百万個、%）

	平成25年度	26	27	28	29
宅急便合計	3,637	3,617	3,745	4,019	4,251
対前年比	－	99.4	103.6	107.3	105.8

〈出典〉国土交通省

ねき、厳しい経営環境に置かれている企業も少なからずあります。

同様の動きは、食品・小売り業界にもあり、人手不足と物流コストの増大で経費が上昇するが、商品値上げに踏み切れない状態にあるといわれています。

今後、高齢化とインターネット等の普及により、宅配の利用は更に増加し、ひいては物流業界全般への影響が予想されます。それは、物流コストの過半を占めるのは輸送費であり、そこをどう合理化するか、業界全体の問題だからです。さらに、輸送、配送トラック等から排出されるCO_2による地球環境への影響も大きく、無駄のない配送システムの構築が一層望まれています。

３　これまでの取組みと今後～企業、業界の努力と国等の支援

人件費も含めた物流コストの上昇をどうカバーしていくかが各社の大きな課題となる中で、例えば、食品やメーカーなどの企業では、物流の合理化によるコスト削減とドライバー確保等に努めています。また、ビール大手社間では、共同輸送の対象地域を拡大する方向に向かうなど、様々な取組みがなされています。

一方、国においても、産業の競争力強化と豊かな国民生活の実現、地方創生を支える社会インフラとして、総合物流施策大綱（２０２０年度目標）を定め、事業社間の連携・協働による物流の効率化、災害等のリスク・地球環境問題に備えること、新技術（AI等）の活用による物流革命、人材の確保・育成等々の政策を民間との連携により進めるとしています。

今後、長期的には車両の自動運転による技術革新の可能性などの展開も予想されますが、生産年齢人口の減少による人材不足や長期間労働の是正など、業界、国との連携により総合的に進めていく必要があります。

キーワード　人手不足／値上げ／効率化

71 「外国人労働者」の参入の現況は？

ポイント

A　外国人研修制度・技能実習制度には批判がある。
B　留学生の受け入れに関しても、不法就労につながることが危惧されている。
C　国は、「移民」を認めていない。

1　増加する外国人労働者〜増加を続ける外国人労働者と3K

飲食店やコンビニで外国人の店員を見かけることが多くなりました。多くが留学生です。日本では、単純労働者の受け入れを認めていませんが、多くは観光ビザや学生ビザ等で来日し、不法就労の形でサービス業や建設業に携わるなどが見受けられました。こうした動きは、特に、１９８０年代以降の日本の豊かな経済環境を求めて、また、社会の成熟化が進む中で「きつい・汚い・危険」の３Kなどと敬遠された職種の労働力不足に対応する形で、当初は、韓国・フィリピンから、そして南米の日系人、パキスタンやバングラデシュ、さらにイランなど中近東から労働者が訪れるようになりました。

現在、その数は、約１２８万人（２０１７年）で、毎年増加しており、直近5年間の雇用者数の増加の２割は外国人労働者（60万人）で、その約半分は、留学生アルバイト等の資格外活動や技能実習生の増加となっています。実際、高度技術を有した外国人労働者の受け入れは少なく、非熟練・低賃金労働で、製造業などでは外国人労働者がいなければ立ち行かない状況になっていると言われています。

2　これまでの対応〜技能実習制度と在留資格の整備

１９８１年に開発途上国の経済発展を目的とした外国人研修制度が創設されました。その後、技能実習制度(93年)が開始され、一定の水準に達したと認められた外国人研修生に対して追加で最大1年（後に2年に）の研修が許可されるようになりました。

一方、90年に「出入国管理及び難民認定法」（以後、「入管難民法」）が改正され、在留資格（例えば、「教授」、「芸術」、「宗教」、「報道」、「投資・経営」、「法律・会計業務」他の定められた範囲で就労が認められる資格）が整備され、その範囲内での就労が、また留学生は、12年の法改正による「在籍校の許可」と「資格外活動許可」（管轄の入国管理局）が認められた留学生に限りアルバイトが可能になりました。日系人については、職種による制限なしで就労が認められるようになりました。

3　何が問題になったか～居住地や制度に関わる問題

急激に増えた外人労働者は、特に、居住する地域での問題が挙げられています。学校で日本語を話せない児童や不就学児童の増加、生活習慣をめぐる地域での問題等々が挙げられています。また、制度面では、技能実習制度について、非熟練の「労働者」受け入れのための制度になっているのではという批判、そして技術実習の本来の目的である途上国への技術移転が不十分との声もあります。留学生の受け入れに関しても、不法就労につながることが危惧され、そうした実例もありました。さらに、就労上の安全性の問題や過酷な労働に就くケースなど、さまざま指摘され、取組まなければならに課題は多い状況です。

図表 71　外国人労働者数の推移（万人）

	平成24年10月末	平成29年10月末
①専門的・技術的分野	12.4	23.8
②身分に基づき在留する者 「定住者」、「日本人の配偶者等」、「永住者」等、在留中の活動に制限がなく様々な分野で報酬を受ける活動が可能。	30.9	45.9
③技能実習 技能移転を通じた開発途上国への国際協力が目的。	13.4	25.8
④特定活動 外国人看護師・介護福祉士候補者、ワーキングホリデー、外国人建設就労者、外国人造船就労者等	0.7	2.6
⑤資格外活動（留学生のアルバイト等） 在留資格の活動を阻害しない範囲内。（1週28時間以内等）	10.8	29.7
計	68.2	127.8

〈出典〉厚生労働省「外国人雇用状況」

4　今後の取組み～移民社会、多様な社会づくりへ

外国人労働者数は過去最高となりましたが、人手不足が深刻な職場に外国人労働者をという流れになっています。

国は18年12月に、人材不足が深刻な分野を対象に単純労働を含む外国人労働者の受入れを拡大する入管難民法の改正を行いました。技能実習5年、その後「特定技能1号」で最長5年、2号で長期滞在・家族帯同可能という流れです。受け入れ体制や滞在年の長期化に伴う家族帯同の問題等が指摘されていますが、在留資格の拡大により今後5年間で最大約35万人の就業を規定するとしています。当然、日本で働きながら結婚・出産する外国人が増え、長期的には移民社会を迎えることになるでしょう。しかし、国は、「移民」を認めてはいません。人手不足から始まった外国人労働者の受入れに対して、多様性を持った社会づくりが求められています。

キーワード　人手不足／実習制度／多様性社会

19

ビジネス

何がおこっているのか?

72 ＡＩ（人工知能）実用化の現況は？

ポイント

Ａ　第1次ブームでは、コンピューターによる「推論」や「検索」が可能となりました。
Ｂ　第2次ブームでは、「知識」を与えることで、専門分野の知識を取り込んで、その分野の専門家のように振る舞うプログラムが生み出される。
Ｃ　現在「ビッグデータ」と呼ばれている大量のデータでAI自身が知識を獲得する「機械学習」ができる。

1　AIは様々な研究が達成された先にある将来像を表現した言葉

アルファ碁が囲碁のトップ棋士との5番勝負で4勝1敗で勝利した（2016年）ことによって、専門家以外の一般の人達に「ＡＩ（人工知能）」が広く知られるようになりました。

ＡＩの定義は、多岐にわたっており、世界中の研究者が共有するような定義はありませんので、我が国の公的な資料（経済産業省や総務省）に基づいて整理してみます。まず、現在のＡＩ研究は、ＡＩそのものの実現を研究対象としておらず、ＡＩとは、様々な研究が達成された先にある最終的な将来像を表現した言葉となっています。従って、「人間のように考える」と言うことも、「考える」と言う目に見えない活動を対象とする研究分野であって、知能を獲得する原理が人間と同等であるか、それともコンピューター特有の原理を取るかは問わないとされます。

2　AIと私たちの生活の関係は紆余曲折の歴史

ＡＩと私たちの生活の関係は、1950年代後半から1960年代に始まったＡＩブーム（第1次）から現在の第3次ブームに至るまでの歴史を振り返ることで実感が得られます。第1次ブームでは、コンピューターによる「推論」や「検索」が可能となりました。しかし、当時のＡＩでは、迷路の解き方や定理の証明のような単純な仮説の問題を扱うことが出来ても、多くの要因が絡み合っている現実社会の課題を解くことが出来ませんでした。次に、1980年代になると、「知識（コ

図表72　人工知能（AI）のイメージ（日米）

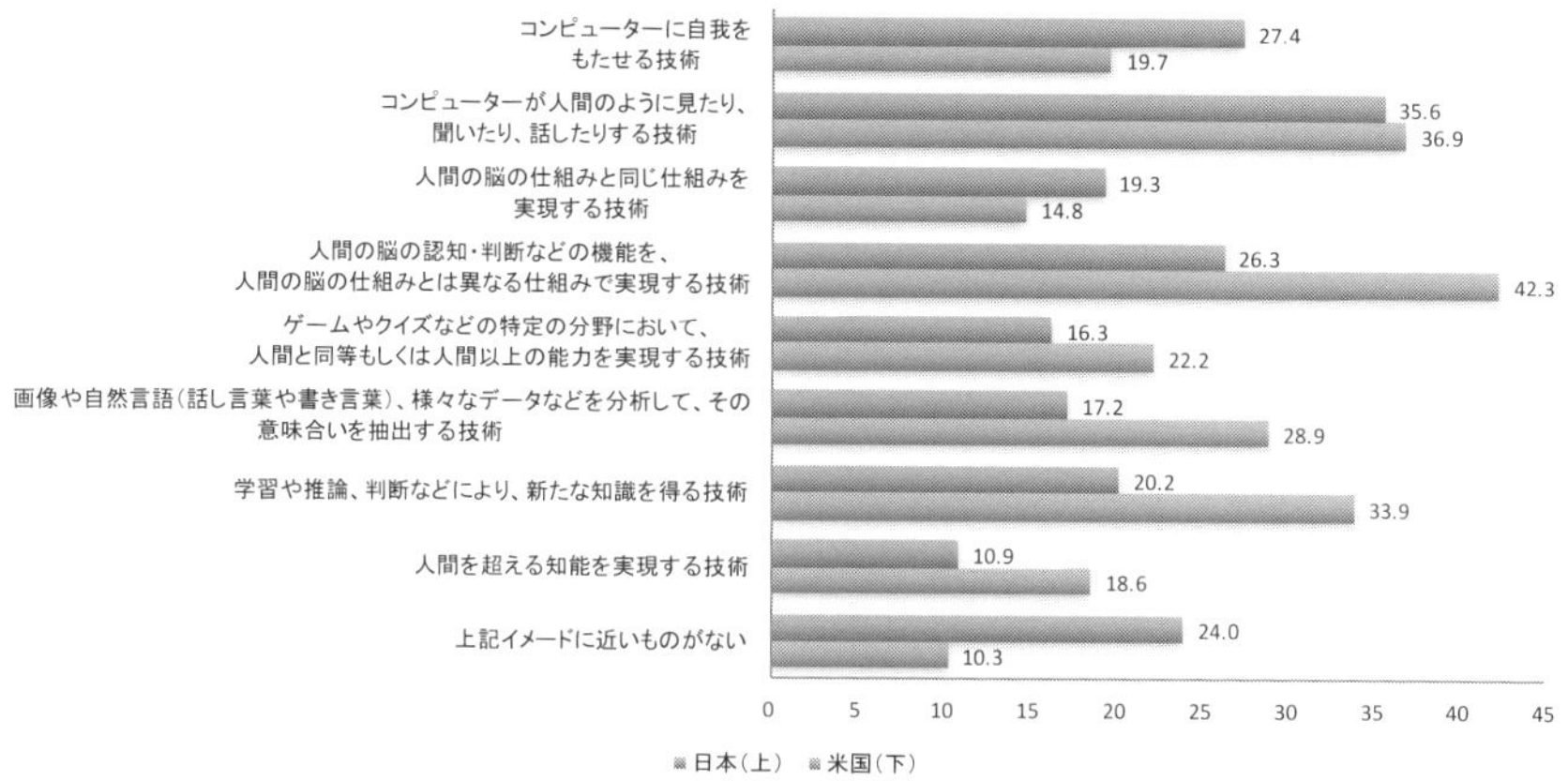

〈出典〉総務省「ICTの進化が雇用と働き方に及ぼす影響に関する調査研究（平成28年）より作成

ンピュターが推論するために必要な情報をコンピューターが認識できる形で記述する）」を与えることで、AIが実用可能な水準に達し、多数のエキスパートシステム（専門分野の知識を取り込んだ上で推論することで、その分野の専門家のように振る舞うプログラム）が生み出されました。しかし、情報の全てを人が加工する必要があったので膨大な情報を用意することはできず、再び冬の時代を迎えました。

3　「ビッグデータ」「機会学習」で飛躍的に進歩

そして、現在「ビッグデータ」と呼ばれている大量のデータを用いることでAI自身が知識を獲得する「機械学習」が実用化されて、2000年代から現在まで続いている第3次ブームが始まりました。知識を定義する要素（特徴量：対象を認識する際に注目すべき特徴は何かを定量的に表すこと）をAI自らが習得するディープラーニング（深層学習や特徴表現学習と呼ばれる：画像認識や音声認識などでコンピューターが自ら特徴量を創りだすことが可能となった）が登場してブームになっています。

しかしながら、現在、ディープラーニングで単独であらゆる分野のどのようなタイプの問題も解決できるようなAIを産み出すことはできません。従って、今のところは、個別分野で具体的な問題に対応できるAIを実用化していく研究が重要になって行くと予想されています。

キーワード　考えるという活動／人間と違う知識獲得原理／深層学習

73 観光業が衰退しつつあるというが？

ポイント

A　訪日外国人観光客数は増加。
B　宿泊施設はホテルが増えて旅館は減少。
C　旅行業者の取扱は伸びていない。

1　観光業に運輸業や商業施設を加えた観光産業の消費額は増えている

観光業は、旅行業と宿泊業を指す言葉とされていますが、観光庁では、もう少し広く観光産業として、①旅行サービス（旅行会社、旅行業者代理会社、ツアーオペレーター、添乗サービス会社）、②運輸（航空・鉄道・バス・フェリー事業者など）、③宿泊（ホテル、旅館、簡易宿所）、④娯楽施設、小売店・飲食店、製造業者、を上げています。観光業が停滞、乃至、衰退しているのではないかと言うことは、それ自体の経営に課題があるとともに、日本では、これら観光産業を一体化して、戦略的に連携できていないことになります。観光産業の実態は、国際的に旅行者の定義や旅行消費の定義などを統一した基準（TSAマニュアルに基づく観光サテライト会計）で、日本（国土交通省・観光庁）でも２００３年から報告されている「観光消費額及び観光産業の経済効果の計測」で見ることができます。最新の２０１７年の統計では、日本人の延国内旅行者数は６億４７５１万人（前年比１・０％増）で、うち宿泊旅行が３億２３３３万人（前年比０・７％減）、日帰り旅行が３億２４１８万人（前年比２・８％増）です。又、最近話題になっている訪日外国人観光客数は約２８７０万人で前年より17・8％増えています。そして、経済的なデータとして、日本人国内旅行消費額は21兆１０００億円、訪日外国人旅行消費額は4・4兆円で、日本人海外旅行に関わる国内消費額１・２兆円を足して、合計26・7兆円となっており、前年の25・８兆円より増えています。これは、①宿泊料金、②飲食費、③交通費、④娯楽サービス費、⑤買い物代、などを合算した数字で、観光産業全体における経済効果と言えます。

2　しかし、旅行業者の取り扱い額は増えていない

一方で、観光業を代表する旅行業者の取扱状況を見ると、直

図表73　我が国における外国人観光客数（リピーターの数）の推移

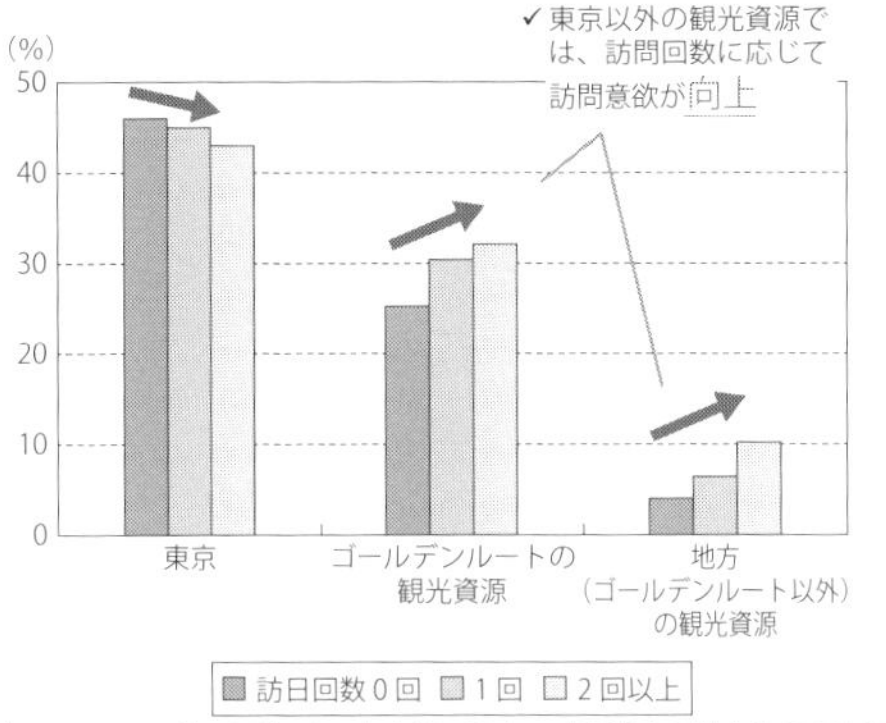

備考：ここでのゴールデンルートとは、東京－大阪間を周遊する日本旅行の定番コース（東京、富士山、箱根、名古屋、京都、大阪など）を指す。（DBJ・JTBF資料より確認）
出典：観光庁「訪日外国人消費動向調査2014」、DBJ・JTBF「アジア8地域・訪日外国人旅行者の意向調査（平成27年版）」から作成。

近（２０１８年８月）で前年比１００・９と伸びていません。外国人旅行が23％伸びているのに対して、国内旅行が、度重なる台風の影響が考えられますが97％となっています。旅行業者数全体も、観光産業の伸びにも拘わらず、２０１４年の９１４３社から２０１８年の９６８４社とほぼ横ばいです。また、毎年50件程度、倒産しているというデータもあります。このような状況から、具体的な数字には表れていないが、停滞、乃至、衰退しているのではないかと言う危惧が持たれています。その要因として挙げられているのは、第一に観光産業全体にも係わる日本人の嗜好性の変化があります。数字に明瞭に表れているように、宿泊を伴う滞在型の観光が減少しています。更に、余暇時間や消費行動が多様化する中で、特に国内観光の地位が相対的に低下しています。

3　旅行者の消費ニーズとのズレを解消することが重要

訪日外国人に対しても、観光産業全体が、①リピーターが増える状況に対応した多様な関心や商品・サービス等の提供が不足している、②地方への訪問意欲などに応えきれていない（通訳ガイドや外国語サイン等の受け入れ態勢が整っていない）など、観光業が、このような変化に的確に対応できる能力が不足していることが指摘されています。従来の団体客中心の旅行への対応システムを変えられない、新しいメニューを提供する企画力が無い、そのための人材の育成をしていない等、消費者ニーズと観光業の対応のずれが大きな課題に挙げられています。ＩＴの進展により旅行者も充分に情報を持っている状況で事業を展開するためには、旅行のプロとしての高度のスキルが一層求められます。同時に、企業として必要な業務に於いて、生産性を向上させるためのＩＴ等新技術の導入の遅れも基本的な課題となっています。

キーワード　観光消費額増加でも観光業は苦戦／外国人観光へ対応遅れ

74 「働き方改革」が必要になった背景は？

ポイント

A 日本の生産年齢人口が総人口の減少を上回るペースで減少していくこと。
B 労働生産性はOECD加盟国の35か国で22位。
C 自分のライフステージに合った選択ができない「単線型キャリアパス」を変えていく。

1 働き手を増やすことと労働生産性を上げるために

2017年10月、政府が政策の目玉（新三本の矢）として「働き方改革」を重要な取り組みとして位置付けました。首相官邸のホームページでは、「働き方改革」の目的は「多様な働き方を可能にするとともに、中間層の厚みを増しつつ、格差の固定化を回避し、成長と分配の好循環を実現するため、働く人の立場・視点で取り組んでいきます」としています。そもそも、働き方改革が必要になってきた背景は、これから日本の生産年齢人口（15歳から64歳）が総人口の減少を上回るペースで減少していくことがあります。国全体からみると、GDPに代表される経済力を維持し、向上させるためには、「働き手を増やす」ことと「労働生産性」を上げることが必要です。働き手を増やすためには、今働いていない女性や高齢者が働きやすい環境や制度を創ることと、出生率が上がり、少子化に歯止めをかけることが求められます。更に、労働生産性（国際比較はGDPを労働者数で割る）が、OECD加盟国の35か国で22位（主要7か国で最下位）である状況の改善が求められています。

2 「長時間労働」「非正規と正社員の格差」の是正、「女性や高齢者の就労」の促進が求められています

日本の働き方の現状を見て3つの課題を挙げています。1番目が長時間労働の改善です。日本の長時間労働については、既に国連から、長時間労働に従事して、過労死や精神的なハラスメントによる自殺の発生に対して懸念するという勧告がなされています。警察庁の自殺統計原票では、自殺者数が急激に減っているのにもかかわらず、長時間労働などの勤務問題を原因の自殺者が年間2千人前後いるという結果があります。2017年には、経団連と連合は、フルタイム労働者の

図表74　働く人の視点に立った働き方改革の意義（基本的考え方）

・日本経済再生に向けて、**最大のチャレンジは働き方改革**。**働く人の視点に立って、労働制度の抜本改革を行い**、企業文化や風土も含めて変えようとするもの。**働く方一人ひとりが、より良い将来の展望を持ち得るように**する。
・働き方改革こそが、**労働生産性を改善するための最良の手段**。生産性向上の成果を働く人に分配することで、賃金の上昇、需要の拡大を通じた成長を図る「成長と配分の好循環」が構築される。社会問題であるとともに経済問題。
・雇用情勢が好転している今こそ、政労使が3本の矢となって一体となって取り組んでいくことが必要。これにより、人々が人生を豊かに生きていく、**中間層が厚みを増し、消費を押し上げ、より多くの方が心豊かな家庭を持てる**ようになる。

経済社会の現状

・4年間のアベノミクスは、大きな成果を生み出した。
〔名目GDP〕47兆円増加、9%成長
〔賃上げ〕ベースアップが4年連続で実現しつつある
〔有効求人倍率〕25年ぶりの高水準、史上初めて47都道府県で1倍超
〔正規雇用〕26か月連続で前年を上回る勢い。
〔相対的貧困率〕足元で減少、子供の相対的貧困率は初めて減少に転じた。
・他方、個人消費や設備投資といった民需は、持ち直しつつあるものの、足踏みが見られる。
・経済成長の隘路の根本は人口問題という構造的な問題に加え、イノベーションの欠如による生産性向上の低迷、革新的技術への投資不足。
・日本経済の再生を実現するためには、投資やイノベーションの促進を通じた付加価値生産性の向上と、労働参加率の向上を図ることが必要。
・一億総活躍の明るい未来を切り拓くことができれば、少子高齢化に伴う様々な課題も克服可能。

日本の労働制度と働き方にある課題

正規、非正規の不合理な処遇の差　＝　正当な処遇がなされていないという気持ちを「非正規」労働者に起こさせ、頑張ろうという意欲をなくす。

世の中から「非正規」という言葉を一掃していく　〉　正規と非正規の理由なき格差を埋めていけば、自分の能力を評価されている納得感が醸成。納得感は労働者が働くモチベーションを誘引するインセンティブとして重要。それによって労働生産性が向上していく。

長時間労働　＝　健康の確保だけではなく、仕事と家庭生活との両立を困難にし、少子化の原因や女性のキャリア形成を阻む原因、男性の家庭参加を阻む原因。

長時間労働を自慢するかのような風潮が蔓延・常識化している現状を変えていく　〉　長時間労働を是正すれば、ワーク・ライフ・バランスが改善し、女性や高齢者も仕事に就きやすくなり、労働参加率の向上に結びつく。経営者は、どのように働いてもらうかに関心を高め、単位時間（マンアワー）当たりの労働生産性向上につながる。

単線型の日本のキャリアパス　＝　ライフステージに合った仕事の仕方を選択しにくい。

単線型の日本のキャリアパスを変えていく　〉　転職が不利にならない柔軟な労働市場や企業慣行を確立すれば、自分に合った働き方を選択して自らキャリアを設計可能に。付加価値の高い産業への転職・再就職を通じて国全体の生産性の向上にも寄与。

〈出典〉首相官邸ホームページ

残業時間に年間720時間の上限を設けることを決定しました。2番目は、非正規と正社員の格差是正です。日本では、現在、非正規で働く人が労働者全体の約4割を占めています。そして、非正規社員の待遇は時給換算で正社員の約6割にとどまります。3番目は、労働参加していない女性や高齢者の労働参画の促進です。出産・育児・介護などによる女性の働き方の制限を少なくしていく、65才以降の継続雇用延長や65才までの定年延長、それを実行する企業への様々な支援策が立ち上がっています。

3　働く人も自分に合った働き方を設計する必要がある

一方、国からの改革だけではなく、働く人からの視点も議論されています。IT機器の活用により、時間と場所に捕われることなく、オフィスとほぼ同じ環境で仕事をすることが可能になりました。転職が不利にならない柔軟な労働市場に改まることにより、個人も、自分のライフステージに合った仕事の選択がしにくい「単線型のキャリアパス」を変えて、自らのキャリアを設計する可能性が開けます。同時に社員一人一人が自分たちのやりがいや余暇の過ごし方を見直すような意識改革も重要になります。

キーワード　「働き手を増やす」×「生産性を上げる」／長時間労働

75 ワークスタイルはどう変化しているか？

ポイント

A　スライド勤務やバリュータイム勤務など「時間に捉われない働き方」に。
B　在宅勤務やサテライト勤務など「場所に捉われない働き方」に。
C　ライフワークバランス実現のために、残業しない。

1　ワークスタイルは働く人と経営側（企業）の考え方によって変化する

ワークスタイルの意味は狭義にはどのように仕事をするかと言うことですが、広義には価値観に基づきどのように仕事に関わるかと言うことです。従って、ワークスタイルは、経営と人（社員）の両方を主語にすることになります。人から見ると、結婚・出産・子育て、介護などのライフステージの変化がワークスタイルの多様性を必要とします。経営側は、人事制度や働く場であるオフィス、情報共有・コミュニケーション基盤などを、変化に対応して柔軟に運用することになります。１９９５年以降15歳から65歳未満の生産年齢人口の減少が始まり、我が国の労働力低下は避けられないことが明らかになるに従って、先進国の中でも低い労働生産性が、改めて問題になっています。生産性の向上は、これまで労働者個人のスキルや頑張りに頼ってきましたが、長時間労働と過労死、自殺などに至るメンタルヘルスのリスクも社会的に認知されてきました。同時に、「ライフワークバランス実現のために、残業しない」「仕事を自己実現の場と捉える」など、人を主語としたワークスタイルの変化も起こってきました。

2　多くの企業でシステムや制度の変革が進んでいる

具体的なワークスタイルの変化は、大きく分けると、「時間に捉われない働き方」と「場所に捉われない働き方」があります。まず、時間に捉われない働き方の例として、①スライド勤務（始業時間や就業時間を繰り上げ、繰り下げる）、②半日・時間休暇（年次休暇を1回０・5日分取得したり、任意の1時間を1単位として換算するなど）、③バリュータイム（1日の所定労働時間を自らが効率を上げて取り組むことで労働時間を短縮できる制度）などや、新職責を制度化して、短時間、単日勤務の拡大（育児や介護、看護者等が一日短時間、週休３日等限度を決めて就業時間や日数を短縮することができる職責）、中高年社員の希望者に、職域を変更したり、短日数・短時間勤務に変更する、定年後再雇用時にも同様の働き方ができる等、柔軟な働き方の創設があります。場所に捉われない働き方の例としては、①在宅勤務（原則自宅、勤務ができる環境であればその他も可）、②サテライト勤務（自社が経営乃至提携するサテライトシェアオフィスやコワーキングスペース等）があります。

図表 75　ワークスタイル変革ソリューション市場規模推移と予測

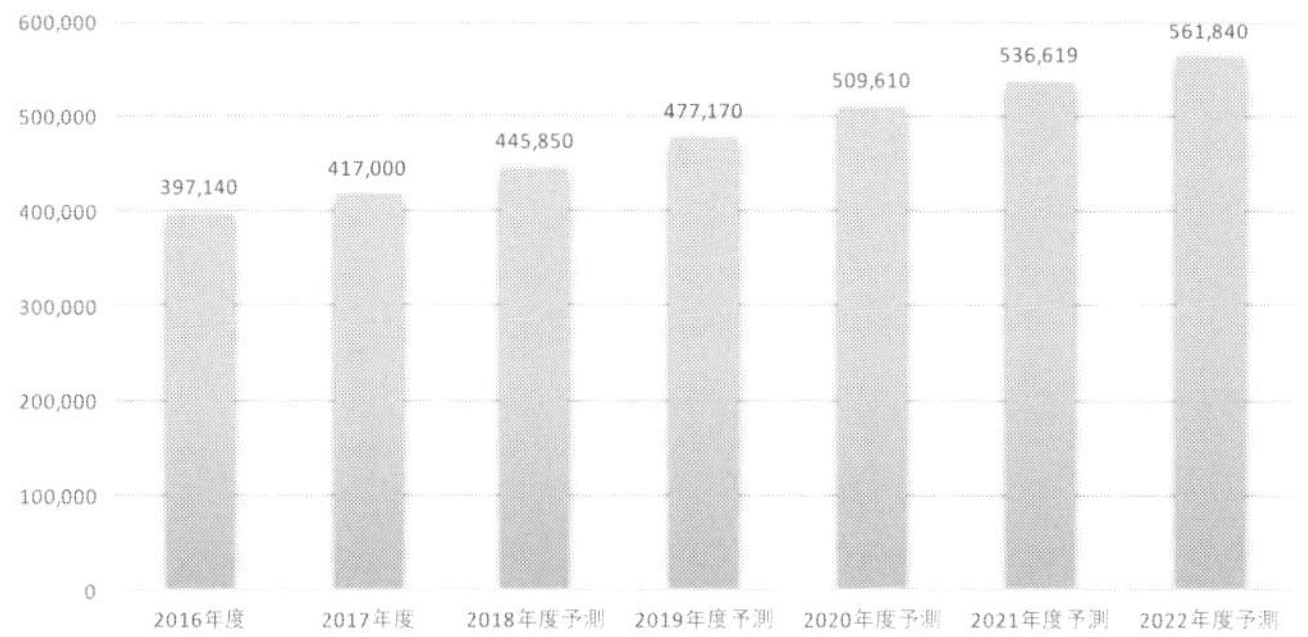

注 1 事業者売上高ベース　注 2 2018 年度以降は予測値　〈出典〉矢野経済研究所 (2017 年)

３　変革は企業の組織や体制、働く人の意識やライフスタイルの変化が無いと定着しない

ワークスタイルの変化は、働く人の側の意識も大きな要素となります。アメリカでは、年功序列ではなく個人の実力や実績が評価の対象となり、割り当てられた仕事をきちんとこなすことが重視されるので、家族を非常に大事にして夕方５時までオフィスで働き、残りの仕事を自宅に持ち帰って行う人もいます。ドイツでは自分の割り当てられた仕事を一生懸命にこなし他の仕事は担当者に任せる、長期休暇を取ること等、オンとオフのメリハリをつけているようです。スエーデンでは、時期によっては残業を強いられていますが、夏の夏季休暇は多くの人が取得します。この時期には、ツーリストを対象とするレストランやショップ以外の店はクローズ、公的な交通機関の本数も減り、国全体が休暇モードに入ります。日本でも、国民性に合った働き方やリフレッシュの仕方を作り上げていくことで、労働生産性を上げながら、豊かな生活を送る時期に来ていると言えます。

キーワード　経営と人（社員）の両方が主語／ライフスタイルと連動

76 先端技術（IT等）の維持困難の原因は？

ポイント

A　世界の全留学生のうち、日本から外国への送り出しは1%、外国からの受け入れも4・2%に過ぎない。
B　科学論文の被引用数指標は、10年前の世界4位から10位に転落。
C　米国で学位を取る中国人は5千名、インド人は2千名、韓国人は900名なのに日本人は100名ほど。

1　日本の基礎的な科学技術力の進歩が停滞している

2009年6月の「イノベーション力を強化する産業技術政策の在り方（案）産業構造審議会」の第一章課題の1は、「技術立国としての地位の危機」です。『基礎的な科学技術力は、日米欧の三極の一角をかろうじて維持（但し中国が追い上げ）、しかし、研究開発投資の収益力は低下＝科学技術力がイノベーションに結びついていない、基礎から応用に至る研究開発において、出口を見据えた研究開発が弱い』と説明しています。残念ながら、現在もこれらの課題が飛躍的に改善されているとは言い難い状況が続いています。最新の「科学技術イノベーション総合戦略2016」でも、日本の強み（ロボット分野、通信ネットワークインフラ、スーパーコンピューター）に対して、弱み（人材、企業、中小・ベンチャー企業の創出、イノベーションに対する意識）を取り上げ、若手を始めとする人材の強化、大学改革と資金改革の一体化、オープンイノベーションの推進による人材、知、資金の好循環システムの構築など、殆ど、以前と変わらない目標を上げています。先端技術は、景気の波を乗り越えながら、着実に進んでいます。世界的には、現在を第5の波として、「ナノテクノロジー」「ライフサイエンス」「ICT」「ビッグデータ」「ロボテックス」「人工知能」等が挙げられています。

2　基礎的な科学力につながる研究も低迷している

一方、日本の戦後の産業技術政策の変遷は、①技術導入の時代、②自主技術開発の時代、③基礎研究重視の時代、④イノベーション・システムと産学連携重視の時代へと変遷してきましたが、欧米に先進的なモデルが存在するキャッチアップの時代にふさわしい進め方からフロントランナーになるためには、オリジナルな目標を設定する問題設定が重要であるという意見があります。このように政策や意識改革が徐々に進められてきましたが、先端技術の維持は現状でも困難な状況にあると言わざるを得ないようです。ノーベル章受賞者である野依良治氏は日本化学会に２０１７年４月に寄稿した「日本の科学技術力の再生はあるのか」で、「今世紀初頭には、我が国は米国、欧州と共に間違いなく世界の３極の一つを形成していた。その後、（中略）国際的存在感が薄れている。科学技術制度の揺らぎと、科学力の低迷、人材の枯渇は懸念すべき状態にある。」として基礎的な科学力における研究の低迷を指摘しています。

図表 76　景気の波とそれを支えたイノベーション

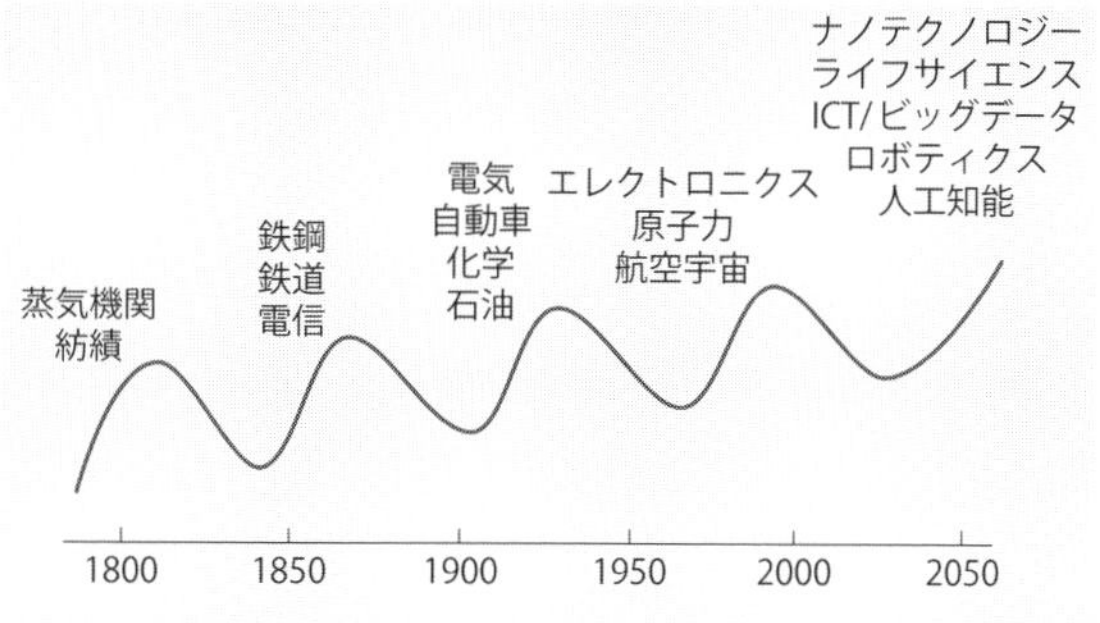

資料）日経ビジネス

〈出典〉国土交通白書 2017

3　これまで掲げてきた政策やそれを支える活動を着実に進めて行くことが求められている

研究費総額は18・9兆円で米国、中国に次ぎ、対ＧＤＰ比も３・56％でドイツ（２・83％）や米国に（２・74％）に比べても高い、68万人の研究者を擁し、労働力人口一人当たり１００人で80名程度の米英独より多いが、①科学論文の被引用数指標が、トップ10％論文シエアは、10年前の世界４位から10位に転落、②公的競争資金配分が、一部機関や各分野の年配者に偏り、費用対効果の持続的担保になっていない、③教育界が世界の頭脳循環の渦から疎外されている。世界の全留学生のうち、日本から外国への送り出しは１％、外国からの受け入れも４・２％に過ぎない。米国で学位を取る日本人は年間１００名ほど（中国人５０００名、インド人２０００名、韓国人９００名）などを挙げています。科学技術力の停滞を止め先端技術の国際競争力を回復するには、これまで進めてきた施策や活動を着実に続けて行くことしかありません。

キーワード　基礎的な科学技術力の停滞／世界の頭脳循環からの阻害

77 AIの労働参入によって雇用はどうなるのか？

ポイント

A　AIは人間の雇用を奪うか、といった2極対立的な議論が展開されているのは、日本の特徴。
B　知的な職業でもルーティン業務が自動化されていく。
C　アメリカでは、技術進歩に合わせた雇用の構造の変化が進展している。

1　日本ではAIは雇用を奪うかという問題設定ですが、世界的には自動化と雇用の未来として議論されている

「AIは雇用を奪うのか」という懸念が広がっています。２０１３年のフレイ&オズボーンの研究で「今後10～20年以内にアメリカの職業の47%はコンピューター化するリスクが高い（コンピューター確率が70%以上）」、それを下敷きにした２０１５年の野村総合研究所の、「日本でも49%はコンピューター化するリスクが高い」と言う推計が話題になりました。その後、２０１６年には、ＯＥＣＤが、上記研究が対象とした職種単位ではなく、タスク（仕事に含まれる作業）単位でみると、大部分のタスクが自動化される職業は約9%に過ぎないと言う推計を出しています。尤も、ＡＩは人間の雇用を奪うか、といった2極対立的な議論が展開されているのは、日本の特徴であり、世界的には、「自動化」が進めば、「雇用の未来」はどうなるか、と言う「雇用の質」「雇用の構造問題」として論じている研究が多く、自動化が雇用を奪うのか、創出するのかは、極端な事態には陥らないという見方の方が多いようです。

2　専門的な知識などが必要な業務におけるルーティン業務などAIの利活用に適した業務は多岐にわたる

更に、アメリカでは、ＡＩ等の新技術がもたらす雇用創出により、雇用がむしろ増加した（雇用全体でみた場合、年率換算で0・45%程度の雇用増効果がある：コンピューター利用頻度が高い職種の雇用は増加しており、利用頻度が低い職種の雇用減少を越える伸びを示した２０１６年）と言う報告もあります。日本では、

図表77 グローバル調査結果のサマリー

	AIの重要性	AIとの協働に向けた不安	AIとの協働に向けた取り組み
経営者	54%	13%	60%
	Aiは戦略目標達成のために重要である	半数以上の従業員がAIとの協働の準備ができている	Aiの進歩を踏まえて社員の再教育への投資を増加させる
労働者	57%	48%	68%
	過去2年間に私の仕事におけるAIの重要性は増した	AIは私の雇用に脅威を与える	AIと協働するために新たなスキルを習得することが重要

数字は「はい」の％
〈出典〉（株）アクセンチュア「雇用・働き方の未来　人とインテリジェント」2018年5月28日

有識者の多くが、「少子高齢化の進展に伴う労働力供給の減少を補完できる」「業務効率・生産性が高まり、労働時間の短縮につながる」「新しい市場が創出され、雇用機会が増大する」と言うようなプラス面の影響を上げていますが、同時に、「ＡＩは万能ではなく、利活用に適した業務とそうでない業務がある」とも指摘しています。そして、業務を行う上で高い能力を要求され、訓練に時間を要する業務であっても、ルーティン業務であれば、機械に代替される可能性は高くなってきたといわれています。

3　ＡＩの戦略的な重要性の認識と不安が働く人にある

具体的に最近進行している事例として、①コールセンターに於いて、女性オペレーターが、②証券会社において、株トレーダーが（高速取引と言われている）、③弁護士事務所に於いて、過去の判例検索が、④会計事務所で定型的な経理処理が、⑤証券アナリストの企業の決算報告書の図表作成に、⑥病院に於いて、過去の症例を学習して検査結果を見て病名と治療を医師に助言する、などを、ＡＩが行っています。又、自動化技術が進むことにより、人間の仕事をより複雑化させるなど、人間に新たなストレスが加わる可能性も挙げられています。（株）アクセチュアが日本を含む世界11か国の1万人以上の経営者や労働者を対象にした最近の調査でも、ＡＩは自分の雇用に脅威を与えると思っている労働者は48％います。同時に、アメリカでは、創造的で人と人とのコミュニケーションを必要とする職種が高い収入を得るようになるなど、技術進歩に合わせた雇用の構造の変化が進展しています。大きな雇用変化が人間の幸せにつながるかは何とも言えませんが、技術進歩に合わせるべき雇用も現状維持を続けるのは、生産性や競争力の低下をもたらすとも指摘されています。

キーワード　自動化の進行による「雇用の未来」／雇用の構造に影響

78 東京オリンピック後の経済はよくなるのか？

ポイント

A　オリンピック閉幕後に景気の落ち込みが起こる可能性がある。
B　オリンピック開催のための公共投資を契機に民間消費が恒常的に増加するという訳ではない。
C　オリンピック開催がマクロ経済の新しい時代の幕開けになるとは限らない。

1　縮小社会が続く日本に於いて五輪開催の経済効果が期待されている

東京オリンピックが開催される「２０２０年問題」が脚光を浴びています。現在、日本は総人口が減少していく中で「少子高齢化」「東京への一極集中・地方の過疎化」などに歯止めがかかる兆しも無く、数字的には一定の経済成長が維持されているのにもかかわらず、豊かになって行くという生活実感を得にくい状態が続いています。このよう状況の中で、オリンピックは開催国の経済を刺激し、活況を齎すという期待がもたれています。東京都は２０１７年３月に東京オリンピックが全国に及ぼす経済効果を32兆３千億円（大会開催が決まった２０１３年から大会10年後の２０３０年まで）、全国の雇用増加数は約１９４万人と言う試算を発表しています。経済効果は、開催のための競技場の整備費や大会運営・マーケッティング活動費などで構成される約５兆２千億円の直接的効果と、レガシー（遺産）による経済効果約27兆１千億円よりなっています。又、日銀では２０１４年から２０２０年までのＧＤＰを累計で25兆円～30兆円押し上げるという予測もしています。

2　これまで多くの国で五輪開催後の成長率が低下

しかしながら、一方で、「五輪後の不況」と言う視点から「２０２０年問題」は、東京オリンピック後の経済低迷を指すことも多くなってきました。経済効果のように数値で示されているわけではありませんが、競技場や道路の整備などにお金を掛け過ぎると、オリンピック閉幕後に景気の落ち込みが起こる可能性があるということです。開催後には民間投資や個人消費の低迷が起きて、経済が不景気になることが、前回の東京オリンピックも含めて、経済状況の実績から類推されています。

図表 78　オリンピック開催国の実質経済成長率

開催年	夏季大会	開催国	大会翌年の実質成長率（大会年＝100）	会翌2年の実質成長率（大会年と大会前年＝100）
1976	モントリオール	カナダ	66.5	105.5
1984	ロサンゼルス	アメリカ	58.4	65.2
1988	ソウル	韓国	59.1	69.1
1992	バルセロナ	スペイン	-110.8	38.9
1996	アトランタ	アメリカ	118.2	137.2
2000	シドニー	オーストラリア	71.9	85.6
2004	アテネ	ギリシャ	18.1	61.0
2008	北京	中国	96.0	83.4
2012	ロンドン	イギリス	67.0	102.4
1964	東京	日本	50.7	79.7

〈出典〉慶應大学教授　岸博幸氏 (2018 年 2 月 22 日)

これまでの五輪後のかって、1964年10月に開催された東京オリンピックでは、1963年8・8%、1964年11・2%だった実質経済成長率（実質GDP増加率）が1965年に5・7%に鈍化しました。更に、1976年のモントリオール大会以降、オリンピック開催年の実質経済成長率を100としたとした指数を開催翌年にあてはめると、アトランタ大会後のアメリカ以外は全て、100を割っていたという調査もあります。

3　今から長期的な経済拡大に備えて行く必要がある

このような現象の要因は、大半の国で、民間設備投資が鈍化していることが挙げられています。オリンピック開催のための公共投資を契機に民間消費が恒常的に増加するという訳ではないことを示しているのではないかと指摘されています。オリンピックは時代の象徴になるかもしれないが、単純に、それが、マクロ経済の新しい時代の幕開けに繋がることはないようです。日本でも、2019年までは、東京オリンピックも含めた財政出動による経済需要が、今の景気を戦後最長の景気高揚期間にする可能性がありますが、長期的な経済拡大を目指すためには、潜在成長率を維持・向上させる取り組みが不可欠です。潜在成長率を上げる人口の増加や資本設備の増加（日本全体の総需要が減るのを乗り越えて）が難しい現状では、生産性の向上が不可欠です。遅れている産業全体の構造改革や、AIの導入や働き方改革の推進に対応した働く人たちの意識改革が重要になりそうです。

キーワード　五輪後の経済効果への期待／五輪開催後の成長率の低下

79 賃金格差の現況は？

ポイント

A 男性の正規雇用者を100とした場合、非正規雇用者の賃金は男性約6割、女性約4割5分程。
B 非正規雇用者の内75％の収入が年間200万円以下。
C 企業規模による賃金格差は今なお、緩和のメドが立っていない。

1 正規と非正規の雇用者の賃金に大きな格差があります

最近の賃金の動きを見ると、実質賃金指数（現金給与総額と所定内給与）は、2000年頃から下降傾向にあり、リーマンショック（2008年）後は、下降の傾斜が大きくなり、バブル崩壊後の水準に近づいています。この現象は、賃金の低い企業内の非正規雇用者を含むので、正規雇用者と非正規雇用者の賃金格差がクローズアップされてきました。給与の総支給額は、男性の正規雇用者を100とした場合、（短期間労働者を除く）男性の非正規雇用者は約6割、女性は約4割5分程（2015年）になっています。又、非正規雇用者の内75％の収入が年間200万円以下で、100万円未満も多く、所得格差問題が憂慮されています。又、日本では、それ以前から存在した「男女間の賃金格差」と「大企業と中小企業の賃金格差」も改善されていません。

2 男女間の賃金格差は、女性が男性と同一労働（同じ職責や役職）につく人が少ないということに起因

2016年の厚生労働省の調査によると、フルタイムで働く女性の平均賃金が、これまでで最高の、男性の73％となり、男女格差が、この20年間で10％縮まりましたが、国際的にはベルギーやハンガリーなど、男女格差が数％の国もあり、OECDの調査（2014年）では、日本は加盟国の中で、韓国、リストニアに次ぐワースト3となっています。最近は女性の就労が増えているのにもかかわらずこのような結果となっているのは、「女性を差別している」「男女間で同一労働同一賃金になっていない」と言う要因が挙げられていますが、これを解決していくためには、もっと深く追求すべき問題があります。即ち、男性と同一の仕事をしている女性の比率が低く、

図表79　一般労働者の総支給額（2015年）

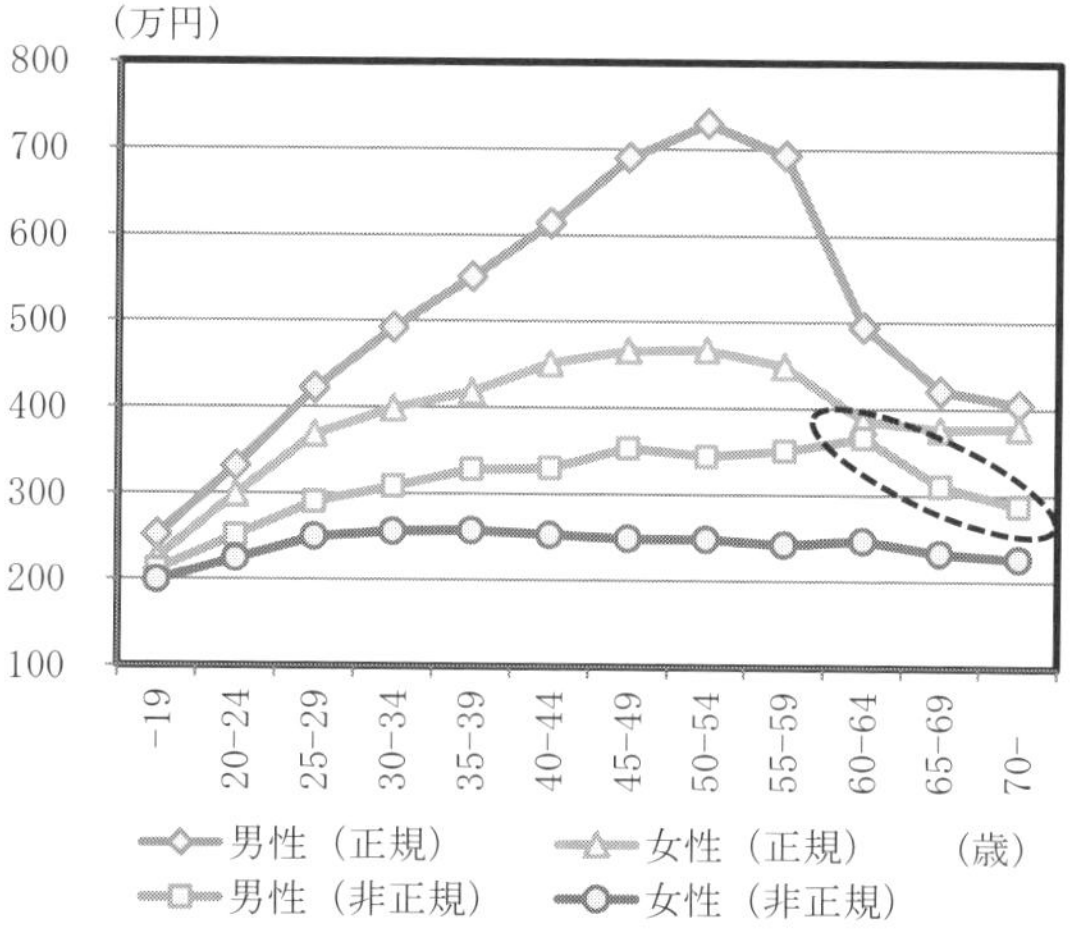

（注）正規は正社員・正職員、非正規は正社員・正職員以外を指す。
（出所）厚生労働省「賃金構造基本統計調査」より大和総研作成

〈出典〉大和総研経済調査部経済構造分析レポートNo392016年2月23日

正規・非正規に拘わらず、男性と女性のやる仕事がはっきり分かれていることが多いのです。つまり、日本に於いては、男女間の同一労働同一賃金以前に、男女が同一の労働をしていないということが問題です。企業に於いて重要な役職や生産性の高い労働を担う女性が少ない。従って、収入が少ない女性が多いということになります。

3　大企業と中小企業の賃金格差は日本独特の商習慣による構造的な問題

日本の企業の99・7％は中小企業で、働く人の７割は中小企業で働いています（２０１７年中小企業白書）。古くから「二重市場論」として知られる企業規模による賃金格差は今なお、緩和のメドが立っていません。企業規模による賃金格差は、従業員１０００人以上の企業（大企業とする）を１００とした場合、１００〜９９９人の企業（中企業とする）では、81・5、99人以下の企業（小企業とする）で72・6となっています（労働統計総覧２０１５年）。国際的にみると、アメリカ、オランダ、デンマーク、フィンランドなどはほぼ１００です（データブック国際比較２０１７年）。そして、更に詳しくみると、若いうちは規模間による差は比較的小さい（初任給については大きな差は存在しない）が、年齢が上がって行く程、差が大きくなり50歳台で最大になります。このような規模間の賃金格差の要因としては、多くの業種で系列会社体系や元請け・下請け等、大企業と中小企業のビジネス上の立ち位置が固定しているという、日本的雇用システムの背景にある商習慣のような構造的な問題があります

キーワード　同一労働同一賃金／正規・非正規・男女・企業規模間格差

80 ライフスタイルの世代別傾向は？

ポイント

A　団塊世代は、子育てを終えると年金を受け取ることで経済的にゆとりのある老後が保障されていた。

B　団塊ジュニアは、定年後の生活設計を比較的早い時期から検討。

C　ミレニアル世代は、「モノ」への所有へのこだわりは弱い。

1　日本人の生活を取り巻く社会潮流の急激な変化がこれまでのライフスタイルの変化を促している

「ライフスタイル」は日本語に直訳すると「生活様式」になりますが、最近は英語のまま日本語になっています。内容は様々な解釈がありますが、心理学者のアドラーは、個人の思考をライフスタイルと表現しています。「自分の考え方や思想が現実の世界にアウトプットされたもの」と言えそうです。

現在、日本で、戦後に築いてきたライフスタイルが大きく変化していくのではないかと言われるのは、社会潮流が大きく変わってきたことに関係がありそうです。①グローバル化、②経済効率追求への疑問、③情報化の急速な進展、④現実化した人口減少社会の進行、⑤格差社会の増大、などがライフスタイルの変化を促しています。生活者がこのような社会潮流の中で「本人の価値観や願望に合った生活が実現できるかどうか（好きなことをやれるか、望ましい人生をおくれるのか）」「想定外リスクに敏感になり、リスク対応への負担が増大し、対応力が問われる（自然災害や、会社倒産や働き手の離死別などのリスク、就職や正社員であるか、親の介護をするなど、けっして稀ではないリスクへの対処を準備する）」時代になってきました。

2　団塊ジュニア世代がライフスタイルを変えている

更に、社会潮流をどのような年齢で体験したのかで、世代毎にライフスタイルが異なります。現在、71才から67才の全人口の約8％、1000万人以上の大きなボリュームを占める「団塊世代」がライフスタイルを引っ張ってきましたが、その子供たちである「団塊ジュニア世代（1971年から1974年生まれの47歳から44歳）」は、親の世代とは異なる価値観とライフスタイルを持っています。団塊世代及びそれより高齢の世代は、子育てを終えると年金を受け取ることで経済的にゆとりのある老後が保障されていましたが、団塊ジュ

図表80　社会潮流とライフスタイル

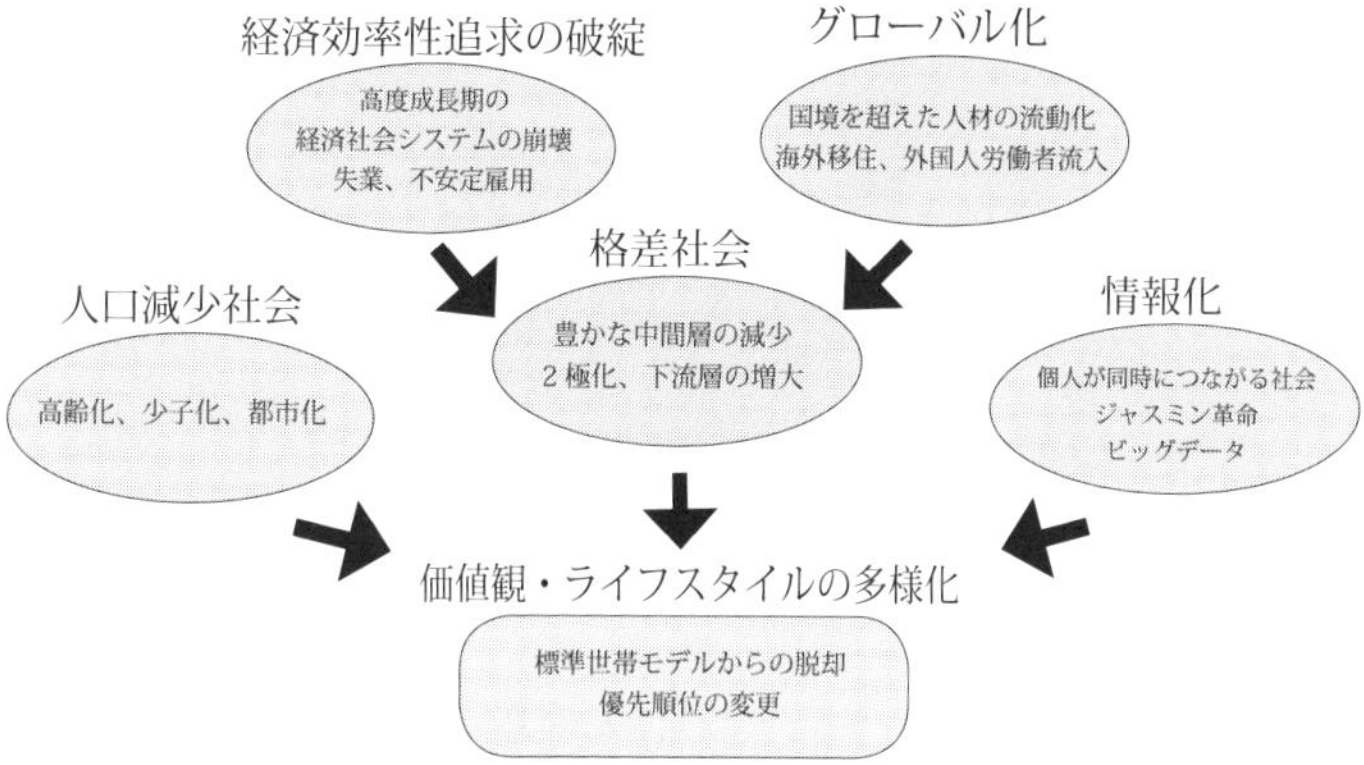

〈出典〉国立環境研究所

ニアは就職氷河期（1995年から2003年）にも遭遇し、入社後も長期にわたるデフレを体験しています。その結果、背伸びした支出よりも、収入・消費・貯蓄のバランスに敏感な中で、自分のこだわりや自己啓発には出費をいとわず、子供の教育に熱心、自分の能力開発にも関心が高いと言われています。そして、親の介護や自分たちも含めて、現役時代から老後の準備をする必要があると考え、定年後の生活設計も比較的早い時期から検討を始める人もいます。

3　ミレニアル世代が次のライフスタイルを作って行く

更に、若い、ミレニアル世代と呼ばれる、2000年代以降に成人した人達（1980年代から2000年頃までに生まれた世代）は、①幼少よりインターネット、情報端末等に慣れ親しみ、②自動車や住宅などの「モノ」への所有へのこだわりは弱く、消費に関しては、「コト（体験）」を重視し、他者との共有を好む傾向がある、③環境への関心が高い、④個人主義、多様な価値観を尊重、⑤健康志向、スポーツへの関心が高い、⑥経済的な独立の先延ばし、等の特徴を持つとされています（みずほ証券）。やがて、社会全体のライフスタイルの変化を引っ張っていくことになると予想されます。

キーワード　社会潮流の変化を体験した年齢の差／将来リスクへの対処

81 非正規雇用増加の現況は？

ポイント

A 非正規雇用者の65才以上の高齢者の割合が増加して、2016年までの10年間におよそ2倍に。
B 正規雇用と非正規雇用では一人当たりの平均年収がおよそ2・8倍の差がある。
C 非正規雇用者の雇用形態で最も多いのが「パート・アルバイト」。

1 非正規雇用者は全労働者の40%を越え増加している

「非正規雇用」には様々な雇用形態が含まれます。基本的には、期間の定めなくフルタイムで勤務する「正規雇用」に対して、個別の労働契約に応じた期間や時間に限定する働き方を「非正規雇用」と言います。具体的には、パートタイム労働者やアルバイト、契約社員、派遣社員、その他臨時職員や日雇い労働者を指します。厚生労働省の調査によると2016年度で正規雇用と非正規雇用の比率は、約6：4とかなり高い比率になっています。昭和の終わり頃には、全労働者の15%を越える程度であったのが、2008年のリーマンショック後に年々増加してきました。特徴的なのは、65才以上の高齢者の割合が増加傾向にあり、2016年までの10年間におよそ2倍になり、定年後再雇用の「嘱託」が増加しています。その他、非正規雇用者の雇用形態として最も多いのが「パート・アルバイト」で、「派遣」もリーマンショック後割合を減少しましたが、最近は再び増加しています。

2 非正規雇用が増えるのは、企業側、労働者側の夫々の働き方にメリットがあるからとも言われている

非正規雇用は、企業側のメリットから始まります。まず、人件費の抑制の為です。正規雇用と非正規雇用の差は待遇面、特に給与体系の違いが顕著です。2017年のデータ（平成28年分民間供与実態調査）では、一人当たり給与所得者の平均年収が、正規で487万円、非正規で172万円となっており、およそ2・8倍の差があります。福利厚生面では、正規と非正規で異なる取り扱いをす

る企業も少なくありません。次に、必要な時に人を増やし、業務が落ち着いているときには雇用を維持する責任が無くなる等、雇用調整のしやすさがメリットになります。非正規雇用の増加には、働く人側のメリットがあることも指摘されています。柔軟性があり、限られた時間で自分の都合に合わせた働き方ができるということです。次に、希望する業務に従事し続けることが出き、移動の可能性も低いということです。非正規で入社して社内でキャリアアップをする、目標の実務に携わるということも少なくありません。

図表81　正規雇用と非正規雇用労働者の推移

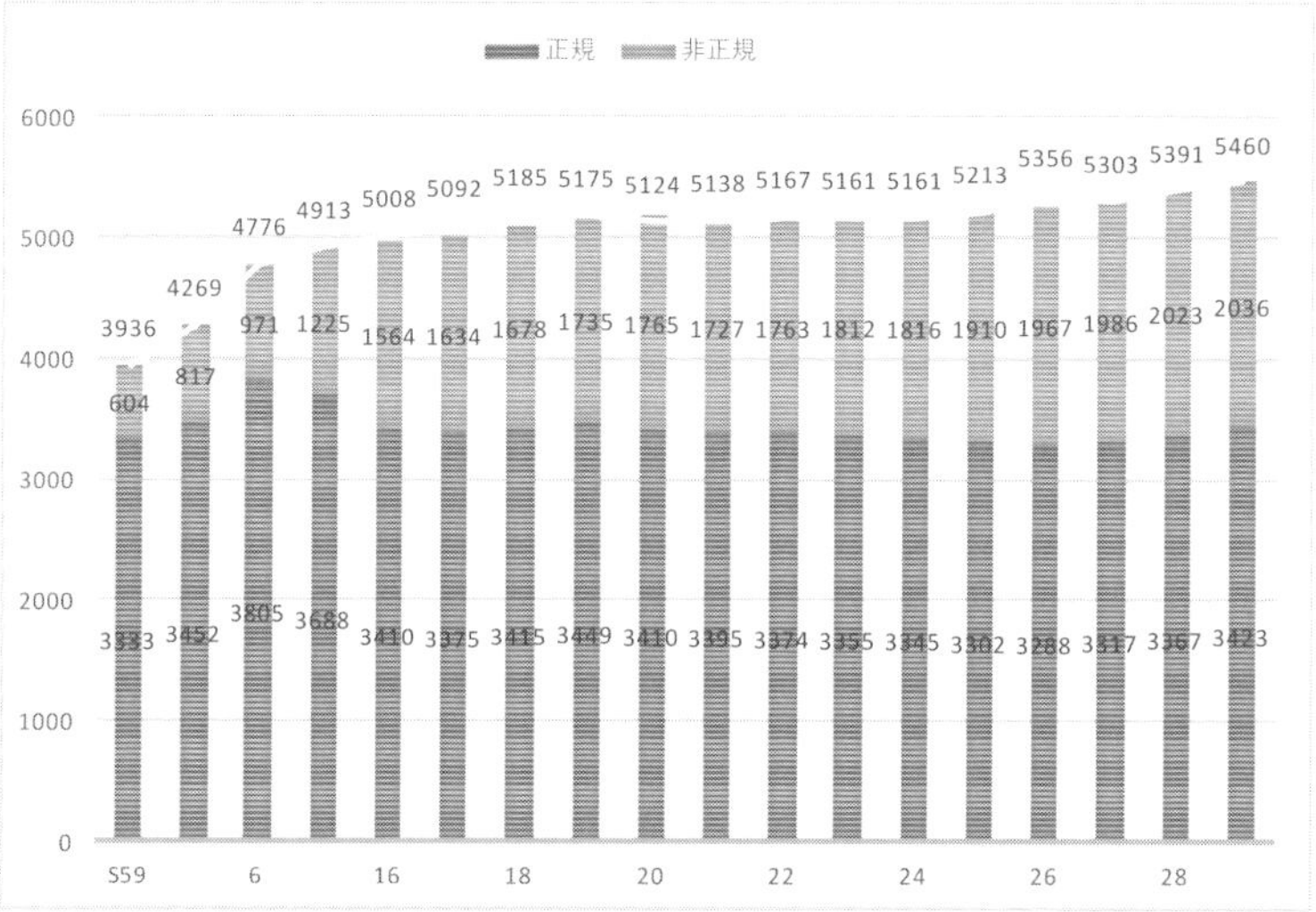

〈出典〉「非正規雇用」の現状と課題（厚生労働省平成30年）

3　非正規雇用者の低賃金・雇用の不安定は社会問題

一方、最近になって、企業側では、非正規社員の仕事に対するモチベーションの低さが企業成長に悪影響をもたらす、仮に優秀な契約社員が居ても、正社員のように長く居てもらえるかどうかわからないという人材流出の危険性、などが指摘されています。

それでも、非正規雇用として働いている人の内、本当は正社員になりたい人は、最近の調査で18％います。最も大きな問題は、低賃金・雇用の不安定による所得格差の増加です。結婚したくてもできない、子供を産めないという少子化の問題につながっていきます。

キーワード　雇用者の4割が非正規／低賃金・雇用の不安定と所得格差

82 中小企業の後継者問題の現況は？

ポイント

A 後継者の確保や早めの事業の引き継ぎをしやすくすることが国の政策として重要になってきました。

B 事業継承を断念した理由の多くは将来の業績悪化への懸念。

C 「M&Aで会社を買い取ってもらう」という手法があり、活用されている。

1 売上10億円以下の企業では、70～80％近い企業の後継者が不在です

中小企業の事業継承が、国家的な問題として大きく取り上げられるようになりました。中小企業とは、中規模及び小規模の企業を指します。厳密には、中小企業基本法によると「製造業・運輸業などでは資本金３億円以下または従業員数が３００人以下、小売業・サービス業などでは資本金５０００万円以下または従業員数50人以下、卸売業では資本金1億円以下または１００人以下の企業」となっています。全企業の99・7％で全雇用者の7割が働いています。

２０１７年11月のデータ（帝国データバンク）では、国内全企業の3社に2社（66・5％）が後継者不在で、２０１６年調査より0・4％高くなっています。中でも売り上げ規模1億円未満の企業では、78・0％、1～10億円未満企業では、68・6％と平均より高くなっており、ほぼ、このクラスが議論の対象となっているようです。また、休業・廃業や解散をする企業の5割は経常損益が黒字です。20年前に中小企業の経営者の最も多い年齢が47歳であったのが最近（２０１７年）は、ベンチャー企業の台頭などにより若い経営者が増えているにも拘わらず66歳になっています。後継者が見つからなければ、廃業する企業が増加していく可能性があります。後継者の確保や早めの事業の引き継ぎをしやすくすることが国の政策として重要になってきました。

2 子供が継がない、継がせたくない、社内に継がせられる人材がいない等が要因

後継者問題が発生する理由として、まず、子供が継がない

ということがあります。①子供が他の企業に勤めていて、仕事を辞めたくない、②子供が自分の経営者としての資質や能力が不足していると考える、など、経営者になる不安を感じています。２番目に、現経営者が子供に継がせたくないと考えるケースです。厳しい事業環境の中で、適任者でない後継者が継いだら、経営難、倒産、借金だけが残るということを危惧するということです。中小企業庁の調査でも、事業継承を断念した理由の55％が「将来の業績悪化への懸念」となっています。３番目に、社内に継がせられる人材がいないということが挙げられます。社員に継がせるということも考えられますが、①経営者に相応しい人材がいない、②候補者が決まっているが本人の了承を得ていないというケースが多くあります。継いでもらうためには、数多くのハードルがあります。まず、会社の株式を買えるだけの資金を持っていなければなりません。また、会社の負債を背負い、担保が足りない時は、社長自らの資産を担保にするのが一般的です。このような負担を承知で継承してもらうのは大変です。

図表 82　売上規模別後継者不在率

売上規模別	後継者不在率	2016 年	2014 年	2011 年
1 億円未満	78.0%	78.2%	76.6%	76.3%
1 ～ 10 億円未満	68.6%	68.5%	67.7%	66.5%
10 ～ 100 億円未満	57.2%	57.5%	57.0%	55.5%
100 ～ 1000 億円未満	39.7%	41.1%	40.8%	40.5%
1000 億円以上	24.3%	25.0%	25.7%	29.3%
計	66.5%	66.1%	65.4%	65.9%

〈出典〉2017 年後継者問題に関する企業の実態調査 ((株) 帝国データバンク)

３　企業価値を上げることによって雇用と経済活動を存続させることが求められている

後継者不足などによる廃業の増加によって２０２５年までに、累計で約６５０万人の雇用と22兆円のＧＤＰが失われる可能性があるという試算（経産省）も公表されました。このような状況の中で、事業継承の選択肢として、「Ｍ＆Ａで会社を買い取ってもらう」という手法があり、最近増えてきました。売り手企業としては、株式は譲渡企業に引き継がれ、同時に負債も従業員も引き継がれます。株式譲渡も親族継承や廃業よりも金銭的なメリットがあります。しかし、Ｍ＆Ａは相手先の企業が見つからないと買収してもらえません。買収企業を見つけるためには、自社の企業価値を高める必要があります。

キーワード　廃業・解散する企業の半分は黒字／企業価値を上げる

83 民泊ビジネス増加の現況は？

ポイント

A　訪日旅行客の急速な増加による宿泊施設の不足。
B　住宅宿泊事業者の届出制度と、住宅宿泊業および、住宅宿泊管理業の登録制度を新設。
C　規制はホテルや旅館に比べればかなり緩やか。

1　ここ数年で増加して旅館の数を上回ってきたが、非合法の施設も多く、法律で要件を定めた

２０１８年6月15日に「住宅宿泊事業法（いわゆる民泊新法）」が施行されて、民泊に対する関心が高まりました。民泊は「民家に泊まる」ことから来ている言葉で、一般住宅や民泊専用施設を有償で旅行者に提供することですが、ここ数年で急速に増加し、ホテル数約1万施設、旅館約4万施設を上回っています。このように増加した要因は外国人観光客の急速な伸び（２０１１年６２２万人が２０１７年２８６９万人）に対する宿泊施設の不足です。２０１７年7～9月の訪日外国人旅行者の12・4％が民泊です（観光庁調査）。民泊仲介世界最大手のAirbnbのレポートでは、日本で２０１６年の同社登録民泊事業者が創出した利益は４０６1億円、年間1件当たり平均収入は１００万４８００円です。新法施行以前は非合法なヤミ民泊が多く、利用者が騒いだり、ゴミ捨てのルールを守らない、犯罪が行われるなどの事件も起こり、今回の新法の制定に至りました。法律の趣旨は、住宅宿泊事業者の届出制度と、住宅宿泊業および、住宅宿泊管理業の登録制度を新設したことです。家主居住型では手続き者がオーナー、家主不在型では手続き者が管理者と異なりますが、概要は、申告は届出、営業日数１８０日以下（旅館業法では制限なし）、苦情対応は管理者、住居専用地域でも可（旅館業法では不可）、フロントの設置なし（旅館業法ではフロントの設置が条件）、となっています。

2　大手も含めた民間事業者の参入が増えそう

規制はホテルや旅館に比べればかなり緩やかですが、個人が事業を行うには相当負担があります。既存の民泊は新法に従うか廃業するか選択を迫られますが企業には、ルールが決まったことでビジネスチャンスが広がり、参入が本格化しそ

図表83　全国民泊物件数

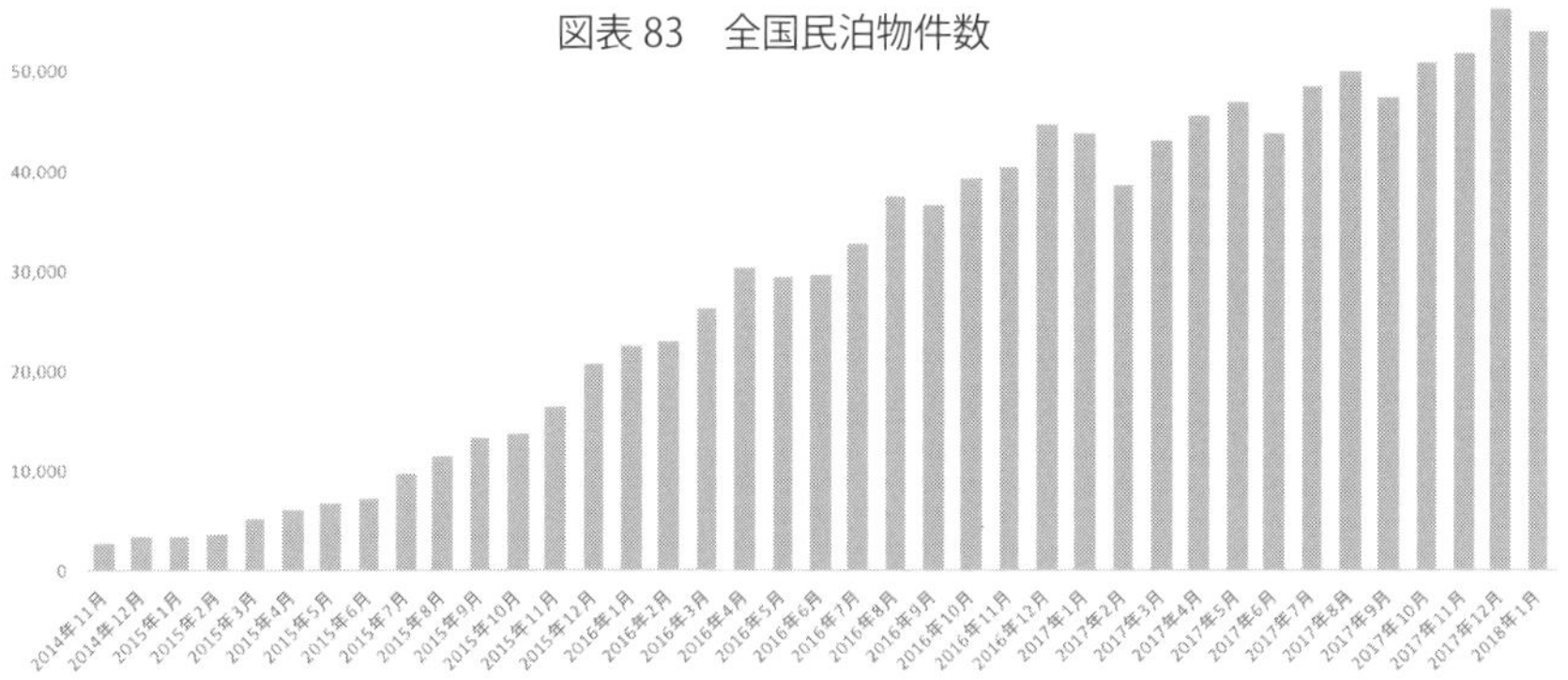

〈出典〉Airstair

うです。①都心や観光地近くの賃貸住宅、②空いている社員寮や社宅、③空き家や空き物件、④禅寺の宿坊など宿泊可能な施設、などは民泊として収益を上げる可能性があります。民泊を運営する際に必要な業務を請け負うビジネスも登場しています。①施設向けサービス（運営代行、コンサルティング・申請代行、クラウド運営管理ツール、インテリア・家具・家電、保険、など）、②宿泊客サービス（民泊物件紹介・予約サイト、ガイドサービス、荷物預かりサービス、等）です。これからは大手企業の参入により民泊関連業界勢力図も変わりそうです。一部コンビニエンス事業者が民泊のチェックインを受け付ける事業を始めたことが話題になっています。

3　宿泊施設の不足とシェアリングエコノミーの浸透により民泊市場は伸びて行きそう

既存の宿泊施設の稼働率が80％を超えて、宿泊料金が高止まりしているのに対して、料金が低く抑えられる可能性がある「民泊市場」が生まれました。更に、ソーシャルメディアの発達と日常生活への浸透により可能になった「シェアリングエコノミー（共有型経済）」の認知度の向上が大きいと言われています。民泊は経済学的には「短期のルームシェアリングサービス」とされます。今後、観光客だけではなく、ビジネス客も利用するようになるだろう、ホテル・旅館との境が無くなるのではないかと言うような市場の拡大とともに、民泊利用者と近隣住民とのトラブルや事件・事故への対応が、現在より一層必要になる、などの課題を抱えながらも、訪日旅行客の増加に合わせて成長して行くことが期待されます。

キーワード　短期のルームシェアリングサービス／大手企業の参入

20

ボランティア

何がおこっているのか?

84 ボランティア活動の実態は？

ポイント

A　ボランティアの人数は、東日本大震災のあった２０１１年と２０１２年に８５０万人を超えたのを除いて、７００万人台で推移している。

B　20歳台から50歳台までの現役世代が減り、それ以上の年代増えている。

C　ボランティア活動の種類別行動者率の上位は1位がまちづくりのための活動。

1　ボランティアは20年で1・5倍になり７００万人です

日本でも、ボランティアの存在が注目されるようになってきました。全国の社会福祉協議会で把握しているボランティアの人数は、阪神淡路大震災があった１９９５年に５００万人を超え、２０００年以降は、東日本大震災のあった２０１１年と次の２０１２年に８５０万人を超えたのを除いて、７００万人台で推移しています。ここ20年でほぼ1・5倍と増加ですが、ここ10年では殆ど増えていません。「社会生活基本調査」の於けるボランティア活動率（過去1年間にボランティア活動を行った者の15歳以上の人口における比率）の推移では、２０１１年には女性は上昇したが、男性は低下、２０１６年には男性が上昇したが女性は低下しました。２０１６年は、女性が26・8％、男性が25％の活動参加率です。これらの調査における「ボランティア活動」とは、報酬を目的とせず（交通費などの実費程度の金品の支払いは報酬と見なさない）、自分の労力や技術、時間を提供して地域社会や個人、団体の福祉増進のために行う活動を指しています。

2　当初の生活支援活動中心から、災害時要援護者支援を始め活動の内容と担い手は広がってきた

１９９３年には、厚生省告示で、ボランティア等の福祉活動を、①活動の自主性、自発性及び創造性が最大限に尊重されなくてはならない、②支援策が国民の自己実現や社会参加への意欲に沿い、これらに寄与するよう行われなければならない、③公的サービスでは対応し難い福祉需要について柔軟かつ多様なサービスを提供することが期待される、としてい

図表84　「ボランティア活動」の年齢階層別行動者率（2016年）

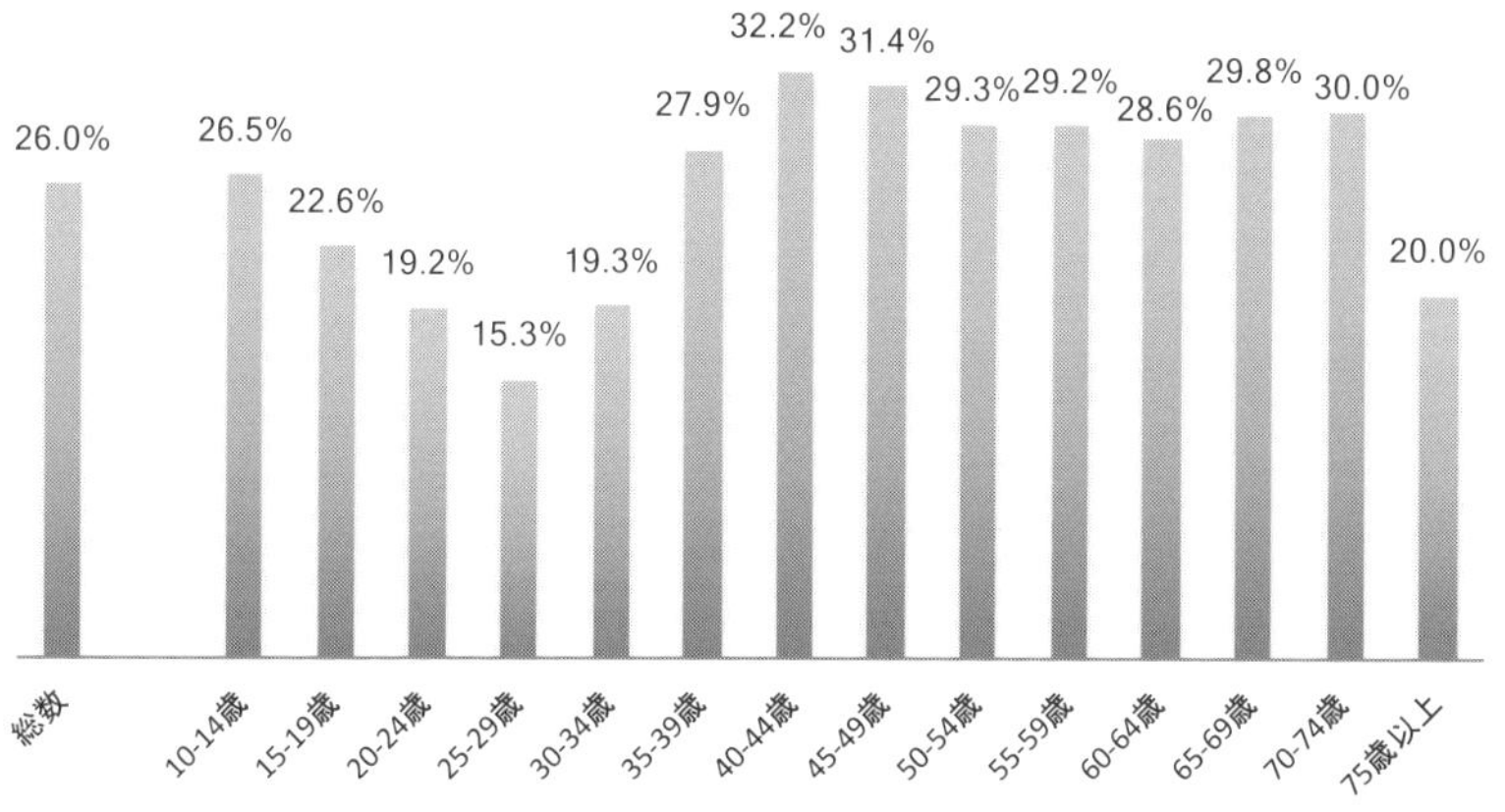

〈出典〉総務省・2016年社会生活調査

ます。そして、当初、「交流」「話し相手」「配食・会食サービス」「外出・移送サービス」といった生活支援活動が中心でしたが、その後、災害時要援護者支援などの新しい取り組みや、多様な形態の非営利活動の活発化により、ボランティア活動の内容と担い手は広がってきました。

3　団塊の世代の次を担う人達が重要になる

ボランティア活動の実態（「ボランティア活動」の行動者率（2016年社会生活基本調査））を見ると、活動の担い手は未成年者で4分の1に達していますが、20歳台後半にかけて漸減、それ以降増加して40歳台がピークとなり、75歳以上で大きく落ちています。64歳まで漸減した行動率が、65～69歳台で再び上昇しているのは、団塊の世代のリタイヤー後の参入として期待されます。一方で、２０１１年と比較した２０１６年行動者調査では、20歳台から50歳台までの現役世代が減り、それ以上の年代では高くなっています。ボランティア活動の種類別行動者率の上位は1位がまちづくりのための活動（11・3％）2位が子供を対象とした活動（8・4％）3位が安全な生活のための活動（5・0％）4位が自然や環境を守るための活動（4・0％）です。災害に関係した活動は、大災害があった年に相対的に大きくなりますが、ボランティア活動全体は、日常生活に密着した地道な持続的な活動で構成されていると言えます。

キーワード　福祉活動だけではない活動／担い手の継承／持続的な活動

85 五輪ボランティアは有償か無償か？

ポイント

A 活動補助として1日1000円カードが支給される。
B リオデジャネイロ五輪では、リオデジャネイロ市が有償で雇用した。
C ロンドン五輪では、制服と当日の食事代が支給されたが無給。

1 東京五輪では11万人の五輪ボランティアが必要

東京五輪の大会ボランティアの募集が始まりました（2018年9月26日）。11万人のボランティアが必要とされています。大会ボランティア（組織委員会）が8万人、都市ボランティア（東京都）が3万人必要とされています。2016年のリオデジャネイロが5万人であったのに対して、破格の多さとなっています。ボランティアの種別は、①指定なし（どんな活動でもいいのでボランティアとして参加したい）、②案内（競技会場内、それ以外の空港やホテルなどでの大会関係者の各種サポート）、③競技（競技会場や練習会場内での競技運営等のサポート）、④移動サポート（運転等）、⑤アテンド（海外要人・選手などに対する外国語でのコミュニケーションのサポート）、⑥競技会場・選手村・車両運行等の運営サポート、⑦ヘルスケア運営サポート（けが人のサポートやドーピング検査などのサポート）、⑧テクノロジー（通信機器等の貸し出しや改修等のサポート）、⑨メディア（国内外のメディアが円滑に取材できるための様々なサポート）、⑩式典（表彰式で関係者の案内やメダル・記念品等の運搬）、です。募集のキャッチコピーは「青春のど真ん中」。活動補助として、1日1000円カードが支給されます。応募期間は12月8日までで、2019年になったら、チームワークを高めるためのオリエンテーション、基礎知識を学ぶ共通研修、役割別・配置場所別の研修（リーダー候補はリーダー研修）を受けます。

2 ボランティアは有償か無償かが議論されている

五輪ボランティアの有り方について、様々な意見が出ています。大会ボランティアは1日8時間程度で10日以上、都市ボランティアは1日5時間程度で5日以上活動できることが基本条件になっています。これに対して、時給換算すると

125円の「ブラックボランティア」ではないかという意見や、五輪ボランティアで大事なのは「無償とか有償ではない」と言う意見などが、飛び交っています。2016年のリオデジャネイロ五輪では日本の都市ボランティアに当る「シティホスト」はリオデジャネイロ市が有償で雇用しており、2018年の冬季平昌五輪では交通費が支給され宿泊施設も用意されたのに対して、今回の東京五輪では、日当や宿泊費や施設の支援も無いのが問題視されています。一方、2012年のロンドン五輪では、「ゲームメイカー（ボランティアをこのように名付けた）」は制服と当日の食事代が支給されましたが無給でした。

図表85　ボランティアの位置づけ)

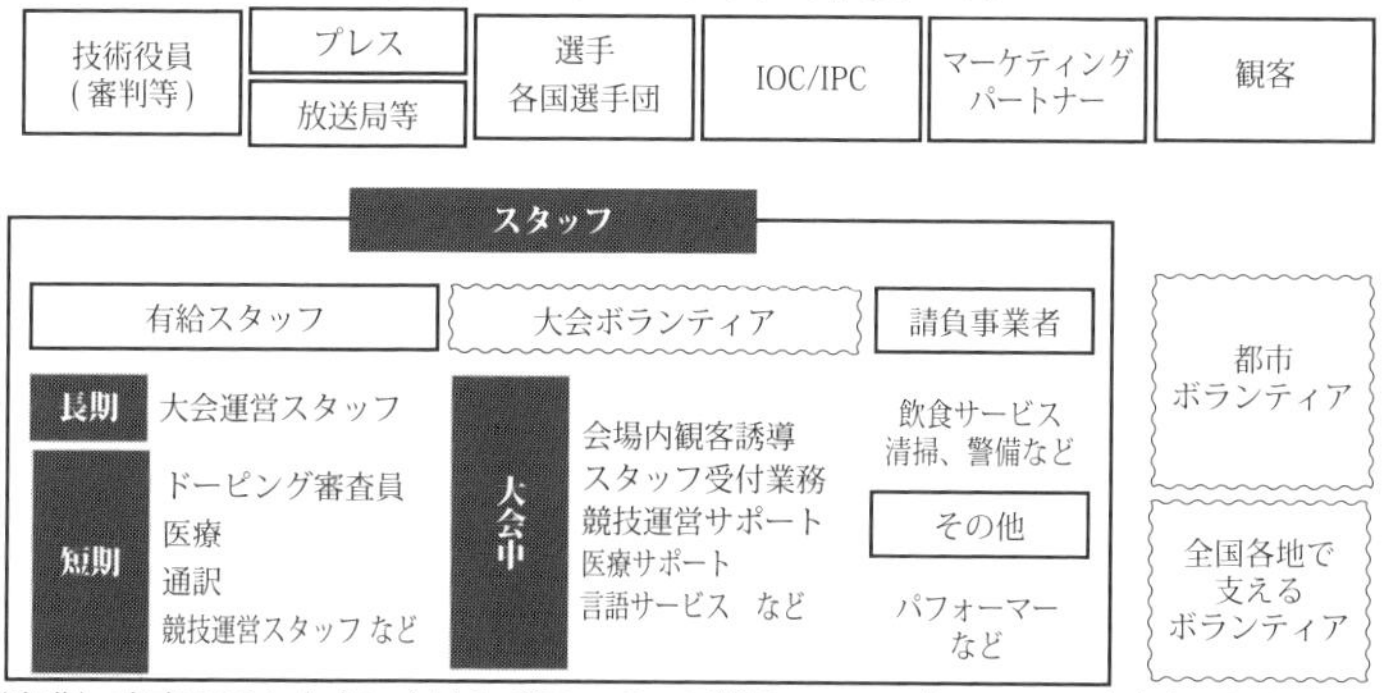

〈出典〉東京2020大会に向けたボランティア戦略　2016年12月　東京都（一部加工）

3　五輪は、これまであまり社会的に浸透していなかった日本のボランティアの有り方に一石を投じそう

ロンドン五輪では、必要人員7万人に対して3倍以上の24万人が応募したと言われています。イギリスでは、スポーツ分野のボランティア活動を奨励する組織「スポーツ・イングランド」と言う組織があり、ボランティアは労働者（運営者側と雇用関係がある）ではなく、ほかの人の恩恵の為に、無給で活動を行う人とされています。ロンドン五輪では、全人口の15％にたる約670万人がボランティア活動をしたことがあるという、日常生活の隅々にまで、ボランティア活動が浸透しているイングランドだからという見方もあります。日本では、今後も、ボランティアは有償か無償かと言うことを通じて、ボランティア活動をどのように受け止めるかという議論がしばらく続きそうです。

キーワード　ボランティアの時給換算／五輪ボランティアは労働ではない

21 メディア

何がおこっているのか？

86 メディアの進化の影響は？

ポイント

A 情報の伝達方法が変わることが、人間の感性や、ライフスタイル、社会の仕組みなども変えてゆく。
B インターネットがテレビに代わる主要メディアになりつつある。
C 情報の信頼度は、インターネットに対し、新聞、テレビが上回っている。

1 メディアは情報の伝達を行う中間体

メディアは、英語で「情報の伝達を行う媒体」を意味しています。従って、フロッピーデスクやCD—ROMなどデータが書きこまれている「記憶媒体」も指しますが、一般的には「中間的（meduim）存在」と言う意味で使われています。情報の伝達を紙面によって行う新聞や雑誌、電波によるテレビやラジオ、通信によるインターネット等がこれにあたり、中でも大量の情報を多くの人に伝達するものをマスメディアと呼んでいます。従って、メディアは基本的には技術的に進化してきた物理的な存在ですが、書物と印刷技術、電波とラジオ・テレビ、通信技術とインターネットなどは、単に媒体が変化しただけではなく、情報の伝達方法が変わることが、人間の感性や、ライフスタイル、社会の仕組みなども変えて行く大きな影響力を持つことが、論じられています。

2 メデイアの進化の人間の感覚や社会に対する影響

かつて、カナダ出身のハーバート・マーシャル・マクルーハンは、新しいメディアのテクノロジーの登場は、人間の感覚を変化させ、社会を変化させると説きました。メディアそれ自体がある種のメッセージ（情報、命令等）を既に含んでいる「メディアはメッセージである」と主張しました。彼の主張に対しては、実証的な検討なしの思い付きだというような批判もされましたが、日本では、竹村健一氏による1960年代後半の紹介でブームとなり、更に80年代のニューメディアブーム（当時の電電公社により、ビデオテックス、文字放送、マイコン、ファクシミリなどの新媒体を普及させることが推進されました）で再び取り上げられ、90

図表86　各メディアの信頼度（平成29年）

		テレビ	新聞	インターネット	雑誌
全年代	全年代(N=1500)	63.6%	68.7%	30.8%	19.1%
年代	10代(N=139)	71.2%	64.0%	36.0%	26.6%
	20代(N=216)	53.2%	56.5%	29.2%	20.4%
	30代(N=262)	55.0%	63.4%	31.7%	23.7%
	40代(N=321)	63.9%	70.7%	38.6%	21.5%
	50代(N=258)	67.4%	73.6%	26.7%	12.8%
	60代(N=304)	71.4%	77.6%	24.0%	13.8%
インターネット	利用(N=1443)	63.3%	68.8%	31.8%	19.5%
	非利用(N=57)	70.2%	64.9%	5.3%	10.5%

〈出典〉平成29年情報通信メディアの利用時間と情報行動に関する調査報告書（総務省平成30年7月）

年代から2000年代にかけては、インターネットの広がりに伴った第3のブームがあります。現在、日本では、ネットによる交流の利便性と弊害、ビックデータという新しい資源の取り扱いなど、既に起こり始めた、人間の感性や社会の仕組みの変化に対する楽観・悲観論をあわせて、大きな関心を呼んでいます。

3　通信情報メディアの情報への信頼度

現在、日本では、紙媒体、電波媒体、通信媒体が併存していますが、通信技術の進化に支えられた多様な媒体が次々と生まれています。公的な調査（総務省情報通信政策研究所：平成29年情報通信メディアの利用時間と情報行動に関する調査報告書平成30年7月）によると、①主なメディアのなかではテレビ（リアルタイム）の平均利用時間が最も長く、平日195・4分、休日214分だが、減少傾向にある、②インターネットの平均利用時間がこれに続き、平日100・4分、休日123分であり共に伸びている、③テレビを見る人は80・8％に対してインターネット利用者は78・0％となり、殆ど変らなくなったなどインターネットがテレビに代わる主要メディアになりつつあることが見えます。インターネットの利用は、メールが最も多く、次いでソーシャルメディアが殆ど同じ時間ですが、動画投稿やオンラインゲーム・ソシャルゲームの利用時間も迫っています。ソーシャルメディアの利用者の比率は若年層のみならず全ての年代で増加しており、高い年齢層にもソーシャルメディアが重要なコミュニケーション手段となっています。しかしながら、同調査では、情報の信頼度についての項目で、新聞68・7％、テレビ63・6％に対してインターネットは30・8％で、まだ、情報の信頼度を確保していません。

キーワード　メディア技術は感性・社会を変える／情報の信頼度は漸進的

87 インターネット利用の現況は？

ポイント

A　日本では、インターネット利用者が急増。
B　60歳以上では、パソコンでの接続割合が高い。
C　13歳～59歳まではスマートフォン利用が9割を超える状況。

1 インターネット～その歴史と特徴

インターネットは、コンピュータネットワークをつなぐグローバルなネットワークで、その始まりは、１９６９年に米国国防総省高等研究計画局（ARPA：Advanced Research Project Agency）が軍事目的で開始したＡＲＰＡｎｅｔであるとされています。日本では、84年に開始されたＪＵＮＥＴ（Japan University/Unix NETwork）です。これは東京大学、東京工業大学、慶應義塾大学間で構築された研究用ネットワークで、その後、民間企業も参加したＷＩＤＥ（Widely Integrated Distributed Environment）プロジェクトでネットワーク技術等の実験が行われ、現在のインターネットへと受け継がれています。商用利用は、米国でのインターネットへの加入制限撤廃（90年）から始まり、日本では、93年に開始され、インターネット利用者が急激に増加してきました。

インターネットは、世界中に点在するコンピュータネットワークを相互に結びつけるもので、（1）誰でも参入・離脱が可能で、（2）各所の独立したコンピュータやコンピュータネットワークを繋ぎ、（3）距離に依存しないグローバルなネットワークとして、パソコンユーザであれば、容易にデータベースにアクセスできるなどのメリットがあります。

2 インターネット利用の現在～高い普及率とスマホ利用

平成30年の情報通信白書によると、インターネット利用率（個人）は、17年で対人口普及率が80％強となっています。過去1年間の利用経験について、17年と18年調査を比較すると、13歳～19歳（中学生以上）から40歳代までの世代では、利用率が90％以上の高水準が続き、60・70歳代では、10％以上増加しています。インターネットへの接続端末については、10

図表87　個人のインターネット利用者の割合の推移(%)

	6～12歳	13～19	20～29	30～39	40～49	50～59	60～69	70～79	80～
2008年	68.9	95.5	96.3	95.7	92.0	82.2	51.5	27.7	14.5
2017年	73.6	96.9	98.7	97.8	96.8	92.4	73.9	46.7	20.1

〈出典〉総務省「通信利用白書」

歳代から40歳代でスマートフォン利用率が高く、次いでパソコンとなっています。一方、60歳以上では、パソコンでの接続割合が高い状況です。全体として、スマートフォンによる接続利用が増え、13歳~59歳までは各階層で9割を超える状況となっています。

人口減少社会にあって、女性や高齢者、障害者等の多様な人材の労働・社会参加が求められています。かつ、単独世帯の増加に伴う孤立化が危惧される中で、広く社会との繋がりを築いていくことが、益々、求められています。一方、インターネットは、不特定多数の人々に情報を発信することができますが、発信者の匿名性が確保できることもあり、そのことによるリスクも生じています。特に、スマートフォン利用率の高い子供達への様々な影響が危惧されています。

3　インターネット社会~異なる世界とのコミュニケーション

インターネットは、スマートフォン、パソコン、タブレット端末、携帯電話等の端末の普及に併せて、様々なコンテンツが登場し、電子メールから多様な「ソーシャルネットワーキングサービス」（SNS）へと展開され、個人そしてビジネス面で欠かせないものとなっています。まさに、インターネット社会と言える状況です。しかし、その裏では、リスクも顕在化（迷惑メールやウィルス感染、公的機関等への不正アクセスや青少年のネット依存問題等）しており、継続的に対応する制度や仕組みの整備、使用料金、接続不良地域等々の情報格差に繋がる課題にも対応していく必要があります。国も「ICT（Information and Communication Technology）による日本成長戦略」の視点からの取組みを行っています。

インターネットを介して、多くの人々、世界とのコミュニケーション、繋がりを持つことにより、新しい可能性を生むという前向きの取組みの重要性は、今後とも高まっていくでしょう。

キーワード　コンピューター／スマートフォン／ネット社会

88 ＳＮＳの繋がりから発生する問題とは？

ポイント

Ａ　何気ない投稿がネット上で拡散されるうちに非難の書き込みが殺到してしまう問題が発生。
Ｂ　興味のない話題でも反応を迫られ、精神的に疲弊する「ＳＮＳ疲れ」の問題。
Ｃ　巨大化するＳＮＳに蓄積された個人情報の扱い等の問題。

１　ＳＮＳ、その歴史と特徴〜さまざまなＳＮＳの開設

ＳＮＳは、ソーシャル・ネットワーキング・サービス（Social Networking Service）といい、インターネットを使い人々と交流、コミュニケーションができるサービスの総称です。インターネットの技術があり、パソコンやスマートフォン等の普及によって出来たサービスです。ＳＮＳが、いつどのように生まれたのか、様々な議論がありますが、最初の事例は、カナダのプログラマーであるジョナサン・エイブラムスが２００２年に開設したFriendster（フレンドスター）であるといわれています。その後、アメリカを中心に普及し始め、日本では、mixi（ミクシイ）などが参入しＳＮＳの知名度が上がりましたが、特に、ゲームと組み合わせたソーシャルゲームが普及したことが特徴的です。

ＳＮＳの機能としては「情報の発信・共有・拡散」が手軽にできることです。例えば、プロフィールを充実させて安定した関係を築いていくFacebook（フェイスブック）や、LINE（ライン）のようなチャット系、写真を基本にしたInstagram（インスタグラム）、そして、Youtube（ユーチューブ）のような動画系、さらに、Twitter（ツイッター）に代表される拡散型などのＳＮＳがあり、職場や地域などの限られた範囲を超えて人間関係づくりやコミュニケーションの輪を広げることが可能になりました。結果、ＳＮＳ上の友人が千人単位という人も珍しくないようです。

２　ＳＮＳ利用〜その現在と功罪

日本のＳＮＳの利用者数は、明確には把握されていません

図表 88　日本における SNS 利用者数 (万人、%)

	2014 年末	2016 年末	2018 年末	2019 年末
SNS 利用者数	6,023	6,879	7,485	7,732
SNS 利用率	60.6	68.9	74.5	76.7

注：利用率はネット利用人口に対する割合 (2016 年末ネット利用人口 9,977 万人)
〈出典〉ICT 総研より

が、19年末には約７７００万人になるといわれています。また、ネットユーザーに占める主なＳＮＳの割合は、LINE 利用率が77%、Twitter 41%、Facebook 33%、Instagram 29%で、ＳＮＳを利用する理由として、「人とつながっていたい」「知人の近況を知りたい」が40%となっているようです（株式会社ＩＣＴ総研「２０１７年度のＳＮＳ利用動向に関する調査」）。因みに、Facebook だけで、国内利用者数が２８００万人（17年９月時点）、海外利用者数が22・3億人（18年7月時点）といわれています。

ＳＮＳを通して、多くの人との繋がりや様々な趣味、活動の活発化などのメリットの一方で、公開された個人情報や顔写真などが悪意に晒されたり、トラブルに巻き込まれる。さらに、何気ない投稿がネット上で拡散されるうちに非難の書き込みが殺到してしまう（「炎上」）などの問題も発生しています。また、「望まざる」相手との関係や対応に苦慮したり、書き込みを読んで自分と比較する、興味のない話題でも反応を迫られているように感じるなど、精神的に疲弊する「ＳＮＳ疲れ」といった問題も発生し、ＳＮＳを離れる人もいるといわれています。そして、巨大化するＳＮＳへの蓄積された個人情報の扱い等の問題も指摘されています。

3　ＳＮＳの繋がりを創る

ＳＮＳのメリットを活かし、デメリットを最小化する知恵と努力を行いつつ、必要、欠くべからざるものとしてのＳＮＳの繋がりを創っていく必要があります。

ＳＮＳは、人口減少社会、高齢社会の中で、人と人との出会いや交流、そして生活支援サービス、さらには、学術研究やコンテンツビジネス等の面での多くの可能性を有しています。スマートフォンなどの接続機器の進化に支えられながら、リアルタイムの繋がりなど、ＳＮＳはさまざまな変化を遂げ、私たちの生活の中に深く浸透し、多様で豊かな繋がりを提供してくれるでしょうが、自覚的な活用が望まれます。

キーワード　コミュニケーション／炎上／多様な繋がり

22

文化

何がおこっているのか？

89 価値観の多様化の現況は？

ポイント

A 家族のあり方は、伝統的な家族規範から抜け出し個人の価値観や主体的選択にゆだねられつつある。
B 今後の生活の力点を、レジャー・余暇生活に置く人の割合が最も高い。
C 個人や家庭、地域共同体を犠牲にしない範囲で、多様性の共生が可能な地域社会を求めている。

1 価値観の多様化を取りまく社会潮流

現在から将来にわたって社会や生活者へ影響を及ぼしそうな様々な事象が生じています。①高度成長期の経済社会システムの崩壊による不安定雇用の増大や失業リスク。②グローバル化の進展による外国人労働者の流入。③格差社会の進展による豊かな中間層の減少と下流層の増大。④少子化、高齢化による世代間格差の増大。⑤情報化社会の進展による、個人が同時につながる社会が実現するなど、今後、価値観・ライフスタイルの多様化が更に、進むと考えられます。

2 価値観の多様化により複雑化する社会問題

価値観・ライフスタイルの変化の可能性には、「健康」、「経済力」、「コミュニティ・人間関係」、「セキュリティ」という、リスク要因と本人の価値観の影響が大きくかかわります。

「本人の価値観」として、経済条件や人間関係の問題、多様なライフスタイルが可能になることから、本人の価値観・願望に合った生活ができるか否かの岐路が見えてきます。また、自己実現に積極的な人も現れる一方、人生の目標に自信がもてなくなり、理想と現実のギャップに悩み、自己実現に不安を持つ人が増えていきます。

「リスク意識・リスク対応」として、自分や家族の経済的リスク、健康リスク、人間関係やコミュニティ、ソーシャルセキュリティに関するリスクなど、様々なリスクの出現を考慮せざるを得なくなり、そうした事態への対応力が問われる社会になっていきます。

3　多様な価値観が共有される社会

生活者の価値観は多様化し、細分化の方向に向かっています。一方で、多様な価値観・意見に対して人々が必ずしも寛容になっているわけではあません。それは、価値観が細分化し、対面によるコミュニケーション能力が低下したことで、お互いへの気遣い、人付き合いを望む気持ち、自分とは違う相手の理解が薄れてきていることが要因です。

図表89　今後の生活の力点

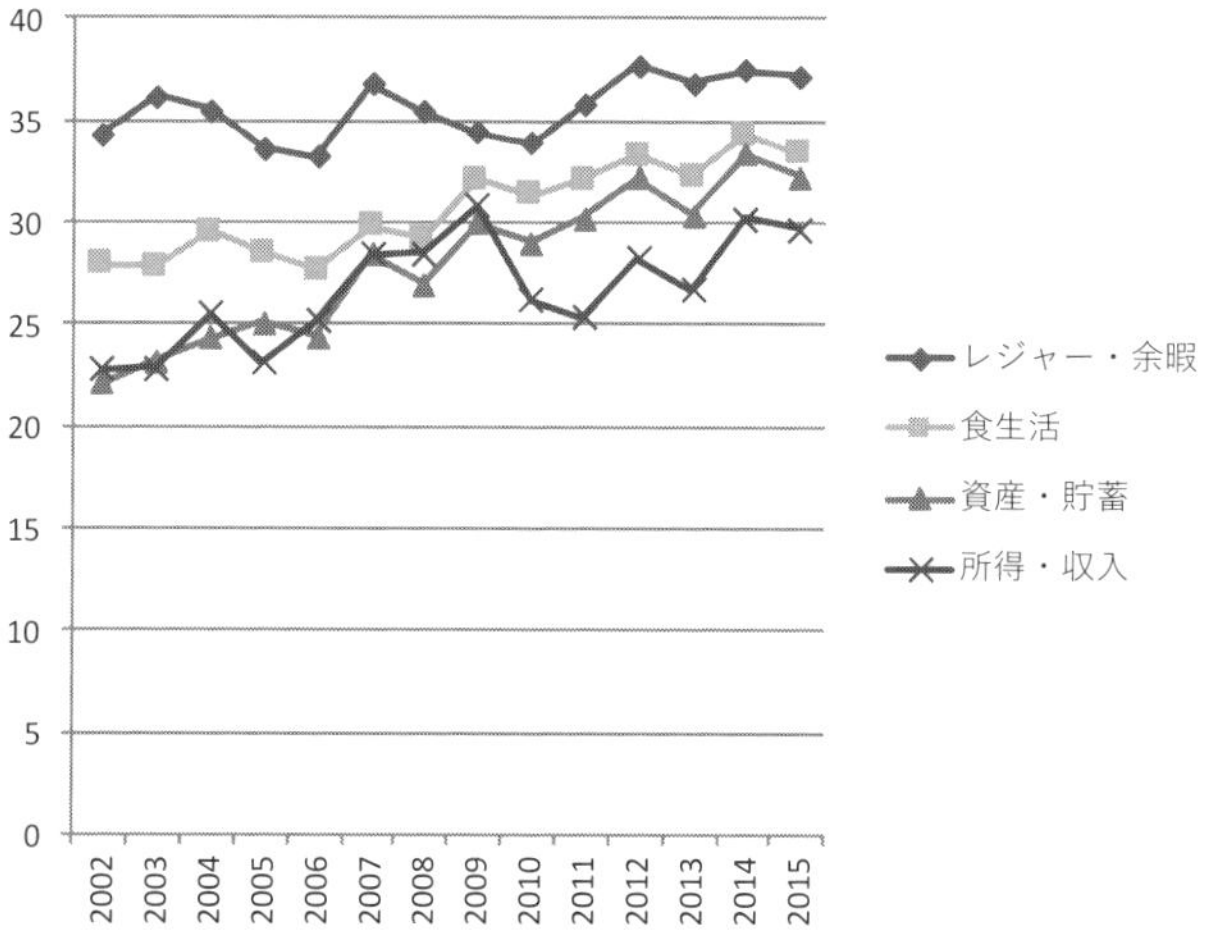

〈出典〉内閣府「国民生活に関する世論調査」（2018年）単位％

多様化する価値観の共有について家庭やコミュニティ、組織などで問われています。①家族機能の変化により、世代分離、晩婚化、非婚化、離婚率の上昇等、家族のあり方は、伝統的な家族規範から抜け出し個人の価値観や主体的選択にゆだねられつつある。②「国民生活に関する調査」によれば、今後、レジャー・余暇生活に重点を置いた暮らし方の割合が最も高く、生活の多様化傾向が生じている。③コミュニティにおいて、ライフスタイルの違い、就業意識や価値観の違いを認めつつ、個人や家庭、地域共同体を犠牲にしない範囲で、多様性の共生が可能な地域社会が求められている。④企業組織において、価値観は企業風土や従業員の具体的行動に影響を与え、結果として企業の存続にも影響します。

多様な価値観を認め合う社会をつくるには、年齢や性別、立場や肩書、国籍や歴史・文化を越えて一人一人に個性があり、価値観があり、一人一人が違うことを心から理解し、排除するのではなく、必ず持っている能力を活かせる社会を築くことです。

キーワード　自分の道の追求／孤独感／アイデンティティー

90 日本の文化政策は諸外国と比べてどうか？

ポイント

A アメリカは民間主導で税制優遇措置を中心に政策を推進。

B フランスは政府が国家予算の1%を文化政策に充当。

C 日本は国力やGDPに比較して文化政策予算が少ない。

1 わが国の文化政策の経緯

第二次大戦後、日本は平和で文化的な国家の建設をスローガンに掲げたが、実際は経済的な発展に邁進してきました。

1970年後半以降、「モノの豊かさ」よりも「心の豊かさ」を求める人々が多くなり、日本全体で「文化の時代」への必要性が叫ばれました。76年に兵庫県、神奈川県の両知事から「文化アセスメント」いう造語が提案され、文化行政は個別の文化事業だけでなく、日常の事務事業の中に文化的な要素を組み込むことを目的に、「文化のための1%システム」というハード面において推進が図られました。

89年2月に、企業メセナ協議会が発足。経団連による文化の「1%クラブ」が創設されました。同年3月には、国が出資金5百億円、民間からの寄付金百億円を併せて「芸術文化振興基金」が創設されました。91年のバブル経済の崩壊により、文化行政の見直し気運が広がり、当時、企業協賛による多くに文化事業が中止や延期の事態に陥りました。財政逼迫により、新たしい公共の観点から、公共施設を民間のノウハウと技術を活用して運営し、住民サービスの向上や経費縮減を目指す「指定管理者制度」などの導入を契機に、効率的な運営の試みが進みました。それ以降、自治体の文化予算の縮小傾向が続いています。

2 文化行政の問題

2001年に成立した「文化芸術振興基本法」に基づき、11年に決定された「文化芸術振興に関する基本的な方針」に沿って、我が国の文化芸術振興が進められています。その中で、文化芸術を「成熟化社会における成長の源泉」として位置づけられ、国家戦略として「文化芸術立国」の実現にむけた方向性が示されました。

図表 90　国家予算に占める文化予算と GDP に占める寄付額の割合

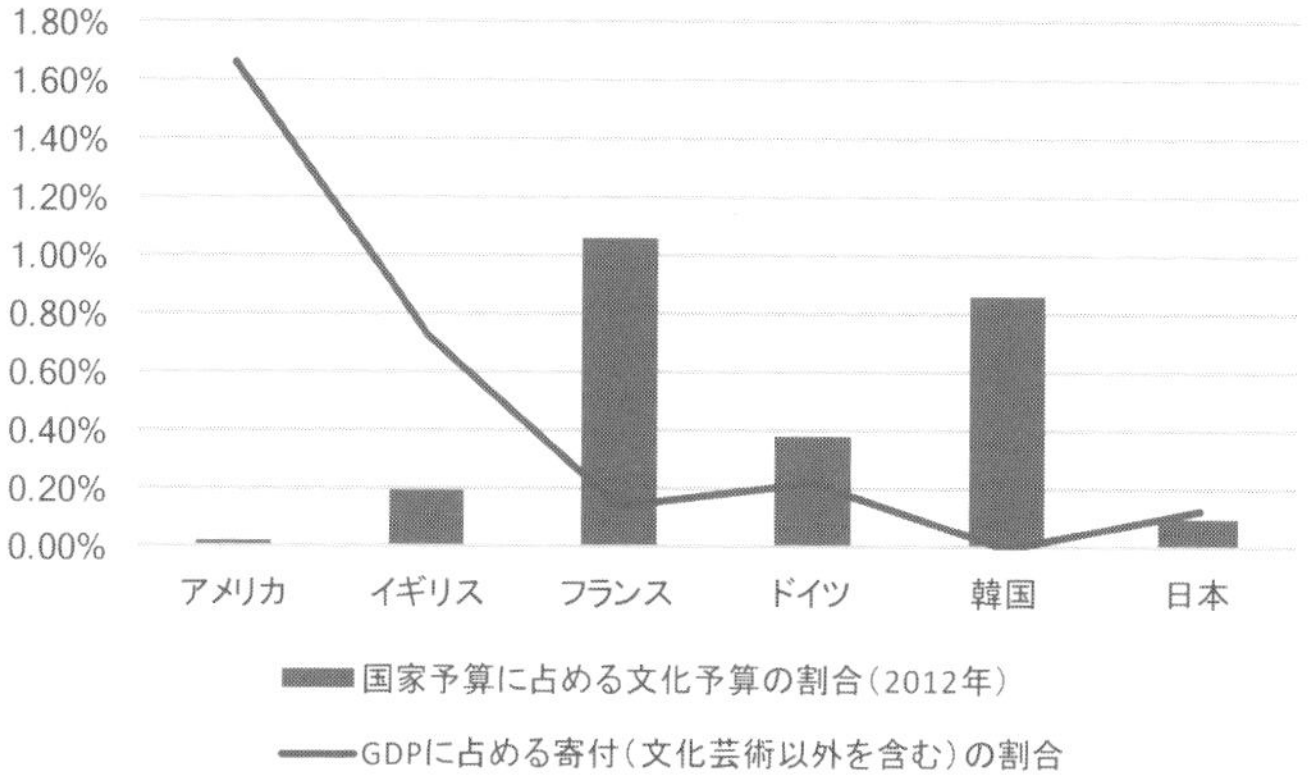

〈出典〉文化庁「各国の文化予算の比較」

文化新興を目的とする文化庁予算は、例年、約1000億円程度（国の一般会計予算の約0・1％程度）で推移しています。文化予算と寄付額を諸外国と比較してみると、国によって文化政策に関する仕組みや政策が異なります。アメリカのように民間主導で、多額のNPO法人の活動や寄付（20兆4000億円）に対する税制優遇措置を中心に政策を推進していく国もあれば、フランスでは政府が国家予算の1％（4474億円）を文化政策に充当する国もあります。日本は国力やGDPに比較して文化政策予算が少ない状況です。

3　今後の文化行政のあり方

今後の文化行政の方向として、①国の文化政策に係わる省庁間の様々な政策分野での連携と効果的な施策の推進。②自治体の1700を超えるホールや劇場の活用策や地域活性化につなげていく政策の推進。③劇場やホールの在り方、運営に係わる人材育成や地域連携。④文化芸術振興に関する寄付へのインセンティブや文化支援を行いやすくする制度づくりなどが求められています。

一方、メセナ活動も多様化し、資金援助以外に、企画・運営支援、マンパワーの提供、場所の提供、製品・サービスに提供など、文化施策の担い手として重要な役割を担っています。近年、文化政策の担い手としての存在感が増しています。

キーワード　芸術文化活動助成／メセナ活動／芸術文化立国

参考文献

（井上）

34
・THE世界大学ランキング日本版2018：タイムズ・ハイヤー・エデュケーション
・29年度日本の大学データ（平成29年6月26日）：旺文社教育情報センター

37
・第10回「日本人の意識」調査（2018）：NHK
・放送研究と調査（2015年1月）低下する日本人の政治的・社会的活動意欲とその背景：NHK放送文化研究所　小林利行氏

38
・2011年度「社会生活調査」：総務省
・国民生活白書平成28年：内閣府
・絆が壊れる―3つの社会関係資本全国調査からみた2003年から2013年の変化とその含意（日本大学法学部教授　稲葉陽二氏）：中央調査報（一般社団法人中央調査社）No684

39
・2017年祭り・祝祭イベントの観客動員数：各祭りの公開HP、Wikipediaより作成（梶原貞幸氏）

40
・「食料品アクセス問題」に関する全国市町村アンケート調査結果：2018年3月農林水産省

41
・平成25年住宅・土地調査（速報集計）結果の要約：総理府統計局2013年

45
・「都市のスポンジ化」への対応参考資料：国土交通省2017年8月
・出版状況クロニカル：論創社
・都市計画自習最終レポート（2016年7月1日）書店消滅～書店・・を救え。まちを救え：筑波大学

51
・平成25年住宅・土地調査（速報集計）結果の要約：総理府統計局2013年
・空き家数の将来予測：野村総合研究所NEWS RELEASE（2015年6月22日）

52
・行政区別マンション&リゾートマンションストック戸数：東京カンテイプレスリリース2016年5月10日
・リゾートマンション（新潟県湯沢町）の管理費等高額滞納金対処事例：マンションコミュニティ研究会2017年10月26日

53
・空家等対策の推進に関する特別措置法（空き家法）第3条（空家等所有者等の責務）：空家の所有者または管理者（以下「所有者等」という）は、周辺の生活環境に悪影響を及ぼさないよう、所有者等の適切な管理に努めるものとする

54
・自治体への空き家対策に関する調査報告：（公財）東京市町村自治調査会（2014年3月）

・ウイキペディア（2018年11月12日）
・55階建てタワーマンションの大規模改修工事が開始、その難しさとは：スーモジャーナル（リクルート）山本久美子氏（2016年1月15日）

55
・分譲マンションストック戸数（平成29年現在）：国土交通省　平成30年5月24日
・限界マンションの増加と次に来る不動産の法的課題：富士通総研経済研究所（2017年1月11日）

58
・都市型限界コミュニティ到来社会への意識調査と対策への要望：地域防災研究所　2009年7月4日
・2050年の大都市圏都心の限界集落化？：㈱三井住友トラスト基礎研究所　2014年8月26日

59
・過疎地域等条件不利地域における集落の現況把握調査の概要：国土交通省　2016年9月

60
・国土交通白書2015
・静岡市市民意識調査　サービス施設について：静岡市　2016年
・「公共施設オープンリノベーション」の推進について：総務省　2015年6月

61
・買い物弱者対策に関する実態調査結果報告書：総務省行政評価局　2017年7月
・食料品アクセス困難人口の推計結果の公表及び推計結果説明会：農林水産省　2018年6月8日
・食料品アクセス（買い物弱者等）問題の取り組み事例について：農林水産省　2018年8月27日

62
・平成27年度医療費の動向：厚生労働省　2015年9月
・2025年度に向けた国民医療費等の推計：健康保険組合連合会　2017年9月
・地域医療構想の成果と課題：東京財団　2017年8月

73
・平成28年版情報通信白書：総務省
・情報通信とAI（人工知能）に関する技術政策について：総務省情報国際戦略局　2017年6月16日
・「ICTの進化が雇用と働き方に及ぼす影響に関する調査研究」：総務省　2016年

74
・観光産業の現状について：国土交通省観光庁　2012年9月10日
・旅行・観光消費動向調査：国土交通省観光庁　2015年
・通商白書　観光の現状と付加価値を高めていくための今後の課題：経済産業省　2016年
・TSAマニュアルに基づく観光サテライト会計：国土交通省観光庁　2017年

75
・働き方改革実行計画　働き方改革の実現：首相官邸ホームページ
・平成29年中における自殺の状況：厚生労働省自殺対策推進室警察庁　2018年3月16日

76
・「雇用・働き方の未来　人とインテリジェント・テクノロジー」：㈱アクセンチュアリー神崎洋治氏　2018年

・ワークスタイル変革ソリューション市場規模推移と予測：矢野経済研究所　２０１７年
・日本人は本当に働きすぎ？世界のワークスタイルとライフスタイルの傾向：㈱イノリス　２０１５年
77
・イノベーション力を強化する産業政策の在り方（案）：産業構造審査会　２００９年６月９日
・科学技術イノベーション総合戦略2016：内閣府ホームページ
・先端技術ＷＧ報告書（案）：情報通信審議会技術戦略委員会：２０１６年５月
・日本の科学技術力の再生はあるか：化学と工業Vol704　野依良治氏　２０１７年４月
78
・10年後になくなる職業：フレイ＆オズボーン　２０１３年
・日本の労働人口の49％が人工知能やロボット等で代替可能に：㈱野村総合研究所　２０１５年12月２日
・人口知能（ＡＩ）の進化が雇用等に与える影響：平成28年版通信情報白書
・第64回「人工知能ＡＩ等が雇用に与える影響と社会政策」：独立行政法人経済産業研究所　岩本晃一氏　２０１８年９月30日
・「雇用・働き方の未来　人とインテリジェント・テクノロジー」：㈱アクセンチュアリー神崎洋治氏　２０１８年
79
・東京2020大会開催に伴う経済波及効果（試算結果のまとめ）：東京都オリンピック・パラリンピック準備局　２０１７年
・２０２０年東京オリンピックの経済効果：日本銀行調査統計局　２０１５年12月
・「オリンピック恐慌」は本当に来るか　慶応大学院教授　岸博幸氏　２０１８年２月22日
80
・「データブック国際労働比較２０１７」：労働政策研究・研修機構
・賃金が上昇しない原因：賃金構造分析レポートNo39　大和総研経済調査部　２０１６年２月23日
・「同一労働同一賃金」が企業経営に与える真のインパクトとは（前編）：㈱ワイズエイト清水泰志氏　２０１７年９月15日
81
・持続可能なライフスタイルと消費への転換プロジェクト（成果リスト）：国立環境研究所　２０１６年６月30日
・みづほ未来予測　Ⅳ．ライフスタイルの変化：みづほ証券　２０１８年１月12日
82
・非正規雇用の現状と課題：厚生労働省　２０１６年
・平成26年就業形態の多様化に関する実態調査の概要：厚生労働省　２０１４年
・２０１７年度労働力調査の結果：総務省統計局　２０１８年４月27日
83
・２０１７年後継者問題に関する企業の実態調査：㈱帝国データバンク　２０１７年11月28日
・中小企業庁委託「企業経営の継続に関するアンケート調査」：㈱東京商工リサーチ　２０１６年11月
84
・全国民泊実態調査の結果：厚生労働省　２０１７年２月14日
・訪日外国人消費動向調査：国土交通省観光庁　２０１８年３月20日
・国内シェアリングエコノミーに関する意識調査２０１７：PWC Japan

85
・平成28年社会生活基本調査結果：総務省統計局　２０１７年7月14日
・ボランティア人数の現況及び推移：社会福祉協議会　２０１８年3月31日
・ボランティア関係参考資料：内閣府　市民活動促進担当　２０１４年6月20日
86
・東京２０２０大会に向けたボランティア戦略：東京都　公益財団法人東京オリンピックパラリンピック競技大会組織委員会　２０１６年12月
・東京２０２０大会ボランティアマイページ：公益財団法人東京オリンピック・パラリンピック競技大会組織委員会
・東京五輪ボランティア問題、11万人〝動因〟はやりがいか搾取か：竹下郁子氏　２０１８年9月25日
・英国では「五輪ボランティア」が殺到した事情：小林恭子氏　２０１８年10月10日
87
・「マクルーハンの世界」竹村健一：１９６７年
・平成29年情報通信メディアの利用時間と情報行動に関する調査報告書：総務省　情報通信政策研究所　２０１８年7月

（長瀬）
・橋本健二「新・日本の階級社会」講談社、２０１８年
・今井　照「自治体の未来はこう変わる」学陽書房、２０１８年
・藻谷浩介「ニッポンの地域力」日本経済新聞出版社、２０１１年
・長瀬光市監修他「地域創生への挑戦」公人の友社、２０１５年
・長瀬光市監修他「縮小社会再構築」公人の友社、２０１７年
・武田公子「地域戦略と自治体行財政」世界思想社、２０１１年
・佐々木信夫「老いる東京」カドカワ、２０１７年
・松谷明彦「東京劣化」ＰＨＰ研究所、２０１５年
・経済同友会人口減少社会を考える研究会「世代別価値を踏まえた少子化対策提言」２００５年
・市民生活行動向研究会「多様化する家族と支援施策の方向」調査季報１２２号、１９９５年
・河野真一「地方自治体における文化行政の課題」調査季報１１３、１９９２年
・２０１８年「運動部活動の在り方に関する総合的なガイドライン」スポーツ庁
・２０１７年版「高齢社会白書」内閣府
・２０１７年版「情報通信白書」総務省
・２０１７年版「国土交通白書」国土交通省

（増田）
・総務省統計局　住民基本台帳人口移動報告
・内閣府「　子供・若者白書」２０１７年
・総務省統計局「国勢調査」
・内閣府「一人暮らし高齢者に関する意識調査」２０１５年
・人口問題研究所「独身者調査」２０１５年
・内閣府「高齢社会白書」２０１８年
・内閣府「高齢者の健康に関する意識調査」２０１２年
・内閣府「少子化社会対策白書」２００４・２０１８年
・内閣府「高齢社会白書」２０１６・２０１７年
・厚生労働省「介護保険事業報告」年報
・厚生労働省「介護保険制度の現状と今後の役割」２０１５年

・日本版 CCRC 構想有識者会議　「日本版 CCRC 構想（素案）」
・まち・ひと・しごと創生本部　「生涯活躍のまち」（日本版 CCRC）
・国土交通省　平成30年度国土交通白書
・農林水産省　「荒廃農地の現状と対策について」 ２０１７年
・農林水産省　「耕作放棄地を活かして地域を元気にしよう！」 ２０１５年
・環境省　「鳥獣被害の現状と対策について」
・林野庁　「森林・林業政策の現状と課題」 平成29年9月
・国土交通書ＨＰ　「物流」
・内閣府　「外国人労働者について」 平成30年2月
・総務省　「情報通信白書」 平成29・30年度版

執筆者紹介

井上 正良（いのうえ・まさよし）
井上景観研究所主宰　ＮＰＯ法人まちづくり協会顧問、（一社）渋谷コンシェルジュの会理事
１９４３年生まれ。１９６６年東京大学工学部建築学科卒業。同年（株）黒川紀章建築都市設計事務所入社。１９７０年黒川紀章氏設立の（株）アーバンデザインコンサルタントに参加、１９８２年から２００２年まで代表取締役。全国各地のまちづくり計画、行政経営・景観アドバイザー等に参加。
主な著書「人を呼び込むまちづくり（共著）ぎょうせい」、「地域創生への挑戦（共著）公人の友社」、「縮小社会再構築（共著）公人の友社」

長瀬 光市（ながせ・こういち）
慶應義塾大学大学院政策・メディア研究科特任教授
１９５１年福島県生まれ。法政大学工学部建築学科卒業、藤沢市経営企画部長などを経て現職。神奈川大学非常勤講師、天草市・鈴鹿市・市原市・金ケ崎町政策アドバーザー、金ケ崎町行財政改革委員会会長などを兼務。
専門分野は自治体経営、地域づくりなど。一級建築士。
主な著書「縮小社会再構築」（公人の友社・共著）、「地域創生への挑戦」（公人の友社・共著）、「ひとを呼び込むまちづくり」（ぎょうせい・共著）、「湘南C-X物語」（有隣堂・共著）他。

増田 勝（ますだ・まさる）
ＮＰＯ法人まちづくり協会副理事長、㈱ＵＲマネジメント代表
１９４９年宮城県生まれ。九州大学大学院人間環境学研究科空間システム専攻。博士（工学）。技術士（都市及び地方計画）。市町村の総合計画、都市計画マスタープラン、まちづくりワークショップ等の策定・支援にかかわる。
専門分野は都市政策、都市計画、地域づくりなど。
主な著書「地域創生への挑戦」共著（「公人の友社」15年９月）、『縮小社会』再構築」共著（「公人の友社」17年10月）、「視点・縮小社会に向けて~実践を通して地域ごとの再構築策を見出す~」（「毎日フォーラム」18年1月）他。

人口減少時代の論点 90

2019 年 5 月 20 日 ［初版］発行

著　者　　井上正良・長瀬光市・増田勝
発行人　　武内英晴
発行所　　公人の友社
〒 112-0002　東京都文京区小石川５－２６－８
ＴＥＬ ０３－３８１１－５７０１
ＦＡＸ ０３－３８１１－５７９５
Ｅメール info@koujinnotomo.com
ホームページ http://koujinnotomo.com/

ISBN978-4-87555-831-6

執筆担当項目

井上　34、37、38、40、41、45、51、52、53、54、55、58、59、60、61、62、72、73、74、75、76、77、78、79、80、81、82、83、84、85、86

長瀬　1、2、3、4、5、6、7、8、9、11、12、13、14、15、16、17、18、19、20、21、22、23、24、25、35、36、46、47、48、49、50、63、64、89、90

増田　10、26、27、28、29、30、31、32、33、42、43、44、56、57、65、66、67、68、69、70、71、87、88